房地产营销赋能

陈燕菲　编著

Real Estate Marketing Empowerment

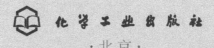

内容简介

在市场交易体系中,房地产物业是一种投入成本高、交易流程复杂的特殊建筑商品。其购买群体以非专业人士为主体。面对大量的非专业客户以及房地产增速放缓的压力,房地产经纪人、置业顾问、营销人员需具备更高的职业素养和更全面的专业知识。《房地产营销赋能》主要包含房地产项目导论、建筑基础知识、居住区建筑规划、房地产项目营销四章内容。书中文字结合图表深入浅出地诠释了房地产物业刚需购买者和投资置业客户聚焦关注的房地产产品体系、房地产物业类型、房地产产品交易流程、居住区规划布局形态、居住区配套设施、建筑材料与构造、建筑空间组合分析、房屋平面功能设计、房地产项目物业管理等热点问题。通过阅读本书,读者可以全面了解房地产项目土地开发、规划设计、工程建设、产品营销、物业管理全生态链。

《房地产营销赋能》可作为高等教育房地产经营与管理、土木工程、建筑工程、建筑学、风景园林、城市规划、工程造价与工程管理等房地产类、土建类与工程管理类专业教材,也可以作为房地产经纪人、房地产估价师考试参考资料,亦可作为房地产从业人员的工具型参考书,还可作为购房者、居住者的闲暇科普读本。

图书在版编目(CIP)数据

房地产营销赋能/陈燕菲编著.—北京:化学工业出版社,2022.1

ISBN 978-7-122-40317-9

Ⅰ.①房… Ⅱ.①陈… Ⅲ.①房地产市场-市场营销学 Ⅳ.①F293.352

中国版本图书馆CIP数据核字(2021)第231823号

责任编辑:陶艳玲 　　　　　　　　　文字编辑:师明远
责任校对:刘曦阳 　　　　　　　　　装帧设计:张　辉

出版发行:化学工业出版社(北京市东城区青年湖南街13号　邮政编码100011)
印　　装:北京建宏印刷有限公司
787mm×1092mm　1/16　印张13¾　字数301千字　2022年2月北京第1版第1次印刷

购书咨询:010-64518888　　　　　　　售后服务:010-64518899
网　　址:http://www.cip.com.cn
凡购买本书,如有缺损质量问题,本社销售中心负责调换。

定　价:49.00元　　　　　　　　　　　　　　　　　　　　版权所有　违者必究

前言

在市场交易体系中，房地产物业是一种投入成本高、交易流程复杂的特殊建筑商品。其购买群体以非专业人士为主体。面对大量的非专业客户以及房地产增速放缓的压力，房地产经纪人、置业顾问、营销人员需具备更高的职业素养和更全面的专业知识。大量数据表明，长期以来我国房地产领域的从业者并非都来自房地产经营与管理、土木工程、建筑工程、建筑学、风景园林、城市规划、工程造价与工程管理等房地产类、土建类与工程管理类专业，部分从业者专业背景薄弱，亟需结合工作实际持续提升职业素养，不断赋能提升专业能力。而房地产物业刚需购买者或投资置业客户越来越重视建筑物业类型、居住区规划布局形态、居住区配套设施、居住区环境、建筑结构形式、建筑空间组合、房屋平面功能设计等关乎房屋建筑品质、物业保值升值的核心要素。图书市场上有关房地产营销、房地产投资类书籍较多，但将房屋建筑基础知识与房地产营销理论贯通起来的书籍数量有限，且大多欠缺实用性。

作者基于房地产项目土地开发、规划设计、工程建设、产品营销、物业管理全生态链建构了整本书的知识框架；简述了房地产存在形态、房地产产品体系、房地产物业类型、房地产市场特征、房地产项目开发流程、房地产产品交易流程、房地产项目营销、房地产产品营销、房地产项目物业管理、建筑材料、建筑构造、居住区规划设计、居住区住宅建筑等内容。本书主要以居住建筑为分析研究对象，引入典型建筑案例引导读者了解建筑方案构思、常用建筑材料、常用的建筑图形图例；熟悉建筑构造组成，掌握建筑内部空间组合、房屋平面功能布局；培养读者准确识读建筑平面图、立面图、剖面图、细部构造大样图的基本能力。

本书由贵州师范大学陈燕菲教授编著，引用了高等学校"土木工程卓越工程师人才培养计划""土木工程专业综合改革研究"两项省级质量工程课题的部分研究成果，可作为高等教育房地产类、土建类、工程管理类专业教材，也可以作为房地产经纪人、房地产估价师考试参考资料，亦可作为房地产从业人员的工具型参考书，还可作为购房者、居住者的闲暇科普读本。限于作者水平，书中如有不足之处，敬请读者赐教。

编著者
2021 年 11 月

目录

第一章 房地产项目导论

第一节 概述 …… 1
一、房地产存在形态 …… 1
二、房地产产品体系 …… 4
三、房地产物业类型 …… 6
四、房地产市场特征 …… 20

第二节 房地产项目开发流程 …… 22
一、项目开发前期调研 …… 22
二、项目立项 …… 25
三、项目取得土地使用权与拆迁权限 …… 25
四、项目规划设计 …… 26
五、项目工程建设 …… 28
六、项目经营 …… 29

第三节 房地产产品交易流程 …… 30
一、签订商品房认购协议书 …… 30
二、签订商品房买卖合同 …… 30
三、商品房付款 …… 32
四、商品房验房收房 …… 36
五、办理商品房产权证 …… 37

第四节 房地产专业术语 …… 39
一、房地产市场术语 …… 39
二、房地产产品术语 …… 41
三、房地产交易术语 …… 44

四、房地产项目物业管理术语 …………………………………… 47
　　五、房地产项目开发六证两书 …………………………………… 48

第二章　建筑基础知识　　54

第一节　概述 …………………………………………………… 54
　　一、建筑构成三要素 ……………………………………………… 54
　　二、建筑基本属性 ………………………………………………… 56
　　三、建筑类型 ……………………………………………………… 57
　　四、建筑等级 ……………………………………………………… 63

第二节　建筑构造 ……………………………………………… 65
　　一、建筑构造组成 ………………………………………………… 65
　　二、影响建筑构造的因素 ………………………………………… 72
　　三、建筑构造设计原则 …………………………………………… 72
　　四、建筑构造设计依据 …………………………………………… 73

第三节　建筑材料 ……………………………………………… 77
　　一、建筑材料种类 ………………………………………………… 77
　　二、绿色建筑材料 ………………………………………………… 78
　　三、建筑结构材料 ………………………………………………… 79
　　四、建筑围护材料 ………………………………………………… 80
　　五、建筑功能材料 ………………………………………………… 83

第四节　识读建筑图形 ………………………………………… 85
　　一、建筑设计内容与要求 ………………………………………… 85
　　二、建筑图形内容与表达 ………………………………………… 87
　　三、建筑平立剖面图 ……………………………………………… 90
　　四、建筑空间组合 ………………………………………………… 95

第三章　居住区建筑规划　　104

第一节　概述 …………………………………………………… 104
　　一、居住区规模分级构成 ………………………………………… 104
　　二、居住区系统 …………………………………………………… 105
　　三、居住区用地与建筑 …………………………………………… 106
　　四、居住区综合技术指标 ………………………………………… 108

第二节　居住区规划设计 ……………………………………… 109

一、居住区规划设计内容 ·· 109
　　二、居住区规划节能设计 ·· 110
　　三、居住区规划布局形态 ·· 114
　　四、居住区空间层次与组合 ·· 117
　　五、居住区配套设施与居住环境 ···································· 120
　第三节　居住区住宅建筑 ·· 122
　　一、住宅建筑类型 ·· 122
　　二、住宅套型设计 ·· 131
　　三、住宅功能空间分析 ·· 134
　　四、住宅空间组合分析 ·· 141
　　五、住宅典型案例分享 ·· 143
　第四节　居住区专业术语 ·· 161
　　一、建筑规划设计术语 ·· 161
　　二、居住区规划基本指标 ·· 162
　　三、居住区规划基本设施术语 ······································ 164
　　四、居住区建筑术语 ·· 165

▶ 第四章　房地产项目营销　168

　第一节　概述 ·· 168
　　一、市场营销简介 ·· 168
　　二、产品市场寿命周期 ·· 170
　　三、房地产项目定位 ·· 170
　　四、房地产项目营销策划 ·· 174
　第二节　房地产项目营销策略 ·· 177
　　一、整合营销 ·· 177
　　二、全程营销 ·· 178
　　三、体验式营销 ·· 179
　　四、互联网营销 ·· 180
　第三节　房地产产品营销 ·· 185
　　一、房地产产品营销特征 ·· 185
　　二、房地产产品营销工具 ·· 185
　　三、房地产产品营销渠道 ·· 193
　　四、房地产产品营销节点 ·· 195

第四节　房地产项目物业管理 …………………………………… 202
　　一、物业管理发展历程 ………………………………………… 202
　　二、物业管理模式 ……………………………………………… 203
　　三、物业管理内容 ……………………………………………… 204
　　四、典型案例分享 ……………………………………………… 205
　　五、物业管理未来趋势 ………………………………………… 206

▶ **参考文献**

第一章 房地产项目导论

第一节 概述

一、房地产存在形态

房地产是指房产和地产的总称（图1-1），是指土地、建筑物及附着在土地、建筑上不可分离的部分及其附带的各种权益，是房屋和土地财产的总称。可以有土地、建筑、房地合一三种存在形态（图1-2）。房地产由于其位置的固定性和不可移动性，在经济学上又被称为不动产，是房屋和土地的社会经济形态。房地产业是指通过市场运营机制从事房地产投资、开发、建设、销售、出租、管理、服务、咨询等项目的产业，具体可分为房地产开发与经营、房地产经纪业、房地产管理业、物业管理业、二手房交易的经营管理等行业。

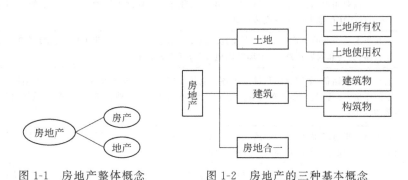

图1-1　房地产整体概念　　图1-2　房地产的三种基本概念

（一）单纯的土地

土地是一种基本的自然资源，是由气候、地貌、岩石、土壤、植物和水文组成的一个独立的自然综合体。单纯的土地是指还没有建造房屋的空地。通俗的地产是指土地。在房地产产业中，将土地的范围以横纵来划分，横是指土地的水平面积，针对某一具体房地产项目，通常用红线图来表示，是规划局确定的项目建筑总平面图，或城市规范管理部门正式确定的项目建筑的总用地面积的示意图，其中红线是用来表示建筑物的边界。纵是指地上和地下两个部分，具体工程项目是指地上的主体工程和地下的隐蔽工程。规划设计中用容积率来约束其地上空间。土地开发使用是在综合考虑建筑技术、城市规划、土地权利设置的前提下，再结合现今人们对居住、商业、文化、体育、环境、绿化等诸多因素的需求，根据项目定位来制定土地的使用方案。

1. 土地种类

根据《城市用地分类与规划建设用地标准》(GB 50137—2011)的规定，城市建设用地可分为居住用地、公共管理与公共服务设施用地、商业服务业设施用地、工业用地、物流仓储用地、道路与交通设施用地、公用设施用地、绿化与广场用地八类（表1-1）。《土地利用现状分类》(GB/T 21010—2017)，将土地利用类型分为耕地、园地、林地、草地、商服用地、工矿仓储用地、住宅用地、公共管理与公共服务用地、特殊用地、交通运输用地、水域及水利设施用地、其他用地等12个一级类、72个二级类，适用于土地调查、规划、审批、供应、整治、执法、评价、统计、登记及信息化管理等。

表1-1 城市建设用地分类

土地种类	描述
居住用地	它是指用于建造居民居住用房屋所占用的土地。按照所具有的住宅质量、用地标准、各项关联设施的设置水平和完善程度，以及所处的环境条件等从高到低分为三大类。一类是设施齐、环境良好，以低层住宅为主的用地；二类是设施较齐全，环境良好，以中高层住宅为主的用地；三类是设施较欠缺，环境较差，以需要加以改造的简陋住宅为主的用地
公共管理与公共服务设施用地	它是指行政、文化、教育、体育、卫生等机构和设施的用地。如行政办公用地、文化设施用地、教育科研用地、体育用地、医疗卫生用地、社会福利用地、文物古迹用地
商业服务业设施用地	它是指商业用地、商务用地、娱乐康体用地、公用设施营业网点用地。如商场、酒店、写字楼、综合娱乐等，不包括居住用地中的服务设施用地
工业用地	它是指工矿企业的生产车间、库房及其附属设施用地，如炼钢厂、化工厂、机械厂、食品加工厂等，包括专用铁路、码头和附属道路、停车场等用地，不包括露天矿用地
物流仓储用地	它是指物资储备、中转、外贸、供应等各种仓库、油库、材料堆场及其附属设备等用地。主要包括仓储企业的库房、堆场、包装加工车间及其附属设施，不包括工业企业内部、对外交通设施内部或商业服务业内部的专用仓库
道路与交通设施用地	它是指城市道路用地、城市轨道交通用地、交通枢纽用地、交通场站用地、交通设施用地，不包括居住用地、工业用地等内部的道路、停车场等用地
公用设施用地	它是指供应设施、交通设施、邮电设施、环境卫生设施、施工与维修设施、殡葬设施及其他公用设施用地，包括供水、电、燃气、热能设施用地；交通设施用地；邮电设施用地；环境卫生设施用地；施工与维修设施用地
绿化与广场用地	它是指公园绿地、防护绿地、广场等公共开放空间用地

2. 土地所有权

土地所有权是指土地所有者在法律规定的范围内，对其拥有的土地享有占有、使用、收益和处分的权利。其含有法律意义上的所有权和经济意义上的所有权双重含义。法律意义上的所有权是指土地所有者将土地当作自己的财产，对其实行占有、垄断，拥有对土地支配的权利。经济意义上所有权是指土地所有者凭借对土地的垄断获得一定的经济收入。只有具有上述双重意义上的所有权才是完整的所有权概念。我国全部土地实行的是社会主义土地公有制，分为国家所有和集体所有两种形式（表1-2）。其中，城市市区的土地全部属于国家所有；农村和城市郊区的土地，法律规定属于国家所有的以外，属于集体所有；宅基地和自留地、自留山，属于集体所有；矿物、水流、森林、山岭、草原、荒地、滩涂等自然资源，属于国家所有，但由法律规定属于集体所有的森林、山岭、草原、荒地、滩涂除外。地上建筑物既可以为国家所有，也可以为集体、单位和个人所有。因此，同一宗房地产，其土地与地上建筑物的所有权可以是不一致的。土地所有权是不允许交易的，土地市场并不涉及土地所有权的交易。

表1-2 土地所有权类型

类型	描述
国有土地	它是指国家所有即全民所有的土地。国家是国有土地所有权的唯一主体，用地单位或个人对国有土地只有使用权，没有所有权。城市的土地属于国有土地
集体土地	它是指属于农村居民集体经济组织所有的土地，集体土地的主体是农村居民集体经济组织

3. 土地使用权

土地使用权是指国家机关、企事业单位、农民集体和公民个人，以及三资企业，凡具备法定条件者，依照法定程序或依约定对国有土地或集体土地所享有的占有、利用、收益和有限处分的权利。土地使用权是土地使用制度在法律上的体现，通常房地产市场的交易活动仅仅涉及在规定使用条件下的土地使用权的流通，是土地使用权的租赁或转让，土地使用权包括对土地的占有、使用和取得收益的权利。国有土地使用权是指国有土地的使用人依法利用土地并取得收益的权利，其取得方式有划拨、出让、出租、入股等；集体土地使用权是指农民集体土地的使用人依法利用土地并取得收益的权利。消费者一经购买居住物业并取得产权后，即作为业主个人所有财产，对自己所有的房屋所占有的土地，不享有所有权，只拥有土地使用权。因为土地除属于集体所有外，均属于国家所有，业主所取得的为该土地的一定年限的使用权。住宅用地的土地使用时间为70年，自开发商取得该土地使用证书之日起计算。在该土地使用年限届满后，土地将由国家收回。置业者可以在继续缴纳土地出让金或使用费的前提下，继续使用该土地。不同性质的土地使用权出让最高年限见表1-3。

表1-3 土地使用权出让最高年限

土地性质	土地使用权出让最高年限
居住用地	70年

续表

土地性质	土地使用权出让最高年限
工业用地	50 年
教育、科技、文化、卫生、体育用地	50 年
商业、旅游、娱乐用地	40 年
综合或者其他用地	50 年

（二）单纯的建筑物

建筑是建筑物与构筑物的总称，是人工创造的空间环境。建筑物是为了满足社会需要、利用所掌握的物质技术手段，在科学规律与美学法则的指导下，通过对空间的限定，创造出的满足物质与精神双重属性的空间。构筑物是指人一般不直接在其内部进行生产与生活的建筑，如控制塔、水塔、烟囱、堤坝等。虽然建筑物不能脱离土地单独存在，但通常情况下房地产销售只考虑建筑物，例如：仅限建筑物的租赁、转让、拍卖等。

（三）房地合一

房地合一是指将土地和附着在其上的建筑物作为一个整体来考虑，显而易见，无论是房地产的哪种存在形式，其位置都是固定不可移动的。置业者购买了居住物业后，即拥有了房屋所有权，房屋所有权属于个人产权，是私有财产权的一种，是得到《民法典》保护的，其年限是永久的。只要房产没有完全毁损灭失就能一直享有，房产证里是没有期限登记栏的。

二、房地产产品体系

凡是能提供给市场的能够满足消费者需求的任何形式的建筑物、土地和各种无形服务或权益均为房地产产品。房地产产品包括产品实体与可享受到的服务，其价值是指消费者对房地产产品满足各种需要的能力的评价。优质房地产产品，不仅包含建筑设计水平、施工质量、房屋材料品质，还包括其所处的位置、自然环境、人文环境、物业管理等综合内容。开发商、设计师应领会房地产产品体系整体概念，开发出全方位满足消费者需求的项目，才能提升房地产企业的效益和品牌知名度。

（一）房地产产品体系类型

房地产产品体系包含核心产品、形式产品、延伸产品（表1-4）。

表1-4 房地产产品体系类型

类别	描述
核心产品	它是指能满足消费者生活居住、办公及生产经营需要等使用功能和基本需求。通常包括建筑结构形式、建筑面积、使用面积、置业者得房率、建筑平面功能布局、房屋通风采光、建筑材料与设备、建筑价格等
形式产品	它是指产品名称、设计理念、建筑造型、建筑风格、产品区位地段、产品质量、外部环境、项目周边配套等
延伸产品	它是指项目品牌、物业管理服务、人文景观、建筑文化、项目综合体验等

（二）房地产产品体系内涵

1. 核心产品

核心产品是房地产产品最基本的层次，是满足消费者需要的核心内容。主要包括生活居住、办公及生产经营、投资获益、减免税收、获取资本增值、为后代积累财富、炫耀心理、分散投资风险八方面内容。

（1）生活居住

居住建筑产品设有卧室、起居室、厨房、卫生间、阳台等基本功能，周围拥有公用配套设施，满足追求生活便利的居住需要。根据产品的定位，可分别满足不同置业者追求生活个性化的居住需求，或追求安全性与私密性，或追求生活环境清新幽静，或追求豪华气派。

（2）办公及生产经营

办公及生产经营具体包括将房地产物业用作办公室，或从事商业、服务业经营活动，或进行工业生产和仓储等需要。

（3）投资获益

房地产作为一种财产，其所有者拥有获得收益的权利。这个收益是指房地产的出租收入，它和利用房地产开展工商业经营活动获得的工商业利润是完全不同的。在一定时期内，房地产的租金收入是相对稳定的，而且具有可预见性。房地产投资收益可以作为再投资，也可以用于日常生活消费。一项房地产的出租收入一定时期内可以成为其所有者稳定的收入来源。

（4）减免税收

投资房地产可得到税收红利，这对于物业投资者来说是有吸引力的。物业投资的所得税是以毛租金收入扣除经营成本、贷款利息和建筑物折旧后的净经营收入为基数，按固定税率征收的。建筑物随着其楼龄的增长，每年的收益能力都下降。会计中规定的折旧年限相对于建筑物的自然寿命和经济寿命来说要短得多，这就使建筑物每年的折旧额要比物业年收益能力的实际损失高，致使物业投资的账面净经营收益减少，这样也就相应地减少了投资者的纳税支出。即使物业投资没有净经营收益，只要物业的收入能支付该项物业投资的经营费用和抵押贷款利息，投资者损失就不大，且投资者可以用物业投资的亏损充抵其他投资的经营收入，从而在总体上获得减少缴纳所得税的红利，为此物业投资有时可起蓄水池的作用。如果物业投资的资金来自抵押贷款，那么投资者就会更加充分地享受税收上的实惠。

（5）获取资本增值

1998年，国务院发布了《关于进一步深化城镇住房制度改革加快住房建设的通知》，全国开始全面停止住房实物分配，实行住房分配货币化。二十余年来，房地产物业价格总体呈现上升趋势，房地产自身增值的商业特性对物业投资者的诱惑力是极大的。以获取资本增值为目的而进行房地产投资通常有三种情况。一是投资者有充裕的资金，暂无其他投资对象，将其资金用于购置房地产，希冀通过长期投资获得增值的利益；二是投资者购置房地产先自用，等增值后再行出售；三是投资者纯粹进行房地产投资，即购入房地产并不作长期打算，而是等待房地产增值后再抛售出去。在市场经济条件下，抵御通货膨胀争取资产保值是老百姓投资房地产物业的一个比较普遍的动机。

(6) 为后代积累财富

投资者要为后代积累财富可以选择投资国库券、公司股票、金银首饰、字画古玩、银行储蓄和房地产。通常房地产是首选。房地产不仅是一种财富，而且是一种基本生活资料。父母给予子女房地产不仅使子女拥有了财富，也解决了子女的居住以及成家立业问题。这点在我国农村表现得十分明显，农民解决了温饱，手中有了钱后首先想到的就是要大兴土木为儿女嫁娶盖房子。给予后代财富不是长辈的义务，但几乎所有有能力的父母都希望能带给自己的子女一些财产，子女的富有、幸福是所有为人父母者的心愿。

(7) 炫耀心理

房地产是一种完全向外界显露的财产，是置业者拥有资金实力的最好证明，因而它成为拥有者财富的标志或象征，一些人投资购买豪华、高档住宅，主要目的之一就是要向人们炫耀自己的富有和社会地位，以期获得别人的敬重和羡慕。一些公司投资购买豪华的写字楼，是要证实企业雄厚的经济实力。物业投资可提高投资者的资信等级。高质量的房地产还可以满足顾客或使用者的心理需要。

(8) 分散投资风险

"不能将所有鸡蛋都放进一个篮子"是投资理论的一个重要原则，如果将全部资金都投入某一产品，一旦该项投资效益较差，甚至出现亏本情况，投资者就会面临亏损的风险。出于分散风险的目的而进行的房地产投资行为通常有两种形式。一是在投资股票、基金、债券、古玩或实业等其他行业的同时也投资于房地产；二是房地产投资不局限某一种或某一地区的房地产，实行种类或地域上的分散投资。

2. 形式产品

形式产品是核心产品的基本载体，是房地产的各种具体产品形式，通常是指房地产项目产品名称、设计理念、建筑造型、建筑风格、产品区位地段、产品质量、外部环境、项目周边配套等。形式产品是消费者识别房地产产品的基本依据。

3. 延伸产品

延伸产品是置业者在购买房地产时所得到的附加服务或利益。通常是指项目品牌、物业管理服务、人文景观、建筑文化、项目综合体验等。

三、房地产物业类型

狭义的房地产称为物业，按使用功能划分，物业可分为居住地产物业、商业地产物业、工业地产物业、其他特殊地产物业；按权属关系划分，物业可分为公共产权物业和私人产权物业。物业是有产权的，置业者往往会一知半解地将房屋产权和土地使用权问题搞混淆，房屋产权是指房产所有者按照国家法律规定所享有的权利，也就是房屋各项权益的总和，即房屋所有者对该房屋财产的占有、使用、收益和处分的权利。房屋产权由房屋所有权和土地使用权两部分组成。本书重点介绍居住地产物业。

（一）居住地产物业

1. 住宅

住宅地产是指供家庭或者个人较长时间居住使用的房地产，包括住宅、别墅、公寓、集体宿舍等。《民用建筑设计统一标准》（GB 50352—2019）规定：民用建筑按地上建筑高度或层数进行分类。

（1）低层或多层住宅

它是指建筑高度不大于 27m 的住宅建筑、建筑高度不大于 24m 的公共建筑及建筑高度大于 24m 的单层公共建筑为低层或多层民用建筑。1～3 层为低层住宅，4～6 层为多层住宅，主要指独立式住宅（一户）、联立式住宅（二户）和联排式（多户）。

优点：低层住宅使得住户贴近自然，与自然环境协调性较好，对住宅有亲切感和归属感；结构自重较轻，利于地基处理和结构设计，施工简单，土建造价低；多层住宅平面功能布局灵活，房型较好，采光通风好，得房率高；物业管理费相对较低。

缺点：低层住宅密度低，不利于节约用地，增加了城市公用设施建设量，但利用率不高；多层住宅居住者需要上下楼梯出行，使用寿命比高层住宅短。

（2）高层住宅

它是指 10 层以上的住宅。高层住宅是城市化、工业现代化的产物，户型设计灵活，大多采用钢筋混凝土材料，按其结构通常分为塔式和板式；按其内部空间组合通常分为单元式和走廊式。高层住宅设有电梯作为垂直交通工具，现行规范规定：12 层及 12 层以上的高层住宅，每幢楼设置电梯不少于两部。

优点：高层住宅节约用地，能容纳更多用户，土地利用效率高；有较大的室外公共空间和设施；建在城区的高层住宅生活便利性良好；折旧年限长。

缺点：均好性差，公共交通空间和设备及管道空间占用面积较大、公摊面积较大，每户有效使用面积相对减少；价格相对较高；离地高度较低层、多层高，老人和儿童生活相对不便；平面布局通常一梯多户，导致个别房间采光通风受限；物业管理费偏高。

（3）超高层住宅

建筑高度大于等于 100m 的民用建筑为超高层建筑。通常采用框架-剪力墙结构、剪力墙结构、框支剪力墙结构、筒体结构。

优点：超高层住宅丰富了城市形象和天际线；远离汽车尾气和噪声污染，是比较理想的居住空间；空气质量优良；建筑水电暖通管线等设施集中，改善卫生环境；占地面积小，土地利用率高，扩大市区空地，利于城市绿化。

缺点：一是建筑成本高昂，建筑通常使用先进的建筑材料和建筑技术，公摊面积大，物业管理费用较高；二是适用度不高，建筑空间人员密集，居住者需乘电梯到达相应楼层，上下班高峰期容易出现拥堵；三是安全性问题，建筑装修中使用了大量可燃性材料，建筑内部还分布着大量电线电缆，一旦火灾形成，火势蔓延会非常迅猛。

2. 别墅

别墅是指带私家花园的独立式低层住宅。除"居住"这个住宅的基本功能以外，更主要体现生活品质及享用特点的高级住所，含独栋别墅和联排别墅。

(1) 独栋别墅

独门独院，有独立空间和私家花园领地和车库，有的独栋别墅还设有游泳池，别墅私密性强，表现为上下左右前后都属于独立空间，一般房屋周围都有面积不等的绿地和院落（图1-3）。

图 1-3 独栋别墅

(2) 联排别墅

联排别墅又称 townhouse，有天有地，有独立的庭院和车库。主体建筑不超过四层，联排别墅包括双联排和多联排，是目前大多数经济别墅采取的主要形式（图1-4）。

图 1-4 联排别墅

3. 特征

大量的居住地产是房地产物业的主导产品，作为传统的房地产模式，有如下六大特征。

(1) 不可移动性

居住产品最重要的一个特性就是其自然地理位置是固定不变的，不能移动和搬运。这也是整个房地产产品的共同特性。对于汽车、家具、股票、债券等其他有形或无形财产而言，财产持有人可以很容易地在众多交易市场、交易平台上选择性进行交易，但住宅产品就完全不同，他不仅受区域经济的限制，周围环境同样对其有着深刻的影响。由于住宅产品的不可移动性，便衍生出地产营销中"位置、位置、还是位置；地段、地段、还是地段"等营销广告导示语，产品位置地段成为产品价值界定的重要标准之一。

(2) 差异性

居住产品具有不同质性，即使在同一地段的建筑物，也会因楼层、朝向、面积、户型、附属配套设施等种种因素存在一定的差异，因此居住产品的生产具有单件产品生产的特质。开发商、设计者也不希望他所开发、设计的物业与他人雷同，置业者希望通过自身拥有的物业来赢取关注，甚至成为某一城市的阶层身份。如某省会城市在市中心开发高端楼盘项目取名"蓝波湾"是英文 number one（一号）谐音，入住"蓝波湾"业主内心都倍感尊贵与自豪。

(3) 产品周期长

土地不会轻易损毁，居住产品的置业者所拥有的权益为七十年左右，而且拥有该权益的期限还可以根据法律规定延长，地上的建筑和附属设施因其构筑特点具有相当的耐久性。住宅产品同时拥有经济寿命和自然寿命。经济寿命是指在正常的市场和运营条件下，居住地产的收益大于运营成本。自然寿命是指住宅地产从地上建筑物建成开始，直至建筑物由于主要结构构件和设备的自然老化或损坏，不能保证正常安全使用的持续时间。自然寿命一般要比经济寿命长得多。

(4) 资本和消费品的二重性

房地产不仅是人类最基本的生产要素，也是最基本的生活资料。在市场经济中，居住地产是最具体的财产，同时也是一种商品，房地产产品本身并不能产生收入，房地产的收益是在使用过程中产生的。房地产投资者可以在合法的前提下调整房地产的使用功能，使之既适应房地产特征，又能增加房地产投资的收益。居住地产同时具有资本和消费品的属性，而且资本价值随着市场的波动不断变化，其具体价值在交易的节点上可以得到体现。

(5) 易受政策影响

居住地产受政府法令和政策的限制及影响较大，如政府基于整体规划和公共利益，可限制某些房地产的使用，如城市规划对土地用途、建筑容积率、建筑覆盖率、建筑高度和绿化率等的规定；住房和城乡建设部指定的40个重点城市统一实施基本限购令，北京、上海、广州与深圳等全国不同城市限购规定不一样。2021年深圳市建设银行下发通知，为贯彻落实"房住不炒"，促进深圳市房地产市场平稳健康发展，支持居民合理购房需求，深圳建行将于2021年5月6日起调整房贷利率首套房贷款利率执行LPR+45BP（相当于5.10%），二套房贷执行LPR+95BP（相当于5.60%），相比之前分别上调15BP和35BP。另外，为了体现对中低收入人群购买保障性安居型商品房的支持，安居型商品房贷款利率维持不变，即执行LPR+30BP（相当于4.95%）。二套房利率调整幅度高于首套房贷利率，与监管要求严格执行差别化住房信贷政策有关。目前的房贷政策监管方向是优先支持首套刚需自住购房需求。进入2021年，全国楼市首套房和二套房贷款利率就已经三连涨。而且，从4月份开始，多个城市已经开启二季度房贷利率的上涨，预示着2021年楼市"加息潮"来了，对于即将买房的，或者已经在办按揭的，建议尽快办理按揭。

(6) 相互影响和受周围社区影响

居住地产的价值不仅取决于自身的品质，还取决于周围环境的状况，房地产项目与周边项目是相互影响的，不能脱离周围的社区环境而单独存在。政府在道路、公园、博物馆等公共设施方面的投资，能显著地提高附近房地产的价值。因此，如果能预测政府大型公共设施的投资建设并在附近预先投资房地产，就能获得巨大的经济效益反之，周围社区环境的衰退，必然降低房地产的价值。

(二) 商业地产物业

商业地产是指用于商业用途或具备商业功能的投资性地产。它期望通过经营可以获取持续增长回报或者持续升值的物业。广义的商业地产是指各种零售、批发、餐饮、娱乐、健身、休闲等经营用途的房地产形式，以办公、文旅、养老为主要用途的地产，属商业地产范畴，也可以单列。随着新经济时代的到来，全民已进入了商业消费时代。休闲和购物相结合的"一站式购物"模式日渐流行，顺应消费潮流商业地产既能满足市民购物、饮食、娱乐、休闲需求的社会功能，又能满足商家经营、商务活动、市民投资等需要的经济功能。大型商业地产项目规模从几万方发展到几百万方，从单栋建筑形态发展到建筑群落。虽然商业地产开发火爆多年，但商业地产不同于传统居住地产，它的成败涉及行业背景、区位环境、城市发展、竞争对手等综合因素，缺一不可。选址不佳、规模不当、业态不准、管理运营不善等任何一个因素都会影响到项目的总体发展。项目搁浅或开业后运营困难的现象屡有发生，投资开发时不仅要满足商业投资者的投资回报需求，更要慎重考虑将来商业运营者的运营及盈利需求。当城市化水平越高的时候，持有物业和商业地产的比重会越来越大，因为第三产业比重会在城市化发展和工业化发展过程中逐步提高。主流商业地产主要有购物中心、商业街、社区商铺、酒店式公寓、写字楼、城市综合体。

1. 商业地产种类

(1) 购物中心

购物中心是多种零售店铺，服务设施聚集的一个或多个建筑空间，它是向消费者提供综合性服务的商业集合体，其通常包含数十个甚至数百个服务场所，其基本业态通常包括购物、餐饮、娱乐、健身、休闲等场所，一般设置大型综合超市、专业店、专卖店等。从近年来购物中心业态调整变化数据看，零售业态整体配比有所减小，体验性业态配比呈上升态势，特别是儿童亲子及服务类业态增长幅度相对较大，购物中心对此类业态的需求看涨。

①市区购物中心　它是指在城市的商业中心建立的，面积在10万平方米以内的购物中心。商圈半径为10~20km，有40~100个租赁店，包括大型综合超市、百货店、各种专业店、专卖店、饮食店、杂品店以及娱乐服务设施等，停车位1000个以上，各个租赁店独立开展经营活动，使用各自的信息系统。

②城郊购物中心　它是指在城市的郊区建立的，面积在10万平方米以上的购物中心。

③社区购物中心　它是指在城市的区域商业中心建立的，面积在5万平方米以内的购物

中心。

（2）商业街

商业街是指由众多商店、餐饮店、服务店共同组成，按一定结构比例规律排列的商业繁华街道，是城市商业的缩影和精华，是一种多功能、多业种、多业态的商业集合体。商业街的主要特点是因店铺的集中而形成了室外购物、休闲、餐饮等功能空间。商业街是最有活力的商业地产项目之一，是城市化进程的产物，是城市景观节点中最引人注目的景观。近年来国内许多城市商业街建设如火如荼，国际通行的商业区结构和业态分布为：购物占30%～35%，餐饮企业占20%～25%，休闲、娱乐、酒店、服务等占30%～40%。根据中国步行商业街工作委员会对全国二十多条著名商业街的调查，从商业结构和业态分布来看，零售业大致占50%左右，餐饮业占20%左右，休闲、娱乐、酒店、服务等占30%左右。从趋势来看，在城市中心区和城市区域中心的商业步行街中，购物比例呈下降趋势，旅游、餐饮、娱乐和休闲的比例呈上升趋势。

①商业街整体策划理念　随着城市化进程脚步的不断加快，商业街逐渐由"开市即营，散市即归"的传统步行街的商业面貌向具有浓厚文化氛围的创意商业街转变，打造出景观元素与文化并存，兼具文化历史底蕴和时尚现代的创意休闲项目是商业街成功的前提。商业街策划通常以人文景观、仿古建筑空间、构筑物、小品为载体，着重塑造城市历史文化的情感记忆，赋予场所新的生命。文化是一座城市的根与魂，识别商业街特色的"钥匙"就是地域文化。但地域文化不是无中生有的炒作，而是在原先本来就存在的文化基础上的演绎，是得到当地消费者认可和青睐，通过演绎把原先显性的消费文化提升到更高的一个档次，也可以把原先隐性的文化更为张扬地表现出来。开发商、设计师项目伊始就必须了解项目所在区显性和隐性历史文化、消费文化，只有尊重了解了当地的历史文化，打造出具备自身特色内涵的商业街，消费者情感与理智上才得以接受，其目标顾客群才会有场所归属感。开发商尊重文化、挖掘文化是项目准确定位的前提条件。其实部分开发商在做商业街项目的过程中并没有尊重街区文化，而是人为地任意转移和阻隔街区文化，文化的消失就会直接导致项目难以被当地消费者认同，商业街在目标顾客群心中原有的场所归属感削弱，这将给商业街文化的再生制造障碍。

②商业街案例分享

a. 楚河汉街商业街：楚河汉街是万达集团倾力投资打造的以文化为核心，兼具旅游、商业、商务、居住功能的世界级文化旅游地产项目。2011年建成开业，位于湖北省武汉市市中心，总建筑面积340万平方米，楚河全长2.2km，连通东湖和沙湖。汉街全长1.5km，汉街因楚河而生，汉街沿楚河而建。汉街的规划设计、建筑特色、招商品牌以文化为核心，突出文化特色。其仿古建筑采用民国风格，极具时尚元素的高层现代建筑和欧式建筑穿插在民国风格建筑中，实现传统与现代的完美融合。楚河与汉街的完美结合，被誉为"现代清明上河图"。楚河汉街不仅是商业地产，更是城市历史文化和生态景观工程，经济社会综合效应显著。

"地产搭台、文化唱戏"，是万达集团商业地产发展的战略之一。万达分布在全国各大城市的"文化旅游商业综合体",包含了旅游要素中最核心的"游"和"购"。业务构成上,尝试构建"万达院线+秀场+主题乐园+建筑文化"的文化旅游模式。另外,万达旅游还在探索将"国外"的"秀场"的模式引进到国内,例如"汉秀""傣秀"等剧场(图1-5~图1-7)。"汉秀"项目,往小说是武汉,往历史说是汉代,往里说就是汉族。汉街的武汉万达电影文化主题乐园建筑外形取自湖北出土的编钟,与汉秀并列成为中国文化的标志性建筑。楚河汉街不仅是商业地产,更是城市历史文化和生态景观工程,经济社会综合效应显著。其特征见表1-5。

图1-5　汉街入口

图1-6　楚河汉街夜景

图1-7　汉秀剧场

表1-5　武汉楚河汉街商业街特征

特色	描述
文化品位	汉街的规划设计、招商品牌以文化为核心,凸显文化特色。一是建造了设计灵感来源于中国红灯笼的世界顶级的"汉秀演艺剧场";二是建造了创意来自楚文化编钟的全球唯一的电影文化主题乐园,主题乐园共设计了4D影院、5D影院、6D影院、互动影院、仿真影院、黑暗骑乘、室内过山车等十个电影科技娱乐项目,其汇集全球最新顶尖电影娱乐科技,堪称"室内环球影城";三是引进文华书城、正刚艺术画廊等大量文化品牌入驻,其中包括一批世界级文化项目、文化品牌入驻,丰富了汉街的文化内涵。分别设有"屈原广场、昭君广场、知音广场、药圣广场、太极广场"五个以湖北地区历史名人命名的大型广场,每个广场按照广场主题布置一处整石雕刻的名人雕塑,通过纪念湖北历史文化名人,来提高楚汉文化的影响力;四是文化活动内涵丰富,汉街大戏台免费用于群众演出,每逢节假日,汉街大戏台均会上演中国传统戏曲艺术,丰富武汉群众的业余文化生活
建筑特色	汉街主体采用民国建筑风格,红灰相间的清水砖墙、精致的砖砌线脚、乌漆大门、铜制门环、石库门头、青砖小道、老旧的木漆窗户,置身其中,仿佛时光倒流。同时,汉街将极具时尚元素的现代建筑和欧式建筑穿插在民国风格建筑中,实现传统与现代的完美融合。水与街不可分,街在水中,令人怀旧的建筑表征之下,建筑内部空间与场所又是一幅现代化的生活场景与画卷,舒适、怡然与美丽。楚河宛如一段历史的长河,游客乘坐游艇从美丽的沙湖驶入碧波荡漾的楚河,就像进入一段怀旧的历史画卷,在喧嚣钢筋混凝土城市森林中,是一种难得的娱乐休闲与文化体验
商业丰富	楚河汉街的商业内容包括购物、餐饮、文化、休闲、娱乐等。集合200多个国内外一流商家及如优衣库等全球时尚流行品牌的旗舰店落户,全球首次实现世界十大快销时尚品牌在同一条街上比邻而居的盛况。汇聚全球顶级奢侈品牌60个以上,是全国万达广场的旗舰店。在东湖之畔,沙湖之滨,万达星级奢华酒店可满足各类时尚高端商务人士的住宿。汉街的绚丽夜景与楚河景观带、四座跨河大桥交相辉映,成为武汉乃至中国最具魅力的城市夜景旅游胜地

b. 成都锦里文化商业街(以下简称锦里):锦里是成都市文化主题仿古商业街,2004年10月建成开市,总建筑面积7920m^2,锦里紧邻武侯祠,青砖碧瓦、雕梁画栋、石板古街(图1-8、图1-9),依托成都三国历史遗迹,建筑采用清末民初的四川古镇风格,与武侯祠博物馆现存清代建筑的风格相融,二者之间又以水为隔。锦里融合了巴蜀民风与三国文化的

民俗风情，老街、宅邸、府第、民居、客栈、商铺、万年台坐落其间，青瓦错落有致，青石板路蜿蜒前行，让人恍若时空倒流。古蜀文化渗透川茶、川菜、川酒、川戏和蜀锦。游人在锦里的古色中流连忘返，尽享原汁原味的巴蜀文化，还可以住进高挂着丝绸灯笼的客栈，在彻夜辉煌的灯火中感受时空变幻的神奇。锦里主要卖的是"文化"，是三国文化的代名词，把文化与商业巧妙进行融合，引导顾客进行体验式、休闲式、互动式消费。锦里是成都本地市民休闲的空间场所，市民们来游玩是怀旧，品的是记忆。其特征见表1-6。

表1-6　成都锦里商业街特征

特色	描述
主题鲜明的文化消费	消费活动与主题文化紧密联系，打造与文化活动呼应的商业和节庆活动
民俗化的定位	充分展示川西民俗文化与三国文化中的民俗部分，表现的民俗文化已经成为老成都的样本
业态多元化与包容性	坚持特色文化的同时，加入少量省外、国外异质化元素，把现代融入其中，也烘托了传统文化
项目搭配合理	观光、体验、购物、休闲、餐饮、娱乐搭配合理，避免了只是兜售旅游商品和经营地方小吃的局限
地域文化仿古建筑	地域文化在清末民初的四川古镇的仿古建筑得以传承生长
商业氛围的营造	通过文化产品现场制作、体验式营销来拉动人气，营造地域文化氛围
文化的构筑	以本地文化为依托；选择特色文化主题；选择文化载体；策划与文化相关活动
商业运作	确立鲜明的主题消费风格；有节制地融合现代商业元素；合理的商业空间组织；有条件地选择品牌业态
文化与商业结合	在区域布局上体现文化与商业融合；政府监管与协调商业利益与项目文化性的关系

图1-8　锦里大门

图1-9　锦里老街与青石板路

（3）社区商铺

社区商铺是指位于社区内的铺面商铺和铺位商铺。主要用作与人们生活密切相关的生活用品销售，经营对象是社区内的居民，其表现形式主要是建筑底层、1～3层的商业楼或商业用途房。现如今的社区商铺已经打破了原来以铺位为主的形式特点，铺面已逐渐成为社区商铺的主流。社区商铺大多数投资小，容易出租、转让，已成为投资中的"小盘活跃股"。按照商铺的功能形式，分为零售型和服务型社区商铺两类。

①零售型社区商铺　零售型社区商铺的商业形态主要为：中小型超市、便利店、药店、小卖部、书报亭及少量服装店等。其规模大小不一，用作中小型超市和便利店的社区商铺规模较大，大面积的可超过 $1000m^2$，小面积的不足 $100m^2$，一般药店的面积在 $100m^2$ 左右，小卖部的面积 $10m^2$ 左右，小型书报亭面积 $8m^2$ 左右，有的大型社区还拥有 $30m^2$ 左右的服装店。

②服务型社区商铺　服务型社区商铺的商业形态主要为：餐厅、美容美发店、彩扩店、花店、银行、干洗店、咖啡店、酒吧、房屋中介公司、装饰公司、幼儿园等。随着房地产大盘比例的增加，人们生活水平的提高，服务型社区商铺的规模逐渐加大。从小型餐厅、小型美容美发店、健身房、彩扩店、花店等社区商铺逐渐过渡到大型餐厅、大型专业美容美发院、健身中心。健身中心已成为大型社区的重要配套，健身设施从无到有，并不断有知名健身机构入驻社区。为此，1000平方米左右的商铺具有良好的市场空间。

（4）酒店式公寓

酒店式公寓是指以酒店配置和服务标准提供服务的出租型公寓，它除了一般公寓的物业管理外，还引进了酒店管理的服务模式，提供客房服务、餐饮服务、延伸服务。酒店式公寓以接待长住客户为主，入住的客户与酒店公寓签订租房协议或合同，写明租用期限和酒店公寓提供的服务项目等内容。酒店公寓的建筑档次相对较高、提供酒店标准并含个性化、家政化的服务。酒店公寓有以下三个显著特点。

①出租对象大多为三个月以上一年以下的长期居住客户（一般居住合同期最长为一年），客户大多为国际跨国集团公司、国内大公司高级管理人员及家人长住长包、商务散客、国内大企业集团机构用于商务活动办公用房。

②酒店公寓讲究强调对客户的安全服务，且保证客户应有的居家私密性不受干扰。根据合同，由酒店公寓提供酒店标准住宿空间并含个性化和家政化的服务、生活用品、通信设施、车位等，而客户则支付房租、物业管理费、能源费等。

③酒店公寓不仅在对客户服务上强调家庭式的亲情服务，还特别注意在客房内部的设置布局、色彩运用、家具陈设、用品配置、照明艺术等方面突出"温馨"二字。

（5）写字楼

写字楼是指为商务、办公活动提供空间的建筑及附属设施、设备和场地，是城市创造文化与财富的特定空间，隶属生产经营资料的范畴。根据功能划分为商住两用写字楼和纯商业性的写字楼；根据硬件配置评定分为3A、4A与5A；根据写字楼发展历经第一代、第二代、第三代与第四代写字楼；根据物业档次评定为甲级写字楼、乙级写字楼和丙级写字楼。

①商住两用写字楼和纯商业性的写字楼　商住两用写字楼的办公室是固定的，内配有盥洗室、厨房等设施，具备单独生活的基本条件；纯商业性的写字楼内部构造是大空间，各层楼面可以任意分隔组合，业主和承租户是按实际需要或使用面积购买和租赁的。

②5A写字楼　目前较流行的评定方式是"5A"标准，狭义的"5A"主要是指智能化硬件方面，包括BA（楼宇智能化）、OA（办公智能化）、CA（通信传输智能化）、SA（安保智能化）、FA（消防智能化）。广义的"5A"标准包括楼宇品牌标准、地理位置标准、客户层次标准、硬件设施标准、服务品质标准（表1-7）。

表1-7　5A写字楼标准

5A标准内容	描述
楼宇品牌标准	处于生产链条最高级的写字楼的发展脉络，折射出了一个城市的发展历程和特性。成为城市商务区地标性建筑的写字楼，其品牌与城市有极大的关联性，具备较大的区域影响力，对城市的未来发展具备重要价值，能与城市建设发展和谐统一
地理位置标准	位于重要地段，临近两条以上的主干道，有多种交通工具。区位在城市现有或潜在商务区、地段良好、具有较高投资价值的写字楼才能获得地理位置标准A级。投资写字楼首先考虑地段，尤其是那些中央商务区和金融区的写字楼
客户层次标准	客户层次指的是入驻写字楼的业主或租户层次。写字楼客户都有择邻而居的心理趋同，客户层次的高低也直接影响了新的业主或租户的投资决策，因为较高的客户层次对它们的公司形象有较好的提升作用
硬件设施标准	房屋建造质量、商务中心、会议中心、电梯与空调品牌、装修标准、智能化管理水平，主要考核建筑技术、建筑设计和建筑功能的创新等
服务品质标准	主要体现在高效的物业管理、对入驻企业的专业化商务服务上。具体包含设施设备的维护与保养标准、5A物业标准、商务服务内容与标准

③第四代写字楼　它是指在第三代写字楼的功能基础上，强调以客户需求为中心，为顾客提供低成本高效率的商务平台，提供人性化的沟通交流，注重办公空间对企业文化和员工素质的培养和提高，引导智能化向国际水平看齐，强化绿色环保办公理念，提供更多开放共享办公空间（图1-10），以及满足全球经济一体化的需要，从而达到国际化商务社区的标准（表1-8）。

表1-8　第四代写字楼

内容	描述
目标客户明确	第四代写字楼瞄准各类跨国企业、外资企业、中外合资企业、国内实力雄厚的大中型企业，最大限度上满足使用者对办公舒适性和提升工作效率及效益的需求
高景观标准	国际上许多知名CBD或知名写字楼都是建在优美的自然景观附近。除了自然景观，写字楼内的绿色景观也越来越受欢迎，有共享交流功能的楼内中庭式花园将成为日后写字楼发展的一种趋势
更多商务空间	互联网时代资源的共享成为提升工作效率的重要内容。办公环境的规划将打破传统的"办公室+公共走廊"的空间模式，从封闭及注重个人隐私逐渐走向开放和互动。第四代写字楼更大程度地提供给大家商务共享空间，使办公空间趋于模糊化，在倡导交流沟通的基础上提高工作效率，将工作融入休闲中，打造全新的办公方式

续表

内容	描述
提倡绿色环保	第四代写字楼不仅注重外部的环境景观，在内部的办公空间中也泛引入立体绿色景观，形成健康环保的办公空间。如何巧妙地将自然空气引入办公楼内也成为客户关注的重点问题，大部分第四代写字楼都已经将内部中庭花园和新风系统融入了设计之中
高智能化	第四代写字楼的智能化达到了相当高的程度，达到5A甲级是最低的智能化标准，包括楼宇智能化、办公智能化、通信传输智能化、安保智能化与消防智能化，并要求为将来的升级换代预留充足的升级空间，5G数据信息布局、无人驾驶、远程教育、远程医疗将是"万物智联"的未来写字楼发展趋势

图1-10　开放共享办公空间

(6) 城市综合体

城市综合体是以建筑群为基础，将城市中的商业、办公、居住、酒店、展览、会议、娱乐等城市生活空间的功能进行组合，融合商业零售、商务办公、酒店餐饮、公寓住宅、综合娱乐五大核心功能于一体的"城中之城"。

①城市综合体特征　大型城市综合体适合经济发达的大都会和经济发达城市，在功能选择上要根据城市经济特点有所侧重，随着时代的进步，源于城市综合体运作模式的综合体建筑不断演化出来，它们的功能比狭义意义上的城市综合体少，根据不同功能的侧重有不同的称号，如商务综合体、商业综合体、生活综合体、单一综合体、综合体集群。超大空间尺度、通道树型体系、现代城市设计、高科技集成设施、地标式建筑是其典型的特征（表1-9）。西方城市综合体称为HOPSCA，是酒店（hotel）、办公室（office）、停车场（parking）、购物中心（shopping Mall）、会所（congress）、公寓（apartment）等物业业态的大写字母的组合。

表1-9　城市综合体特征

内容	描述
超大空间尺度	城市综合体应与现代化城市主干道相联系、与城市规模相匹配，其外部空间尺度巨大，一般均能容纳超大建筑群体和众多的生活空间。由于建筑规模和尺度的扩张，建筑的室内空间也相对较大，一方面与室外的巨大的空间和尺度协调；另一方面与功能的多样性相匹配，成为多功能的聚集焦点

续表

内容	描述
通道树型体系	通过地下层、地下夹层、天桥层的有机规划,将建筑群体的地下或地上交通与公共空间贯穿起来,同时又与城市街道、地铁、停车场、市内交通等设施以及建筑内部的交通系统有机联系起来,形成完善的通道树型体系。这种交通系统形态打破了传统街道单层面的概念,形成了丰富多变的立体街道交通空间
现代城市设计	应用现代城市设计、环境与行为理论进行景观与环境设计是城市综合体的重要特征。运用对建筑群体的深度表现打破传统的建筑造型立面概念,通过标志物、小品、街道家具、植栽、铺装、照明等手段形成丰富的景观与宜人的环境,使建筑群体成为景观的主体,同时又承载着城市文明与经济发展的历史责任
高科技集成设施	城市综合体是高科技和高智能的集合,其先进的设施反映出的科学技术进步。智慧通行、智慧安防、智慧能源的写字楼智能化系统,人脸识别、高速自动电梯、智慧停车、智能导购、智能物联网信息管理系统等智能技术率先推广普及
地标式建筑	地标式建筑是城市历史文化的积淀、是城市公共活动中心、是城市空间标识和象征。城市综合体的一个显著特点就是在所在城市建造了地标式建筑

②城市综合体案例分享

中天·未来方舟城市综合体:贵阳市中天·未来方舟城市综合体项目,总占地15000亩,总建筑面积720万平方米,该综合体是全国生态智能建筑试点楼盘,全国首个清洁能源低碳节能示范居住区,预计居住人口17万,是中天城投集团倾力打造的独具规模、特色的超级HOPSCA项目(图1-11)。项目拥有500万平方米的各类住宅、70万平方米的总部办公集群、5星级酒店群落、50万平方米中高端商业区,总建筑面积45万平方米,总高度540m的中天·未来方舟半岛欢乐城(图1-12);设有5km城市中轴线、7km滨河商业街、独立IMAX国际影院、歌剧院、未来中心、世界级的海洋馆、"迪士尼级"的国际主题乐园。以办公、酒店、公寓为主要功能构成。设计以贵阳市市花兰花为原型,汲取传统元素,用现代的手法创造出地域城市文化的现代建筑新形象,项目全部建成后,将成为集世界级旅游引擎、综合型宜居新城、低碳节能科技和标志性生态廊道于一体的贵阳新中心,建成后将成为城市地标建筑。

"海上世界"城市综合体:厦门市城市综合体"海上世界"(图1-13),涉及港口、航运、旅游、商业、酒店、会展、文化、娱乐等诸多产业,占地面积16.3万平方米,总建筑面积超100万平方米,设有36.6万平方米集智慧办公集群、5万平方米邮轮母港航站楼、22万平方米沉浸式主题商业、4.5万平方米五星级酒店、7.48万平方米滨海文化娱乐等功能区。设计融入了临海元素,以厦门特有的白海豚为创意灵感,具备动态而柔软的观感,"门"字形和"窗"状建筑物定义了城市之门与自然之窗的概念,除了展现"大厦之门",也将狐尾山上的郁郁葱葱之景置入建筑物形成的美丽画框之中。办公楼每三个楼层还设置有室内空中花园,通过屋顶花园、挑空花园、空中休闲平台等为商务人士提供绿色、健康的公共休闲空间,在各大建筑物之间,建设了山海通廊、空中连廊等,实现楼宇内部的互联互通。结合当前厦门城市功能转型升级、消费升级和新兴业态规划设计,配套了室内冰雪世界、海洋娱乐体验馆、文创主题街区、山海全景摩天轮、滨海旗舰影院等滨海文娱设施、豪华五星酒店、高端公寓式酒店、大型沉浸式主题商业等配套服务设施,打造了一个智慧、蓬勃、乐活、绿

图 1-11　中天·未来方舟城市综合体鸟瞰图

色、健康的城市会客厅。项目还将依托招商蛇口及厦门港务丰富的产业运营经验，通过 IBMS 集成系统、智慧园区运营服务系统，搭建企业生态综合发展服务平台，为商务人群提供了餐饮、购物、休闲、娱乐等一站式服务，降低企业运营成本，带来资产增值和产业发展的新动力。"海上世界"项目已成为厦门高品质、高颜值的城市名片。

图 1-12　中天·未来方舟半岛欢乐城　　　　图 1-13　海上世界鸟瞰图

2. 商业地产运营模式

商业地产的运营模式通常分为全部出售、租售结合、只租不售三种运营模式。业界对于商业地产的集中运营模式有着不同的分析和判断，不过不管是哪种形式，都应该以"招商"作为商业地产的核心。只要商铺能出租、在运营，它就具备升值的可能，从而做到"进可攻，退可守"，"进"就是可以带租约销售，"退"就是先持有，后寻机再出租和销售。

（1）全部出售

全部出售是商业地产最原始的模式，通常是把物业建成后形成独立的产权进行出售，实现短期投资资金回笼。随着商业地产逐渐兴起，单纯的出售开始不再适应商业发展的需求。由于商业地产具有"总价高、利润率及开发风险较高、投资回收期长"等特点，有能力全额购买商业地产的投资者数量少。即使有能力购买，理性的投资者也不愿将大笔资金积压在投资回收期较长的项目上，这使得开发商在开发商业地产时不免会面临两难局面：一是商业地产用于整体出售时，难找到买家，开发资金无法回笼；二是自己经营时，不得不由于投资回收期过长而承受巨大的资金压力，无法尽快回收资金投入其他项目的开发，影响整体运作。开发商开始寻求开发经营模式上的创新解决自身的困境，于是大部分高档写字楼都采用只租不售或租售并举的方式入市。

（2）租售结合

租售结合模式是投资商和开发商把其中的部分物业出租，以便后期的资本融资；部分物业出售，实现资金回笼，减轻资金压力。最典型的就是大连万达，因一层销售价格通常是市场价的两到三倍，一层留下来自持自租。二层三层卖给沃尔玛，沃尔玛主力店起了很重要的作用。租售结合通过卖掉一部分后套现，租的部分也为后期的资本融资奠定基础。

（3）只租不售

只租不售模式通常把物业建成以后形成独立的产权，通过招商合作，以租金作为主要的收入来源。开发商拥有产权之后，物业通过商业运营包装进入资本市场，获取良好的融资。随着城市化进程的加快，商业地产在中国炙手可热。但商业地产开发在项目选址因素、目标客户、产品规划设计、融资方式、开发流程、开发模式、运营方式、投资收益、开发风险等方面都与住宅地产有所差异，对商业地产而言，地产只是基础，商业才是关键。只有商业经营成功，商业地产才会获得收益，而商业成功与否的关键取决于项目所处区域的政治、经济、文化、社会等环境，开发商不能完全借鉴开发住宅地产的经验，重视商业地产中的"商业"因素，形成专业的商业地产开发思路。

（三）工业地产物业

工业地产是指为生产活动提供使用空间的物业。工业地产可用于出售或出租。一般来说，重工业厂房由于其设计需要符合特定的工艺流程要求和设备安装需要，通常只适合特定的用户使用，不容易转手交易。电子、计算机、精密仪器制造等行业等高新技术产业用房则有较强的适应性。

1. 类型

（1）重工业工业地产

主要是指钢铁工业工业厂房、冶金工业工业厂房、机械工业厂房；电力、石油、煤炭、天然气、化学、材料等能源工业厂房，重工业厂房的特征是大跨度、大空间。

（2）轻工业工业地产

主要是指服装、家具、家用电器和食品工业等轻工业厂房；电子、计算机、精密仪器制造等行业等高新技术产业用房等。

（3）仓储工业地产

主要是指物流园、堆场等物流地产。

（4）自由贸易区工业地产

主要是指带有特殊政策的贸易加工型通用型工业地产。

2. 开发模式

（1）工业园区开发模式

它是工业地产主流开发模式，也是我国目前工业地产市场的主要载体，其运作主体一般是开发区或工业园区管委会下设的开发公司。

（2）工业地产商模式

它是指房地产投资开发企业在工业园区内或其他地方获取工业土地项目，进行项目的道路、绿化等基础设施建设乃至厂房、仓库、研发等房产项目的营建，然后以租赁、转让或合资、合作经营的方式进行项目相关设施的经营、管理，最后获取合理的利润。

（3）主体企业引导模式

它是指在某个产业领域具有强大的综合实力的企业，为实现企业自身更好地发展与获取更大的利益价值，通过获取大量的工业土地，以营建一个相对独立的工业园区；在自身企业入驻且占主导的前提下，借助企业在产业中的强大凝聚力与号召力，通过土地出让、项目租售等方式引进其他同类企业的聚集，实现整个产业链的打造及完善。

（4）综合运作模式

它是指对上述的工业园区开发模式、工业地产商模式和主体企业引导模式进行综合运用的工业地产开发模式。

3. 特性

工业地产主要有投资规模大、快速启动、提供增值服务、追求长期稳定回报四大特性。

（四）其他特殊地产物业

其他特殊地产物业主要是指高尔夫球场、飞机场、赛马场、汽车加油站、车站、码头、高速公路、桥梁、隧道等物业。特殊物业经营的内容通常要得到政府的许可。特殊物业的市场交易很少，对这类物业的投资多属长期投资，投资者靠日常经营活动的收益来回收投资，赚取投资收益。

四、房地产市场特征

房地产市场是从事房地产买卖、租赁、抵押、典当等活动的场所以及一切交易途径和形式。一个完整的房地产交易市场是主体、客体、价格、资金、运行机制等因素构成的一个系统。房地产市场作为市场体系的基本组成部分，具有市场的一般规律性，如受价格规律、竞争规律、供求规律的制约。广义的房地产，是指房屋建筑物与宅基地作为一个统一体而构成的财产，亦包含相应的土地使用权在内。狭义的房地产，是指已经脱离了房屋生产过程的属于地上物业的房屋财产。由于人口、环境、文化、教育、经济等因素的影响，房地产市场在各个区域间的需求情况各不相同，房地产市场的供给和需求具有高度层次性和差别性，房地产市场供给和需求的影响往往限于局部地区，所以，房地产市场的微观分层特性也较为明显。具体表现在，土地的分区利用情况造成地区及一个城市的不同分区，不同分区内房产类型存在差异，同一分区内建筑档次也有不同程度的差异存在。房地产市场特征见表1-10。

表1-10 房地产市场特征

特征	描述
区域性市场	不同国家、不同城市甚至同一城市的不同地区之间,房地产的市场条件、供求关系、价格水平都会大相径庭。房地产项目的土地和房屋不可移动,市场的区域性较强,产地和消费地合一。人们不能将一个地方的房地产产品移位,由于房地产市场的区域性特点,开发商在从事某一地区的房地产开发经营业务时,须深入研究当地政治经济、文化习俗、消费习惯
不完全竞争市场	房地产商品具有异质,互相不可替代性,两幢房子建筑材料、朝向、楼层、结构等都完全一样,但基地位置不可能完全一样。一个完全竞争的市场必须具备三个条件。一是商品同质,可以互相替代；二是某一商品的卖主和买主人数众多,且随时自由进出市场；三是信息充分,传播畅通

第二节 房地产项目开发流程

房地产项目开发是指在依法取得国有土地使用权的土地上进行基础设施、房屋建设并进行出售的行为。房地产项目从拿地到交付需历经项目开发前期调研、项目立项、取得土地所有权与拆迁权限、项目规划设计、项目工程建设、项目经营六个阶段（图1-14），其间需分别取得建设用地规划许可证、国有土地使用证、建设工程规划许可证、建设工程施工许可证、商品房预售许可证、建设工程竣工备案证共计六证。土地阶段需取得建设用地规划许可证、国有土地使用证；工程规划报批阶段需取得建设工程规划许可证，工程许可批复阶段需取得建设工程施工许可证，项目预售及抵押、解押阶段需取得商品房预售许可证，工程竣工验收备案阶段需取得建设工程竣工备案证。

图1-14 房地产项目开发流程

一、项目开发前期调研

前期主要调研项目所在地区城镇体系规划体系与发展规划、生产总值、人口规模、居民人均收入水平、消费水平、市场供求关系及未来趋势走向等。了解项目所在地的经济环境、政策环境、市场需求等基本因素。

（一）调研内容

房地产市场调查的主要内容包括以下几个方面。

1. 城市规划体系

收集项目所在地区城市规划、城镇体系规划、镇规划、乡规划和村庄规划，城市综合交通体系规划，未来5年的行政、商业、文化、娱乐、教育等城市发展规划，以增强投资吸引力。

2. 地理位置

调研该项目所在区域现有的自然环境、行政划分、交通状况、配套设施等。

3. 商业状况

分析项目所在城市和区域的商业结构、项目周边的现有商圈状况等。

4. 人口状况

分析项目所在地区的人口总数、户平均人口数、人口增长率、人均居住水平等，以确定未来目标客户人群基数。

5. 经济状况

了解项目所在地区存贷款准备金、贷款利率等金融政策，调研居民人均收入、人均可支配收入、城乡居民储蓄存款余额；人均消费支出、物价指数、消费价格指数、恩格尔系数等数据，分析居民生活水平。

6. 房地产市场现状

分析项目所在地区的房地产市场现状。主要包括：区域的房价（均价、最高价、最低价、层差等）、周边项目分析、竞争对手项目分析。

（二）调研方法

房地产市场通常采用全面普查、重点调查、样本调查、SWOT综合分析法等方法有针对性地进行调研。

1. 按调研对象划分

（1）全面普查分析

它是指对调查对象总体所包含的全部个体都进行调查分析。将项目所在城市的人口、年龄、家庭结构、收入等情况都系统地调查，能正确地反映客观事实，对房地产的开发经营都是十分有利的。但是，全面普查的工作量巨大，需要耗费许多的人力、物力和财力，且调查周期很长，所以一般的房地产公司都较少会采用这个方法。当然，有些信息的获取可以借用国家权威机关普查结果，如全国人口普查相关资料。

（2）重点调查分析

它是指以总体中有代表性的单位或消费者作为调查对象，进而推断出一般结论。例如，调查高档住宅需求情况时，可选择一些购买大户作为对象，这些消费者对于住宅的需求量和功能要求能够代表绝大多数高档住宅的需求者，从而制定出高档住宅的营销策略。虽然，重点调查可以节省时间和金钱，但是由于所选对象并非全部，其结果难免会有一定误差。

（3）样本调查分析

它是指在总体中随机任意抽取个体作为样本进行调查，根据样本推断出一定概率下总体的情况。这种方法在实际工作中运用比较广泛，因为随机抽样的特点就是"事情发生的概率相等"。它可以分为两种：一是简单随机抽样，即整体中所有个体都有相等的机会被选作样本；二是分层抽样，即对总体按某种特征（如年龄、性别、职业等）分组，然后从各组中随机抽取一定数量的样本。

2. 按调研方法划分

（1）访问法

这是最常用的市场调研方法。访问法的形式主要分为三种：一是问卷调查，让被调查人员在规定时间内独自填写一份答卷；二是谈话法，与被调查人员进行面对面的谈话，如召开座谈会，大家一起畅所欲言；三是电话调查，定期给被调查人员打电话咨询相关问题。科学设计调查表，有效地运用个人访问技巧是此方法成功的关键。

(2) SWOT 综合分析法

通过对房地产项目的优势、劣势、机会、威胁进行总体分析,使项目能够充分强化优势、减轻劣势、利用机会、规避威胁。项目 SWOT 整合分析后会得出四种战略,分别是:SO 战略、WO 战略、ST 战略和 WT 战略(图 1-15、图 1-16),根据项目的发展方向选择相应的策略。某住宅地产项目 SWOT 综合分析如表 1-11。

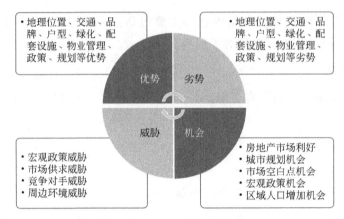

图 1-15　SWOT 综合分析方法

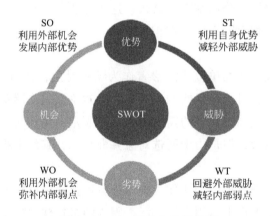

图 1-16　SWOT 综合分析模型

表 1-11　某住宅地产项目 SWOT 综合分析

内容	描述
内部优势 (strength)	公司实力雄厚,在项目所在城市前期项目口碑好,销售火爆
	公司决策层理念新,思路广,专业素养高
	区位优势凸显,项目位于城市中心、周边交通便利,配套完善,片区成熟度较高
	项目附近无影响视觉景观的不利因素
	项目高档住宅区的态势已经具备,并逐渐被市场认可

续表

内容	描述
内部劣势 （weakness）	项目地价高，致使综合成本偏高，竞争优势减弱
	项目地块面积偏小，限制了小区环境的营造，操作发展空间受限制
	项目体量过大，开发及销售周期较长
	企业品牌知名度不高，需要进行市场培育
	企业欠缺大型房地产项目操作经验，联合开发易存在分歧与矛盾
外部机会 （opportunity）	政府控制市区地块审批及高档项目开发，市区可供开发土地稀缺
	片区的高度成熟为项目入市提供了较为广泛的目标客户源
	片区物业同质化为项目推出提供了广阔空间，并为项目核心价值的建立奠定了基础
	首次置业者、年轻一族置业需求的迫切性，项目毗邻周边两所学校
	市场产品水平、系统运营能力相对较低
外部威胁 （threat）	市区高层住宅开发总量及供应量较大，空置率较高，与城市的人均增长速度和收入比例失衡
	市场供应量增加，价格竞争在所难免
	项目入市必然加剧片区楼市的竞争
	央行新政策出台，导致开发商资金压力增大

二、项目立项

前期调研如确定项目可行，即开展可行性研究工作，撰写可行性研究报告。可行性研究报告是通过科学的方法对建设项目的经济、技术可行性进行论证分析，提出项目建设的必要性和依据，主要包括：项目总论、项目背景、土地获取与动迁安置、市场分析与前景预测、项目选址及建设条件、建筑规划设计、项目功能与建设规模、环境影响评价、项目实施进度及工程招标、建设投资估算与资金筹措、财务评价与效益分析、项目建成后经营形式与组织结构、风险分析、结论与建议等内容。

可行性研究报告呈报项目所在地发展计划委员会（以下简称发改委）申请立项，立项上报可行性研究报告需同时提供：当地对项目总体布局规划的批复文件、发改委对项目建议书的批复文件、地区国土资源局同意土地划转的批复文件、建设用地规划许可证、建设项目环境影响报告表、当地供电局供电承诺、当地供水部门供水承诺等系列资料。项目可行性研究报告取得政府批复后，项目开发取得合法建设资格。

三、项目取得土地使用权与拆迁权限

项目可行性研究报告批复立项通过，开发商获得建设用地规划许可证后，即可着手土地开发，房地产市场的"源头"是土地市场，我国的相关法律规定，我国实行的是土地社会主义公有制，即全民所有制和劳动群众集体所有制。《中华人民共和国宪法》明文规定："城市的土地属于国家所有，农村和城市规划区的土地，除由法律规定属于国家所有的以外，属于集体所有，宅基地或自留地、自留山也属于集体所有。"取得项目用地开发使用权的方式主要有划拨、出让、转让与合作开发三种形式（表1-12）。取得土地后，为达到施工要求的场地条件拆除建设用地上原有房屋及其附属物，并对原用地者进行补偿安置。

表1-12　土地开发使用权方式

方式	描述
土地使用权划拨	它是指县级以上人民政府依法批准，在土地使用者缴纳补偿、安置等费用后将该幅土地交付其使用，或者将土地使用权无偿交付给土地使用者使用的行为。以划拨方式取得的土地使用权，除法律、行政法规另有规定外，没有使用期限的限制，土地使用权不能进行转让。土地使用权的划拨是计划经济的产物，其逐渐地被土地使用权出让或转让所取代。划拨土地使用权只适用于公益事业用地、国家重点工程项目或部分军事用地等特殊用地，对此《城市房地产管理法》明确国家机关用地和军事用地，城市基础设施用地和公益事业用地，国家重点扶持的能源、交通、水利等项目用地，法律、行政法规规定的建设用地才可以使用划拨方式取得土地使用权。在制度设计上，我国已经将划拨土地使用权定位在公益事业和国家重点工程建设上
土地使用权出让	它是指国家以土地所有者的身份将土地使用权在一定的出让年限和出让条件给土地使用者使用，并由土地使用者向国家支付土地使用权出让金的行为。通过出让方式获得土地使用权是建立在有偿有限期的基础上，该土地使用权可以在法律规定的范围内转让、出租或抵押，其合法权益受国家法律保护。国家按照所有权与使用权分离的原则，实行城镇国有土地使用权出让、转让制度。对于我国现行的房地产市场而言，土地出让是房地产开发企业取得发展用地的主要方式。我国现有的土地出让方式有：协议出让、招标出让、拍卖出让、挂牌出让四种形式
土地使用权转让与合作开发	它是指土地使用权拥有者将土地使用权再行转让出去的市场行为，即房地产开发企业从土地使用权所有者而非政府管理部门手中直接购买土地使用权。土地合作开发是指一些拥有资金但缺少土地的房地产开发企业，通过公司入股、并购合伙的方式，与当前土地所有权所有者合作开发，从而获得房地产开发用地的市场行为

四、项目规划设计

开发商取得土地使用权后，就正式进入了项目建筑规划与设计阶段。项目规划设计通常先进行概念设计，明确项目规划设计指导思想、规划设计原则、规划技术指标、产品类型与设计风格、建筑密度、容积率、绿化率、建筑限高、停车位等技术经济指标。

（一）项目优化设计

优化设计可节省项目投资，常用方法是多方案比选。

1. 多方案比选的必要性

多方案是建筑设计的本质反映。对于开发商项目设计，建筑造价是制约建筑设计的一个重要因素。如何在有限的经济条件限制下进行建筑创作，是激发设计师灵感的一个重要方面。除了从环境、功能、结构、经济入手进行构思外，造型、技术、历史、文化、心理乃至地方元素等均可以成为设计构思可行的切入点和突破口。在具体的方案设计中，同时从多个方面进行构思和寻求突破，或者在总平面布局时侧重于环境，在平面设计时侧重于功能需求，在不同的设计构思阶段选择不同的侧重点。方案设计是一个过程而不是目的，其最终目的是取得一个理想而满意的实施方案。如何验证某个方案是好的，最有说服力的方法就是进行多个方案的分析比较。绝对意义上的最佳方案是穷尽所有可能而获得的，但在现实的时间、经济及技术条件下，人们不具备穷尽所有方案的可能性，能获得的只是"相对意义"上的，即有限数量范围内的最佳方案。这是进行多方案构思的意义所在。

2. 多方案构思的基本原则

在构思阶段，应提出数量尽可能多、差别尽可能大的选择方案。供选择的方案的数量大小以及差异程度，是决定方案优化水平的基本尺度，差异性保障了方案间的可比较性，数量则保证了选择的空间。为了达到这一目的，必须学会从多角度、多方位来审视设计任务。通过有意识、有目的地变换构思侧重点来实现方案在整体布局、形式组织以及造型设计上的多样性与丰富性。任何方案都必须是满足功能与环境需求的基础之上产生的，否则，再多的方案也毫无意义。为此，在方案的尝试阶段就应该进行必要的筛选，保证设计方向的正确性。

3. 方案优选的基本方法

当完成方案后，将展开对方案的分析，从中选择出理想的发展方案。方案优选重点应集中在以下三个方面。

（1）比较设计要求的满足程度

是否满足基本的设计要求（包括功能、环境、流线等诸因素）是鉴别一个方案是否合格的基本标准。无论方案构思如何独到，如果不能满足基本的设计要求，设计方案就不足可取。

（2）比较特色是否突出

鲜明的个性特点是建筑的重要品质之一，富有个性特点的建筑比一般建筑更具吸引力，更容易脱颖而出，具备感染力，更容易被认可、接受和喜爱。

（3）比较修改调整的可行性

任何方案都难以做到十全十美，或多或少都会有一些这样或那样的缺陷，但是如果修改的可能性很小，会影响建筑方案的发展。因为如果进行彻底的修正不是带来新的更大的问题，就是完全失去了原有方案的个性和优势。对于这类方案的选取必须慎重，以防留下隐患。

（二）项目建筑设计的程序

规模较大的房地产开发项目，建筑设计的程序一般要分成方案设计、初步设计和施工图设计三个阶段。对于技术要求简单的民用建筑工程，方案设计可代替初步设计阶段。经有关主管部门同意，并且合同中有不做初步设计的约定，可在方案设计审批后直接进入施工图设计。中大型项目需历经方案设计阶段、初步设计阶段、施工图设计阶段。为立体形象表达项目，可用 3D MAX 等软件绘制建筑效果图。

1. 方案设计阶段

开发商在进行规划及建筑设计之前，需向城市规划行政管理部门申报规划设计条件，申报时需明确规划建设用地面积、总建筑面积、容积率、建筑密度、绿化率、建筑后退红线距离、建筑控制高度、停车位个数等主要技术经济指标，以获得规划设计通知书。之后委托有规划设计资格的单位完成方案设计。方案设计阶段的成果一般包含基地总平面图、建筑楼层平面图、建筑立面图和建筑剖面图。反映该设计方案特点的若干分析图和彩色建筑表现图或建筑模型。设计说明的内容以建筑设计的构思为主，也包括结构、设备、环保、卫生、消防等各方面的基本设想和设计依据，同时还应提供设计方案的各项技术经济指标以及初步的经济估算。

2. 初步设计阶段

方案设计得到批准后，即可进行初步设计。按照我国现行制度，建设项目设计中标单位应该与建设方签订委托设计合同，随后进入正式的设计程序。尽管建筑的设计方案已存在，并通过了有关专家的评审和认同或是提出了修改意见，但建筑方案还是停留在相对概念化的阶段，初步设计阶段是在方案设计阶段基础上不断完善，深化设计方案的过程。在初步设计阶段，要求各个专业的设计人员通力合作，对建筑方案按照项目的批准文件、有关主管部门对本工程批示的规划许可技术条件、工程建设强制性标准等方面的要求进行全面的设计的整合，使之整体优化。初步设计在方案设计的基础上，提出设计标准、基础结构形式、结构方案及各专业的方案。初步设计文件包括：设计总说明书、设计图纸、主要设备与材料表、工程概算书四个部分。

3. 施工图设计阶段

在初步设计的文件和建筑概算得到了有关部门和单位的批准后，设计单位可以着手在初步设计基础上进行建筑施工图的设计。在施工图设计的阶段，设计人员对初步设计的文件进行细化处理，达到可以按图施工的深度。施工图设计是以图纸为主，包括设计说明、总平面图、平面图、立面图、剖面图、细部构造详图。

五、项目工程建设

（一）工程建设基本程序

项目工程建设基本建设程序历经项目决策阶段、设计准备阶段、设计阶段、建设准备阶段、施工阶段、收尾阶段（图1-17）。工程项目施工和监理单位通常采用招标投标来进行优选，通过招标，可以确保工程投资不超过预算、质量符合设计要求、工期达到预期目标。

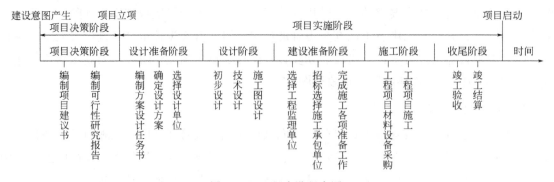

图1-17 工程建设程序图

（二）工程施工内容

1. 前期准备

（1）施工现场准备

一般合同条件下，业主建设单位负责完成三通一平（通电、通水、通路和场地平整），三通一平是指基本建设项目开工的前提条件。具体根据合同，有的招商引资项目前期业主建设单位已完成五通一平（通电、通水、通路、通信、排污和场地平整）或七通一平（通电、通水、通路、通信、排水、排污、有线电视和场地平整）工作。

（2）物质准备

材料准备、施工机具准备、模板、脚手架准备。

（3）施工项目机构人员准备

项目经理、技术负责人、施工员、预算员、资料员、安全员等项目组人员配备。

2. 主体工程建造

基础、梁、板、柱、墙、楼梯、门窗、屋面。

3. 建筑设备安装

水电、消防。

4. 装修工程

室内装修、室外装修。

六、项目经营

项目经营是开发商通过对所开发房地产项目的销售、出租，实现自己的预期投资收益。销售和出租的产品有期房和现房两种，但都必须在取得政府主管部门颁发的预售许可证之后方可进行，且买卖契约和租赁契约都必须经过政府主管部门鉴证方为有效。

第三节 房地产产品交易流程

购房者实地查看楼盘沙盘、VR 视频资料、楼书、户型样板间，全面了解楼盘情况，了解购买的是期房还是现房，楼盘的五证是否齐全，开发商要有五本证书才有售房资质，五证不全的房子，购买起来风险很大，如确定购买，商谈价格满意后可按图 1-18 流程交易。

图 1-18 商品房交易流程

一、签订商品房认购协议书

商品房认购协议是商品房买卖合同双方当事人在签订商品房预售合同或者商品房现房买卖合同之前所签订的法律文书，是对双方交易房屋相关事宜的初步确认。即卖方承诺在一定期间内保证不将房屋卖给除买方以外的第三人，买方则保证将在此期间内遵循协议约定的条款与卖方就买房事项进行商谈。这种认购行为约定的是买卖双方为将来订立合同进行谈判的权利和义务，而并非最终必然导致签约结果的发生，所以签订认购协议书并非是在购买商品房时的必经阶段，选定房源，缴纳定金，签订认购书，这套房源就是属于你的了。定金是不能退的，所以选定房源果断的同时要确定好。通常签订认购协议书时交 1~2 万认筹金。

需要说明的是，《最高人民法院关于审理商品房买卖合同纠纷案件适用法律若干问题的解释》第五条规定商品房的认购、订购、预定等协议具备《商品房销售管理办法》第十六条规定的商品房买卖合同主要内容，并且出卖人已经按照合同收受房款的，该协议应当认定为商品房买卖合同。

二、签订商品房买卖合同

购房者如购买已经竣工验收并交付使用了商品房，这个时候开发商和购房者签订的是现房买卖合同；如购买尚未竣工验收的期房，这个时候签订的是房屋的期房预售合同。

（一）现房买卖合同

签订买卖合同是整个购房程序中最重要一环，合同也是销售中最重要的法律文件。合同一般为一式四份，其中正本两份，开发商和购房者各执一份。副本两份，开发商和当地房管部门各一份。商品房买卖合同多为政府部门提供的格式合同。购房者签订合同时，应当对所达成的条款进行核实，对于格式合同文本中未涉及的内容应当签订补充文本。商品房现售是指房地产开发企业将其依法开发并已竣工验收合格的商品房出售给买受人，由买受人支付房屋价款的行为，基本流程如下：

①房地产开发商办理商品房初始登记取得房屋所有权证；

②房地产开发商与房地产经纪服务机构签订委托销售合同，或设立售楼部自行销售；

③房地产开发商或其委托的房地产经纪服务机构发布售房信息；

④买受人通过中介、媒体等渠道了解该楼盘并产生交易意向；

⑤买受人查询该楼盘的权益和物质实体等基本情况；

⑥买受人与开发商签订商品房销售合同；

⑦办理过户、登记领证及房屋交接手续。

（二）期房买卖合同

商品房预售是指房地产开发企业将正在建设中的房屋预先出售给承购人，由承购人支付定金或价款的行为，一般缴纳定金认购开发商的物业，并签订"认购协议书"后7天内缴纳首期房款，同时签订"商品房买卖合同"，此时，认购协议作废。之后交齐按揭所需材料，即向银行申请按揭贷款，银行审批合格，双方签订了"按揭抵押贷款合同"，贷款便可放下，贷款放下后一个月即开始月供。购房者按照购房合同协定好的时间来支付房款。一般分为三次，第一次支付首付款，第二次是中期支付30%～60%的款项，第三次支付尾款。通常房开商提供给顾客选择的方式。贷款购买的期房，一般由开发商选择的贷款银行来进行办理。基本流程如下：

①房地产开发商申请取得商品房预售许可证；

②房地产开发商与房地产经纪服务机构签订委托销售合同或自行销售；

③房地产开发商或其委托的房地产经纪机构发布售房信息；

④预购人通过中介、媒体等渠道了解该楼盘并产生购买意向；

⑤预购人查询了解该楼盘的权益和物质实体等基本情况；

⑥预购人与开发商签订商品房预售合同；

⑦办理预售合同文本登记备案；

⑧商品房竣工后，开发商办理初始登记，交付房屋；

⑨预购人与开发商签订房屋交接书；

⑩办理过户、登记领证手续。

（三）合同签订注意事项

购买期房需重点查看开发商五证是否齐全，签订合同时通常需注意定金返还、烂尾问题、房屋面积与装修标准、房产证取得时间、违约责任承担等问题。

1. 定金返还

购房者买房的第一步是与房地产开发企业签订认购书，并交一定额度的定金，但有时购房者在交付定金后因种种原因得不到银行的贷款而无法购买该房产时，房地产开发企业一般都只退购房款而不退定金，理由是购房者没有履行合同，所以没收定金。所以，购房者最好与房地产开发企业在合同中约定，若贷款不成功，定金全额返还或是扣除部分作为手续费后返还等细则。

2. 烂尾问题

购买预售房的购房者，签订房屋预售合同时，可以在合同中约定，如果出现房烂尾情形，导致不能如期交房的，购房者有权提前解除合同，房地产开发企业承诺无条件退款或约定退款条件。

3. 房屋面积与装修标准

期房因为没有竣工，所销售的购房面积是以建筑图纸来计算的。但实际竣工后如出现设计更改，会出现所获面积与预售面积不一致现象，因此需要提前确定室内面积，最好在合同中有所体现。精装房可要求房地产开发商在合同中标明室内装修材料范围与材质，厨房设备与卫生间洁具品牌等具体内容。

4. 办证时间

合同一般只规定房开商向产权登记机关提供办理权属登记资料的时间，而不规定购房者取得房地产权属证书的期限。何时将权属登记资料报产权登记机关，购房者无法控制，且所报资料是否完备、合法、有效，是否符合产权登记机关的要求，都没有明确，这样房地产开发企业可能逃避其应尽的责任。购房者拿不到产权证。所购房屋的权属状态不确定，购房者便无法实现其与房屋所有权的民事权利，如买卖、租赁、抵押等。如果因为房地产开发商开发程序不合法等原因无法办理房屋权属证明，购房者可能只对房屋拥有使用权，这样购房者即由买产权变成了买使用权，合同的性质就发生了根本的变化，购房者无法得到签订合同之初预计得到的利益。没有约定办理产权证的期限就等于购房者今后没有办证期限的权利，处理纠纷也没有依据。

5. 违约责任承担

格式合同中有关购房者逾期付款的违约责任和房地产开发企业逾期交房的违约责任都是空白的，供双方自由约定。但房地产开发商一般都不与购房者协商，会事先填好，比例从1%～5%不等，且不容更改。因为从整体上来说，对于合同的履行一般是房地产开发企业违约的情况多，购房者违约的情况很少，所以房地产开发企业为避免承担违约的责任，将违约金的比例定得很低。这样一旦违约，房地产开发企业几乎不受什么损失，而购房者所受的损失几乎不能得到补偿，所以购房者应与房地产开发企业协商一个合适的违约责任比例。

三、商品房付款

房价是指建筑物连同其占用土地在特定时间内房产的市场价值，也是指房地产开发商在售卖房屋时给房屋所定的价格，其包含了地价、建安成本费、税费、房地产开发商利润和其他用于宣传等不可预见费用。这部分价格就是我们时常在房地产楼书和广告宣传里看的房价 ＊＊＊＊元/m^2。购房者对照合同现场勘查验房符合要求后，除去大头开支"购房款"，需要单独向房管局、税务局缴纳契税、印花税等相关交易税费（表1-13）。

（一）商品房价格构成

商品房通常是一户一价。购房者清楚房屋的价格基本构成（图1-19），才能做到明白消费。

房价 + 买房税费 + 银行按揭费用 + 入住费用 = 买房总支出

图 1-19　商品房价格构成

表 1-13　购买商品房主要税费

税费种类	描述
契税	它是指房屋所有权变更时，当事人所订契约按房价的一定比例向新业主（产权承受人）收取的一次性税收。它是对因地产产权变动而征收的一种专门税种。新契税法将在 2021 年 9 月 1 日起实施。契税税率为 3%～5%，契税法同时明确，省、自治区、直辖市可以依照前款规定的程序对不同主体、不同地区、不同类型的住房的权属转移确定差别税率。具体操作办法由各省、自治区、直辖市财政、税务、房地产主管部门共同制定
土地收益金	它是指土地使用者向第三者转让土地使用权时，就其转让土地交易额按规定比例向财政部门缴纳的价款，或者是土地使用者向其他使用者出租土地使用权，就其所取得的租金收入按规定比例向财政部门缴纳的价款。主要是作为财政收入上缴当地财政，用于城市建设和土地开发，有利于促进地产交易市场的发展和合理调节国家、单位和个人的利益。土地收益金是根据房屋建筑面积收取的，各地标准不一样，主要是根据土地坐落地段、土地等级等系数来确定的
印花税	它是对经济活动和经济交往中书立、领受凭证征收的一种税费。印花税的对象是房地产交易中的各种凭证。包括房屋因买卖、继承、赠予、交换、分割等发生产权转移时所书立的产权转移书据
公共维修基金	它是指按建设部《住宅共用部位共用设施设备维修基金管理办法》的规定，住宅楼房的公共部位和公用设施、公用设备的维修养护基金。单位售卖公房的公共维修基金，是购房总价的 2%～3%，多数地方是 2%
交易手续费	住宅 3 元/m²；非住宅 11 元/m²
权属登记费	住宅 80 元/套；非住宅 550 元/件，一般 100 元到 200 元之间
按揭合同公证费	按贷款额的 0.3% 计收，仅按揭贷款发生缴纳，由公证处收取
律师费	一般 500～1000 元，仅按揭贷款发生缴纳，由律师事务所收取
保险费	保险费＝贷款额×年费率×年限系数，年费率按成交价的 0.5%～1% 计收，贷款时间越长年费率越低仅按揭贷款发生缴纳，由保险公司收取

（二）付款形式

购房者支付房款的方式有一次性付款、分期付款、申请按揭贷款等，采取哪种付款方式更有利，这主要取决于购房者个人的投资渠道与投资水平。有些购房者可以一次性付清全部房款，但是他们仍然选择申请按揭贷款。这样他们便可以把自己已有资金用作其他投资项目，只要能取得高于贷款利率的投资收益就是合算的。购买者在买房时，最好先对自己的资产进行一下衡量，对预期收支进行测算。有些购房者则因不愿承担利息支出，而选择一次性付清房款。可是待房屋交付使用时，又想申请贷款装修新家或另有其他大额支出，这时再进行融资就很不划算，因为个人信用贷款的利率比购房按揭贷款的利率高。

(三) 预购商品房抵押贷款

预购商品房抵押贷款分为现房抵押贷款和购房抵押贷款。

1. 现房抵押贷款

它是指抵押人以自有房屋以不转移占有的方式向抵押权人提供债务履行担保的行为。

2. 预购商品房抵押贷款

它是指购房人在支付首期规定的房屋价款后，由贷款银行代其支付其余的购房款，将所购商品房抵押给贷款银行作为偿还贷款履行担保的行为购房者的房屋所有权将抵押在银行，购房者将分期偿还银行的贷款及利息，这种方式又称为个人住房商业性贷款或银行按揭贷款。按揭的成数通常有五成到八成不等，期限有 5～30 年不等。其基本流程为：

①金融机构对预售楼盘进行审查，决定是否对其提供个人住房贷款；

②预购人与房地产开发企业签订商品房预售合同；

③办理商品房预售合同登记备案手续；

④预购人支付首期房价款，将预购商品房设定抵押；

⑤抵押权人与抵押人签订预购商品房抵押合同；

⑥双方持抵押合同及经房地产登记机关登记备案的商品房预售合同到房地产登记机关办理抵押登记；

⑦预购商品房在抵押期间竣工的，抵押人在领取房地产权属证书后，应当与抵押权人重新办理房地产抵押登记；

⑧债务履行完毕或贷款已清偿，抵押双方向原登记机关申请办理抵押注销手续。

(四) 贷款形式

鉴于房价较高，购房者能够一次性全额缴纳购房款的比例较少，加之国家公积金杠杆，大多数采用贷款方式购买，按购房用途的不同，贷款可分为住房按揭贷款和商业用房按揭贷款两种。对购买首套自住房且套型面积在 $90m^2$ 以下的家庭，贷款额度不超过全部房价款的 80%，对购买首套自住房且套型面积在 $90m^2$ 以上的家庭，贷款额度不超过全部房价款的 70%，对贷款购买第二套住房的家庭，贷款额度不超过全部房价款的 50%，停止向购买第三套及以上住房的购房者发放按揭贷款。房屋贷款有住房商业性贷款、住房公积金贷款和住房组合贷款三种方式。

(1) 住房商业性贷款

它是指银行用其信贷资金所发放的直营性贷款，是指具有完全民事行为能力的自然人，购买本市城镇自住房时，以其所购买的产权住房（或银行认可的其他担保方式）为抵押，作为偿还贷款的保证而向银行申请的住房商业性贷款中的一种贷款方式。具有完全民事行为能力、有相对稳定经济收入、有按期偿还本息能力的自然人可以办理商品房按揭贷款。银行按揭的正确名称是购房抵押贷款，是购房者以所购房屋之产权作为抵押，由银行先行支付房款给开发商，以后购房者按月向银行分期支付本息，银行按揭的成数通常由五到八成不等，期限由 1 年到 30 年不等。银行按揭是促进房地产市场活跃的最有效的手段适用于未缴存住房公积金购房者。

（2）住房公积金贷款

它是指以住房公积金为资金来源，向缴存住房公积金的职工发放的定向用于购买自住普通住房的贷款。住房公积金是国家机关、国有企业、城镇集体企业、外商投资企业、城镇私营企业及其他城镇企业、事业单位及其在职职工缴存的长期住房储金。按照规定，凡是缴存公积金的职工均有享受此种贷款的权利。只有在职职工才建立住房公积金制度，无工作的城镇居民、离退休职工不实行住房公积金制度，住房公积金包括职工个人缴存部分和所在单位缴存部分，属于职工个人所有，用于职工购买、建造、翻建、大修自住住房。住房公积金贷款是低息优惠贷款，只有按规定履行缴存住房公积金义务的职工才能享有申请贷款的权利。适用于缴存了住房公积金的职工，申请购买、修建自住用房所需贷款。

（3）住房组合贷款

它是指个人申请住房公积金贷款不足以支付购买住房所需费用时，其不足部分向贷款银行申请个人住房商业性贷款的两种贷款之总称。住房公积金管理中心发放的贷款会有最高限额，如果购房款超过这个限额，不足部分要向银行申请个人住房商业性贷款，组合贷款利率较为适中，贷款金额较大，因而较多被贷款者选用。

住房商业性贷款和住房公积金贷款都是针对购房者缺少资金而发放的贷款，两者异同一是贷款对象不同。住房公积金贷款的对象是住房公积金的缴存人和汇缴单位的职工，而住房商业性贷款的对象是具有完全民事行为能力的自然人，即不限于住房公积金的缴存人和汇缴单位职工，其范围大于前者；二是贷款额度不同。一般的金融机构发放的住房抵押贷款的最高贷款额不得超过购房贷款的 80%（具体以各地的标准为准），而住房公积金管理机构发放的住房抵押贷款的最高额度除了不超过所购买住房评估价值的一定比例之外，同时规定了最大的贷款额度；三是贷款利率不同。2020 年公积金贷款利率五年以下利率为 2.75%；五年以上为 3.25%。而商业贷款一年以下基准利率为 4.35%；三年到五年是 4.75%；五年以上则是 4.9%。借款申请人持住房公积金管理中心的贷款委托书，与委托办理住房公积金贷款的商业银行分别签订住房公积金和商业性个人住房贷款的贷款合同。在组合贷款中，公积金贷款和商业贷款的贷款期限、借款日期和还款日期都是相同的，只不过执行不同的利率。表 1-14 是三种贷款形式与条件。表 1-15 是公积金贷款与商贷利息表。

表 1-14 贷款形式与条件

贷款形式	贷款条件	备注
住房商业性贷款	有合法的身份和稳定的经济收入，有偿还贷款本息的能力，个人信用良好	贷款银行规定
	有合法购买住房合同、协议	
	有预付住房总价 30% 款项收据或发票；有贷款银行认可的资产进行抵押或质押	
	有足够贷款偿还能力的法人，其他经济组织或自然人作为保证人	

续表

贷款形式	贷款条件	备注
住房公积金贷款	具有所在城市行政区域内的常住人口或有效居留身份证明的职工,有较稳定的职业及经济收入,具备相应的贷款偿还能力,个人信用良好	公积金中心规定
	申请时已连续一年以上正常缴存住房公积金,并没有支取公积金用于支付购房首付款,同时无公积金贷款余额	
	具有购买住房的合同或协议,且首期付款金额不低于住房价值的30%	
	有公积金中心认可的资产作为抵押或质押,或有足够代偿能力的单位作为保证人	
住房组合贷款	有合法的身份和稳定的经济收入,有偿还贷款本息的能力,个人信用良好	贷款银行与公积金中心规定
	按时足额缴存住房公积金的职工,且连续缴存一年以上	
	有合法购买住房合同、协议	
	有预付住房总价30%款项收据或发票;有贷款行认可的资产进行抵押或质押	

表1-15 公积金贷款与商贷利息表

贷款年限	贷款金额					
	30万元			50万元		
	公积金(3.25%)	商贷(5.63%)	总息差/元	公积金(3.25%)	商贷(5.63%)	总息差/元
10年	2931.57	3275.15	41229.6	4885.94	5458.58	68716.8
20年	1701.58	2085.75	92200.8	2835.97	3476.25	153667.2
30年	1305.61	1727.92	152031.6	2176.02	2876.86	253382.4

四、商品房验房收房

住房和城乡建设部1998年下发了《商品住宅实行住宅质量保证书和住宅使用说明书制度的规定》,要求各级建设行政主管部门组织实施《住宅质量保证书》和《住宅使用说明书》制度,加强房地产开发企业的管理,在商品住宅销售中明确质量责任、确保商品住宅质量;要求开发商要结合《住宅质量保证书》和《住宅使用说明书》的实行,建立和完善企业内部的质量管理制度,加强对施工及材料、构配件和设备采购的管理,使用优质产品,并明确与设计、施工、监理、材料、构配件、设备供应等相关单位的质量责任。从1998年9月1日起建设单位在向业主交付销售的新建商品住宅时,必须提供《住宅质量保证书》和《住宅使用说明书》。

按照有关规定,房屋交付使用前,必须经区级房屋质检站验收合格,才能允许用户居住。在查验此合格证件后,用户自己也要对房屋进行质量检查,发现问题要及时解决。

①凡竣工的工程,一般须做到通水、通电、通路、通信、通气,楼前楼后场地要平整,不准堆积建材或杂物,以确保进出安全。

②要做到煤气表、电表(单元表)、水表三表到户;高层住宅楼消防供水系统,必须经消防部门检验合格;高层住宅楼生活供水系统,必须具有卫生防疫部门核发的用水合格证;

高层住宅楼电梯，必须具有劳动部门核发的安全运行合格证。

③户内检查　购房者主要对房屋的具体位置、面积、结构、墙体、楼地面、门窗设备设施等方面进行勘察与合格检查，详见表1-16。

表1-16　商品住宅验房户内检查项目

检查项目	描述
位置	核对签订合同时约定所购房的具体位置和房号，一幢房屋不同位置导致朝向、采光通风与景观视野差异，购房者在签订购房合同时必须在合同中与房地产开发商约定一张所购物业位置图，并标清房屋的实际朝向情况
面积	房屋面积的大小不仅影响到最终产权，而且涉及房价，购房者应该重视对购房面积的计算。当实际面积与暂定面积出现的误差比超3％，则购房者有权解除合同并要求开发商返还房款及利息
结构	承重墙若有裂缝且贯穿整个墙面表示该房存在安全隐患；若房屋的外墙、地面、墙有裂缝分析裂缝成因是结构还是装饰裂缝。结构裂缝的成因有的是因为钢筋、水泥等建材不合格，有的是因为施工不符合规范造成的，结构是建筑的骨架，裂缝会导致建筑物强度下降、寿命缩短；装饰裂缝的成因通常是建材质量不合格、配合比不当、施工不符合规范等原因形成
墙体楼地面	外墙如镶贴饰面砖，不得有较大面积的空鼓、开裂。不得渗水,室内墙体如是涂料,注意甲醛指标；地面如是水泥砂浆等整体地面，查看面层与找平层是否黏结牢固、是否平整、有无裂缝、脱皮和起砂等缺陷,如是地砖等块料面层,查看表面是否平整、接缝均匀顺直、无缺棱掉角；查看卫生间、阳台地面与相邻地面的相对标高是否符合设计要求，有无积水、倒泛水和渗漏现象
设备设施	检查厨房、卫生间的上、下水管道，看看排水管道排水是否顺畅,上水管是否存在渗漏现象；检查配电线路,分清一般性用电与公用用电的线路和插座,包括电视、宽带网络插座,特别要注意厨房、卫生间、阳台上的电源插座,应该是带盖防水插座。如果是毛坯房,要查看已安装的插座面板,看是否为墙面装修做了预留

五、办理商品房产权证

业主拿到了商品房产权证后，不仅可以长期居住，而且可以出租、转让、交换、赠予、继承和抵押等。

1. 产权证的获取

商品房产权证通常由开发商代为办理。开发商开发建设一幢商品房竣工后应首先申请初始登记，就是说应首先将已竣工的房屋登记至开发商名下，也就是平时我们说的"办大证"。然后开发商持其名下的房屋所有权证明同业主办理商品房转移登记，之后业主就拥有属于自己的房屋所有权证书了。办理初始登记须由开发商单方面提出申请，应提交的资料包括登记申请书、申请人身份证明、建设用地使用权证明、建设工程符合规划的证明、房屋已竣工的证明、房屋测绘报告等材料。办理转移登记须由开发商和业主共同提出申请，通常业主需提供房屋购销合同原件及补充合同原件、商品房销售统一原件、房屋的外业测绘调查表及分层分户平面图原件、完税凭证、购房者自身材料。《城市房地产开发经营管理条例》规定："预售商品房的购买人应当自商品房交付使用之日起 90 日内，办理土地使用权变更和房屋所有权登记手续；现售商品房的购买人应当自销售合同签订之日起 90 日内，办理土地使用权变更和房屋所有权登记手续。"由于各城市，甚至各家开发商情况不尽相同，所以具体办证时间主要还是看购房合同上的约定时间。一般来说，合同约定 90 天到 180 天以内都属于正常范围，最高不得超过两年。

2. 入住费用

入住费用是除房价外的最大部分，分别交给开发商和物业管理公司。购房者完成缴款义务后，开发商应当开具入住通知单，购房者凭通知单据同物业管理公司办理验房手续，经过对房屋验收，购房者如果对房屋质量无异议，应当签署验收单据。验收完毕后，购房者须签订物业管理合同、预交物业管理费、签署业主公约、填写装修申请表、缴纳装修保证金、领取钥匙。经过房屋装修后，经物业管理公司验收未违反装修合同的，退还装修保证金，购房者即可完成入住程序，入住前还需向房地产开发商、物业管理公司等费用（表1-17）。

表1-17 入住前需缴纳费用

缴费对象	入住费用	缴纳金额/元	备注
房地产开发商	智能安防系统费用	1000~2000	大门的对讲机、红外线探头等，各楼盘标准不等
	管道煤气开通费	2000~3000	各城市地区标准不一
	有线电视安装费	300~500	
	宽带上网费	按月收取	
物业管理公司	物业管理费	预交3个月的物业管理费	各小区具体收费标准而定
	装修保证金	2000~5000	通常每个楼盘都有此项费用
	垃圾清运费	500~2000	根据路程与交通便利情况而定

第四节 房地产专业术语

一、房地产市场术语

房地产市场是指包括土地的出让、转让、抵押、开发、房地产买卖、租赁、转让、互换、抵押、信托,以及一些与房地产有关的开发、建筑、修缮、装饰等劳务活动有各自特定需求并参与其中的全部单位或个人的总和。

1. 房地产一级市场

它是指国家土地管理部门按土地供应计划,采用协议、招标、拍卖的方式,以土地使用合同的形式,将土地使用权以一定的年限、规定的用途及一定的价格出让给房地产开发商或其他土地使用者所形成的市场。房地产一级市场又称国家级市场,其主体是代表国家的房地产管理部门。一级市场由国家控制经营,以利于国家对房地产市场的宏观调控。其任务一种是要按照城市规划和土地管理法的有关规定征用土地,将土地使用权出让给承担开发业务的企业;另一种是将国家所有的房产出租或出卖给单位或个人。后一种情况很少见,所以房地产一级市场一般是土地的一级市场。

2. 房地产二级市场

它是指房地产开发市场,其经营主体为房地产开发公司,其经营内容是按照城市总体规划和小区建设规划,对土地进行初级开发和再次开发,然后将开发出来的房地产出售给用地、用房单位或个人。房地产二级市场一般是指商品房首次进入流通领域进行交易而形成的市场,包括土地二级市场,即土地使用者将达到规定可以转让的土地,进入流通领域进行交易的市场。房地产二级市场具体对商品房来说就是商品房的一手市场。

3. 房地产三级市场

它是指在房地产二级市场的基础上再转让或出租的房地产交易,是单位、个人之间的房地产产权转让、抵押、租赁的市场。它是在二级市场基础上的第二次或多次转让房地产交易活动的市场。房地产三级市场具有消费性质,此时房地产呈横向流通,即使用者、经营者之间的平等转移,表现为使用者之间的交易行为,其反映的是以效用为价值尺度的市场价格,是调剂需求条件下的市场行为。例如,私房出租、出售等就是三级市场行为。

4. 房地产交易

它是指房地产转让、房地产抵押和房屋租赁三种形式。在房地产交易中国家规定了基本的制度,即国有土地有偿有限期使用制度、房地产价格申报制度、房地产价格评估制度和房地产权属登记发证制度。

5. 房地产转让

它是指房地产权利人通过买卖、赠予或者其他合法方式将其房地产转移给他人的行为。

6. 房地产抵押

它是指抵押人以其合法的房地产以不转移占有的方式向抵押权人提供债务履行担保的行为。债务人不履行债务时，债权人有权依法以抵押的房地产拍卖所得的价款优先受偿。房地产按揭是房地产抵押的一种形式。依法取得的房屋所有权连同该房屋占用范围内的土地使用权和以出让方式取得的土地使用权，可以设定抵押权。

7. 购房贷款抵押

它是指购房人在支付首期规定的房价款后，由金融机构代其支付剩余的购房款，将所购商品房抵押给该金融机构作为偿还贷款履行担保的行为。

8. 房地产代理商

广义的房地产代理商是指经政府批准成立，从事房地产的咨询、经纪、评估等业务的中介服务机构，接受委托，提供房地产的出售、购买、出租、承租及物业咨询评估、销售等有偿服务；狭义的房地产代理商也称为销售代理商，它是指负责销售策划和销售具体工作并以此赚取佣金的房地产中介机构。

9. 房地产经纪

它是指房地产经纪机构和房地产经纪人员为促成房地产交易，向委托人提供房地产居间、代理等服务并收取佣金的行为。

10. 佣金

它是指中介机构完成一宗房地产经纪业务后获取的劳务报酬。它是一种劳动收益、风险收益和经营收益的结果，一般佣金为房价的1%～3%或一个月房租的一半到全部。

11. 房地产经纪机构

它是指依法设立，从事房地产经纪活动的中介服务机构。

12. 居间中保

它是指在二手房中介市场中，为保证买卖双方合法权益、保证房屋交易正常所进行的中间担保业务。具体步骤是：按双方买卖合同的规定，将买方的资金如数期划给卖方，将卖方的房屋产权手续和腾退的房屋如期移交给买方，使双方各得其所，避免互不信任甚至诉诸法律的情况发生。

13. 产权置换

它是指居民之间以自身原有产权房进行置换的一种业务。一般是在中介的撮合下进行，并可由中介代办置换手续。

14. 房屋征收

它是指在城市化和工业化的过程中，为了公共利益的需要，国家把国有土地上的房屋征收为国家所有的行为。

15. 拆迁

它是指经城市规划、土地管理机关批准，将原土地合法使用者及房屋合法使用者迁到其他地方安置，并拆除清理原有建筑或其他妨碍项目实施的地上物，为新的建设项目施工创造条件的行为。拆迁可简单理解为人员的搬迁和建筑物的拆除。

16. 房屋拆迁补偿

它是指拆迁人对被拆除房屋的所有人，依照《城市房屋拆迁管理条例》的规定给予的补偿。拆迁补偿的方式，可以实行货币补偿，也可以实行房屋产权调换（回迁或搬迁）。

二、房地产产品术语

1. 商品房

它是指房地产开发商经批准用于市场出售而建造的房屋，均按市场价出售。它的价格受成本、税金、利润、代收费用以及地段、楼层、朝向、质量、材料差价等因素影响。商品房按销售对象可分为内销商品房和外销商品房。

（1）内销商品房

它是指房地产开发商通过实行土地使用权出让形式，经过政府计划主管部门审批，建成后用于在境内范围（目前不包括香港、澳门特别行政区和台湾）出售的住宅、商业用房以及其他建筑物。

（2）外销商品房

它是指房地产开发商按政府外资工作主管部门的规定，通过实行土地批租形式，报政府计划主管部门列入正式项目计划，建成后用于向境内、境外出租的住宅，商业用房及其他建筑物。

2. 经济适用房

它是指政府提供优惠政策，不仅在住房建设中给予用地、计划、规划、建设、资金等方面的政策扶持，而且给予一定的税费减免，限定套型面积和销售价格，按照合理标准建设，面向中低收入的住房困难家庭群体，具有保障性质的政策性住房。所谓经济性，是指住房的价格相对同期市场价格来说是适中的，适合中等及低收入家庭的负担能力。所谓适用性，是指在房屋的建筑标准上不能削减和降低，要达到一定的使用效果。和其他许多国家一样，经济适用房是国家为低收入人群解决住房问题所作出的政策性安排。

经济适用房和商品房主要有三方面区别。一是建设标准与定价政策不同。经济适用房兼具经济性和适用性，建设标准和销售价格都是由政府限定的，价格要低于市场价，政府依照"保本微利"的原则，给予一定的政策扶持，使低收入的家庭得到住房保障。其适用性则体现在要有必需的生活功能，能满足居民基本的生活需要，且建设标准因地制宜。商品房的建设标准和销售价格不是由政府来限定的，而是由开发商和市场经济决定的，虽然商品房的价格更高，但实用性、装饰性与设计感是要更强的。二是设计理念与户型不同。经济适用房的设计以满足居民的基本生活需要为原则，设计时以经济适用为出发点，户型通常以一居室到四居室为主。三是交易与转让不同。经济适用房上市交易必须符合满五年条件,且转让所得收益需缴纳30%作为土地收益款。购买经济适用房不满五年的,不可以交易和转让;满5年的经济适用房如果上市出售,要交土地收益等价款。商品房交易不受满五年条件限制,且不用缴纳土地收益等价款。

3. 现房

它是指项目已竣工通过验收的房屋,消费者在购买时具备即买即可入住的商品房。即开发商已办妥所售房屋的产权证(也就是"大产权证")的商品房,与消费者签订商品房买卖合同后,立即可以办理入住并取得产权证,只有拥有房产证和土地使用证才能称之为现房。根据现房的现有使用状态可以分为新房和二手房两种。

4. 期房

它是指尚在建设中、不能立即交付使用的房屋,即指开发商从取得"商品房预售许可证"开始至取得房地产权证("大产证")止,在这一期间的商品房称为期房。购房者在这阶段购买的商品房要签预售合同,购买期房其实就是购房者买的还在建造之中的房地产的项目。期房是当前房地产开发商普遍采取的一种房屋销售的方式。买期房在香港、澳门地区被称为买"楼花",期房制度由于有各种利弊,目前在中国有取消的趋势。现房与期房的主要特征见表1-18。

表1-18 现房与期房的特征

类型		描述
现房	真实直观品质有保证	房屋功能布局、质量、小区环境、周边交通、教育、医疗、生活等配套设施一目了然;产权清晰;有些二手房还带有装修
	即买即住	购买即可装修入住,对于无房子的客户,可以省去从购买期房到入住这段时间的租金支出
	选择劣势	户型结构、楼层等较好的房屋通常已被买走,选择余地较小
	价格劣势	现房价格比期房高
期房	价格优势	开发商出售期房的目的是为了尽快募集盘活资金,通常期房的价格较现房可优惠10%以上,且可分期付款
	选择优势	先期预购,优先选择户型结构、楼层、位置、朝向、采光通风、景观视野好的优质房源,抢占优质房源
	升值潜力	如果买得合理、适当,其升值潜力比现房要大。在一些尚未形成规模的地带,当时的期房是价格洼地
	质量风险	消费者是根据图纸、户型图、效果图来买房,交房时可能会出现与设计不符或质量不过关等诸多问题
	价格风险	市场价格波动难测,如果涨价则购房者受益,如果跌价则购房者会遭到损失

5. 二手房

它是指在房地产交易中心备过案、完成初始登记和总登记、再次上市进行交易的房产。二手房即旧房。新建的商品房进行第一次交易时为"一手",第二次交易则为"二手",一些无房的置业者,可以买一套别人多余的房;而另一些手里有些积蓄又有房子居住的,可以卖掉旧房买新房;而那些住房富余户,也能卖掉自己的多余住房换取收益。

6. 廉租房

它是指政府以租金补贴或实物配租的方式,向符合城镇居民最低生活保障标准且住房困难的家庭提供社会保障性质的住房。廉租房只租不售,向城市低收入困难家庭出租,只收取象征性的房租。廉租房的分配形式以租金补贴为主,实物配租和租金减免为辅。

7. 限价房

它是指通过多种形式筹集,限定套型和销售价格,实行定向销售,用于解决城镇中低收入家庭和特殊群体住房困难的政策性住房。限价房是限房价、限地价的"两限"商品房。这类房屋主要针对两部分人群。一是具备一定房产消费能力的人群,二是定向购买的拆迁户。限价房并不是经济适用房。限价商品房按照"以房价定地价"的思路,采用政府组织监管、市场化运作的模式。与一般商品房不同的是,限价房在土地挂牌出让时就已被限定房屋价格、建设标准和销售对象,政府对开发商的开发成本和合理利润进行测算后,设定土地出让的价格范围,从源头上对房价进行调控。

8. 毛坯房

它是指商品房交付时墙面地面仅做基础处理而未做表面处理,围护结构只有门框没有门或只有外门的商品房,毛坯房在一定程度上满足个性化装修的需求。

9. 精装房

它是指在成品房装修的基础上,对卫生间和厨房进行整体厨卫装修的商品房。精装房是商品房未来的发展方向之一。

10. 房改房

它是指按照国家规定以成本价或标准价出售给职工的享受国家一定优惠政策的房屋。房改房在市场上转售时,需补交土地出让金,房改房在市场出售并且缴纳土地出让金之后,其产权性质即等同于商品房产权了。

11. 保障性住房

它是指政府提供优惠政策,限定建设标准、供应对象。承租或销售价格,具有保障性质的政策性住房。经济适用住房、廉租住房、公共租赁住房、单位集资建房等属于保障性住房的范畴。

12. 烂尾房

它是指那些由于开发商资金不足、盲目上马,或者错误判断供求形势,开发总量供大于求,导致大面积空置,无法回收前期投资,更无力进行后续建设,甚至全盘停滞的积压楼宇。"烂尾"的情况一般不会发生在房产刚推出销售的时候,而是随着项目的不断推进,一步步显现。

13. 存量房

它是指已被购买或自建并取得所有权证书的房屋。

14. 增量房

它是指房屋开发一级市场所开发出的新房，是相对于存量房而言的房屋，包括商品房和经济适用房的预售房和现房。

15. 棚户区

它是指旧城区内国有土地上由破旧简易平房构成，混杂大量违章搭建，没有公共排水设施，居民生活环境恶劣的危旧房集中片区。

16. 私有产权房

它是指私人所有的房产，包括中国公民、港澳台同胞、海外侨胞、在华外国侨民、外国人所投资建造、购买的房产，以及中国公民投资的私营企业（私营独资企业、私营合伙企业和私营有限责任公司）所投资建造、购买的房屋。

17. 集体产权房

集体产权房屋修建在集体土地上，不能办理房屋土地使用证，不属于私产，不能上市交易。这类房屋的修建是由区政府直接审批，不到房管局登记，居住者没有对房屋的完全独立产权，有的仅是农村集体房产权，即业内所称的"乡产权"，乡产权并非字面意义上由某一级政府颁发的产权，而是在某些乡村里，当地政府未经国家许可，便将村里的土地交给开发商，并由其建设并公开出售的商品房。

18. 国有房产

它是指归国家所有的房产，包括由政府接管、国家经租、收购、新建以及由国有单位用自筹资金建设或购买的房产。国有房产分为直管产、自管产、军产三种。

三、房地产交易术语

1. 房地产产权

它是指房屋所有权和该房屋占用国有土地的使用权，房地产所有者对其所有的房地产享有占用、使用、收益和处分的权利。

2. 按揭

它是英文 mortgage（抵押）的音译，是指按揭人将房产的产权转让给提供贷款的银行作为还款保证，按揭人在还清贷款后，按揭受益人立即将所涉及的房产产权转让给按揭人。

3. 个人住房抵押贷款

它是借款人购、建、修住房时以借款人或第三者能自主支配的房地产作为抵押物，向银行申请一定数额借款的一种贷款方式。借款人到期不能归还贷款本息的，贷款银行有权依法处分其抵押房地产以获得清偿。

4. 个人住房担保贷款

它是指借款人或第三人以所购住房和其他具有所有权的财产作为抵押物或质物，或由第三人为其贷款提供保证,并承担连带责任的贷款。借款人到期不能偿还贷款本息的,贷款银行有权依法处理其抵押物或质物,或要求保证人承担连带偿还本息责任。

5. 房屋权属证书

它是权利人依法拥有房屋所有权并对房屋行使占有、使用、收益和处分权利的唯一合法凭证,房屋权属证书受到国家法律保护。包括"房屋所有权证""房屋共有权证""房屋他项权证"或者"房地产权证""房地产共有权证""房地产他项权证"。

6. 转移登记

它是指因房屋买卖、交换、赠予、继承、划拨、转让、分割、合并、裁决等原因致使其权属发生转移后所进行的房屋所有权登记。

7. 定金

它是指当事人约定由一方向对方给付的,作为债权担保的一定数额的货币,它属于一种法律上的担保方式,目的在于促使债务人履行债务,保障债权人的债权得以实现。定金应当以书面形式约定,当事人在定金合同中应约定交付定金的期限。定金的数额由当事人约定,但不得超出合同标的额的20%。如果购房者交了定金之后改变主意决定不买,开发商有权以购房者违约为由不退定金;如果开发商将房屋卖给他人,应当向购房者双倍返还定金。

8. 订金

它是在购房者与开发商就房屋买卖的意向初步达成协议后,准备进一步协商前签订的临时认购协议,通常的做法是在约定所选房号、面积、房屋单价及总价款后,约定一个期限,买方需在此期限内与卖方签署正式合同。买方支付订金即取得在此期限内的优先购买权,在约定的时间内,卖方不得将该房屋售予他人。如购房者在约定期限内决定不购该房屋,有权向开发商要回该购房订金。

9. 违约金

它是指违约方按照法律规定和合同的约定,应该付给对方的一定数量的货币。违约金是对违约方的一种经济制裁,具有惩罚性和补偿性,但主要体现惩罚性,只要当事人有违约行为且在主观上有过错,无论是否给对方造成损失,都要支付违约金。

10. 预售价

它是指商品房预(销)售合同中的专用术语,预售价不是正式价格。在商品房交付使用时,应按有批准权限部门核定的价格为准。

11. 一次性买断价

它是指买方与卖方商定的一次性定价。一次性买断价属房产销售合同中的专用价格术语,确定之后,买方或卖方必须按此履行付款或交房的义务,不得随意变更。

12. 买方市场

它是指商品供过于求,买方掌握市场主动权,对买者有利的市场。

13. 建筑物区分所有权

它是指业主对建筑物内的住宅、经营性用房等专有部分享有所有权，对专有部分以外的共有部分享有共有和共同管理的权利。

14. 房屋权利人

它是指依法享有房屋所有权和该房屋占用范围内的土地使用权、房地产他项权利的法人、其他组织和自然人。

15. 房屋权属证书

它是权利人依法拥有房屋所有权并对房屋行使占有、使用、收益和处分权利的唯一合法凭证，房屋权属证书受到国家法律保护。包括"房屋所有权证""房屋共有权证""房屋他项权证"或者"房地产权证""房地产共有权证""房地产他项权证"。

16. 所有权证

它指由县级以上房产管理部门向房屋所有人核发的对房屋拥有合法所有权利的证书。

17. 共有权证

它是指由县级以上房产管理部门对共有的房屋向共有权人核发，每个共有权人各持一份的权利证书。是"房屋所有权证"的附件，用以证明共有房屋的归属。

18. 房屋权属登记

它是指房地产行政主管部门代表政府对房屋所有权以及由上述权利产生的抵押权、典权等房屋他项权利进行登记，并依法确认房屋产权归属关系的行为。

19. 初始登记

它是指新建房屋（竣工）或集体土地上的房屋转为国有土地上的房屋所进行的房屋所有权登记。

20. 转移登记

它是指因房屋买卖、交换、赠予、继承、划拨、转让、分割、合并、裁决等原因致使其权属发生转移后所进行的房屋所有权登记。

21. 变更登记

它是指权利人名称变更和房屋现状发生下列情形之一的所进行的房屋所有权登记。一是房屋坐落的街道、门牌号或者房屋名称发生变更的；二是房屋面积增加或者减少的；三是房屋翻建的；四是法律、法规规定的其他情形。

22. 宅基地证

它是指农村村民在集体土地上因建房需要，向集体组织申请建房用地，经集体报送县（市）人民政府批准后，向县（市）土地行政主管部门申请办理集体土地使用权登记并由县（市）人民政府颁发"集体土地使用证"。宅基地证是当前农村村民合法拥有房屋和用地的权利凭证，可以在集体内部成员之间转让，但不得向非集体组织成员转让。

四、房地产项目物业管理术语

1. 物业

它是指已建成并投入使用的各类房屋及之相配套的设备、设施和场地，各类房屋可以是住宅区，也可以是单体的其他建筑，还包括综合商住楼、别墅、高档写字楼、商贸大厦、工业厂房、仓库等。与之相配套的设备、设施和场地，是指房屋室内外各类设备，公共市政设施及相邻的场地、庭院、干道。

2. 物业管理

它是指业主通过选聘物业服务企业，由业主和物业服务企业按照物业服务合同约定，对房屋及配套的设施设备和相关场地进行维修、养护、管理维护物业管理区域内的环境卫生和相关秩序的活动。国家提倡业主通过公开、公平、公正的市场竞争机制选择物业服务企业。

3. 业主

它是指物业的所有人或使用人。

4. 业主委员会

它是指由物业管理区域内业主代表组成，代表业主的利益。向社会各方反映业主意愿和要求，并监督物业管理公司管理运作的一个民间性组织，业主委员会的权力基础是其对物业的所有权，它代表该物业的全体业主，对该物业有关的一切重大事项拥有决定权。业主委员会由业主大会从全体业主中选举产生，是经政府部门批准成立的代表物业全体业主合法权益的社会团体，其合法权益受国家法律保护。根据《业主大会和业主委员会指导规则》规定，业主委员会由业主大会会议选举产生，由5～11人单数组成。业主委员会委员应当是物业管理区域内的业主。业主委员会委员实行任期制，每届任期不超过五年，可连选连任，业主委员会委员具有同等表决权。业主委员会应当自选举之日起七日内召开首次会议，推选业主委员会主任和副主任。

5. 物业承接查验

它是指承接新建物业前，物业服务企业和建设单位按照国家有关规定和前期物业服务合同的约定，共同对物业共用部位、共用设施设备进行检查和验收的活动。建设单位应当在物业交付使用15日前，与选聘的物业服务企业完成物业共用部位、共用设施设备的承接查验工作。建设单位应当按照国家有关规定和物业买卖合同的约定，移交权属明确、资料完整、质量合格、功能完备、配套齐全的物业。

6. 房屋耐用年限

它是指房屋能按其设计功能正常使用的年限。以主体结构确定的建筑耐久年限分下列四级：一级耐久年限100年以上，适用于重要的建筑和高层建筑。二级耐久年限50～100年，适用于一般性建筑。三级耐久年限25～50年，适用于次要的建筑。四级耐久年限15年以下，适用于临时性建筑。

7. 房屋修缮

它是指对已建成的房屋进行拆改、翻修和维护，以保障房屋的住用安全，保持和提高房屋的完好程度与使用功能。

8. 保修期

它是指物业开发建设单位在物业交付使用后，对业主承担保修责任的期限。

9. 商品房维修基金

它是指新建商品住宅（包括经济适用住房）出售后建立的共用部位、共用设施设备维修基金，专项用于物业保修期满后，共用部位、共用设备设施的维修和更新改造。

10. 公共维修基金

它是指商品住房和公有住房出售后建立的住宅共用部位、共用设施设备维修基金。

11. 共用部位

它是指住宅主体承重结构部位（包括基础、墙体、柱、梁、楼板、屋顶等）、户外墙面、门厅、楼梯间、走廊通道等。

12. 共用设施设备

它是指住宅小区内住户共用的上下水管道、水箱、加压水泵、电梯、天线、供电线路、照明、暖气线路、煤气线路、消防设施、绿地、道路、路灯、沟渠、池、井、非经营性车库、公益性文体设施和共用设施设备使用的房屋等。

五、房地产项目开发六证两书

房地产项目开发程序繁杂，涉及部门多。项目实施分为土地阶段、工程规划报批阶段、工程许可报批阶段、项目预售与抵押解押阶段、工程竣工验收备案阶段与商品房交付使用阶段。其间涉及国土局、房地产管理局、建设局、规划局、土地、环保、消防、人防、规划、建设等行政管理部门，根据不同的阶段分别需提交项目建议书、城市规划批复意见、用地预审批复意见、环境评价、土地出让合同等资料，各阶段及取得对应的资质证书（表1-19）。

表1-19 房地产项目开发六证两书

阶段	资质证书	备注
土地阶段	建设用地规划许可证、国有土地使用证	六证
工程规划报批阶段	建设工程规划许可证	
工程许可报批阶段	建设工程施工许可证	
项目预售及抵押、解押阶段	商品房预售许可证	
工程竣工验收备案阶段	建设工程竣工备案证	
商品房交付使用阶段	商品住宅质量保证书	两书
	商品住宅使用说明书	

1. 建设用地规划许可证

它是指建设单位向土地管理部门申请征用、划拨土地前，经城市规划主管部门确认建设项目位置和范围符合城市规划的法定凭证。在城市规划区内，未取得"建设用地规划许可证"，而取得建设用地批准文件占用土地的，批准文件无效。申请办理"建设工程规划许可证"时应当提交使用土地的有关证明文件、建设工程设计方案等材料。需要建设编制修建性详细规划的建设项目，还应提交修建性详细规划。对符合控制性详细规划和规划条件的，由城市、县人民政府城乡规划主管部门或者省、自治区、直辖市人民政府核发"建设工程规划许可证"。

2. 国有土地使用证

它是指证明土地使用者（单位或个人）使用国有土地的法律凭证，受法律保护。办理对象主要是各类规划区内的房改房和经济适用房。城镇土地使用登记发证的范围包括城镇房改房、经济适用住房、商品房和城镇其他用地，它是房屋所有权和国有土地使用权发生转移后的变更土地登记，发证对象为拥有土地使用权的个人或企业。房屋和土地是不可分割的整体，只有进行发证登记并且两者权利主体一致，房屋产权人的合法权益才能得到有效保护。

3. 建设工程规划许可证

它是指有关建设工程符合城市规划要求的法律凭证，是建设单位建设工程的法律凭证，是建设活动中接受监督检查时的法定依据。"建设工程规划许可证"承办部门是规划局。包括许可证编号；发证机关名称和发证日期；用地单位；用地项目名称、位置、宗地号以及子项目名称、建筑性质、栋数、层数、结构类型；容积率及各分类面积；附件包括总平面图、各层建筑平面图、各向立面图和剖面图。"建设工程规划许可证"是办理"建筑工程施工许可证"、进行规划验线和验收、商品房销（预）售、房屋产权登记等的法定要件。

4. 建设工程施工许可证

它是指建筑施工单位符合各种施工条件、允许开工的批准文件，是建设单位进行工程施工的法律凭证，也是房屋权属登记的主要依据之一。没有施工许可证的建设项目均属违章建筑，不受法律保护。当各种施工条件完备时，建设单位应当按照计划批准的开工项目向工程所在地县级以上人民政府建设行政主管部门办理施工许可证手续，领取施工许可证。未取得施工许可证的不得擅自开工。根据《建筑工程施工许可管理办法》规定，建设单位应当自领取"建筑工程施工许可证"之日起三个月内开工。因故不能按期开工的，应当在期满前向发证机关申请延期，并说明理由；延期以两次为限，每次不超过三个月。既不开工又不申请延期或者超过延期次数、时限的，"建筑工程施工许可证"自行废止。

5. 商品房预售许可证

它是指市、县、人民政府房地产管理部门向房地产开发公司颁发的一项证书，用以证明列入证书范围内的正在建设中的房屋已经可以预先出售给承购人。其包括预售许可证编号；开发商名称；项目名称；项目坐落地点；土地使用权出让合同书号、地块编号；批准预售的建筑面积（各类建筑面积和套数、间数）；发证机关、有效期；附注内容等。

6. 建设工程竣工备案证

它是指建设单位收到建设工程竣工报告后，应当组织设计、施工、工程监理等有关单位进行竣工验收。建设单位在建设工程竣工验收后，将建设工程竣工验收报告和规划、公安消防、环保等部门出具的认可文件、准许使用文件报建设行政主管部门审核，备案机关在验证竣工验收备案文件齐全后，在竣工验收备案表上签署验收备案意见并签章。

7. 商品住宅质量保证书

它是指开发商将新建成的房屋出售给购买人时，针对房屋质量向购买者作出承诺保证的书面文件，具有法律效力，开发商应当按"住宅质量保证书"的约定，承担保修责任。"住宅质量保证书"包括开发商与建设单位质量保修部门信息，房屋构造部分具体保修期限与保修范围（表1-20），在使用年限内承担的保修责任。正常使用情况下，商品房保修期从开发商将竣工验收的房屋交付使用之日起计算，房屋在保修期内出现质量问题，如经保修单位维修后导致房屋使用功能受到影响，或因主体结构质量不合格给购买人造成损失的，根据商品住宅质量保证书开发商应承担赔偿责任，购买人认为主体结构质量不合格的，可以向"住宅质量保证书"中注明的工程质量监督单位申请重新核验，经核验确属不合格的，购买人有权退房。

表1-20　商品住宅质量保修说明

保修项目	保修期限	保修责任
地基基础和主体结构	该工程的合理使用年限	由原设计单位或具有相应资质等级的设计单位提出保修方案，建设单位实施保修，原工程质量监督机构负责监督
屋面防水、有防水要求的卫生间、房间和外墙面的防渗漏	5年	保修期如因防水材料、设计或施工质量问题而导致屋面、墙面、厨卫地面漏水、地下室渗漏，建设单位将无偿进行维修并满足有关规范及标准
墙面、顶棚抹灰脱落	1年	保修期内因施工质量问题出现的墙面、顶棚抹灰层脱落，建设单位将无偿进行补修
地面空鼓开裂	1年	保修期内因施工质量问题出现地面饰面开裂，建设单位将无偿进行补修
门窗翘裂、五金件损坏	1年	保修期内因施工质量问题出现门窗翘裂、五金件损坏，建设单位将无偿进行补修
管道堵塞	2个月	保修期内因施工质量问题出现管道堵塞，建设单位将无偿进行补修
供热、供冷系统和设备	2个采暖期、供冷期	保修期内因施工质量问题出现系统工作不正常等问题，建设单位将无偿进行维修调试
卫生洁具	1年	保修期内因施工质量问题出现卫生洁具开裂、漏水问题，建设单位将无偿进行维修
灯具、电器开关	6个月	保修期内因施工质量问题出现的随楼护送的灯具、电器及开关失灵问题，建设单位将无偿进行维修，但业主自行改动后不属保修范围

续表

保修项目	保修期限	保修责任
电器管线、给排水管道、设备安装	2年	建设单位在约定上门保修时间内予以保修
装修工程	2年	建设单位在约定上门保修时间内予以保修
保温工程	5年	保修期因材料、设计或施工质量问题而导致系统失去保温功能、影响使用安全等，建设单位将无偿进行维修并满足有关规范及标准
双方约定的其他保修事项		

8. 商品住宅使用说明书

它是指对住宅的结构、性能和各部位（部件）的类型、性能、标准等作出说明，并提出使用注意事项的文件。如在房屋使用中出现问题，说明书将成为解决开发商与业主之间纠纷的重要依据。其包含开发单位、设计单位、施工单位与监理单位信息；结构类型；供水、排水、供电、燃气、热力、通信、消防等设施配置的说明；住宅基本设置和设计指标（表1-21）、住宅节能构造（表1-22）、住宅使用注意事项（表1-23），住宅结构平面示意图、住宅采暖、空调负荷平面图等信息。

表1-21 住宅基本设置和设计指标

结构形式				抗震设防烈度			
各部位荷载等级，严禁超负荷使用	功能	门厅	客厅	卧室	厨房	卫生间	阳台
	荷载等级						
	允许荷载						
供水	所有管材						
	供水方式						
	安装配件	水表		总开关		水龙头	
	数量						
排水	所用管材						
	排水方式						
供电	配电负荷						
	供电方式						
	供电安装配件	电表	总开关	开关	插座	灯座	照明
	数量						
	技术参数						
通信	线路敷设						
	电话插座						
	有线电视						
	对讲系统						
	三表远传						
	网络						

续表

结构形式		抗震设防烈度	
厨房			
卫生间			
门			
窗			

表1-22 住宅节能构造

墙体	保温形式	外保温□ 内保温□ 夹芯保温□ 其他□			
	保温材料名称				
	保温材料性能	密度/(kg/m²)	燃烧性能/h	导热系数/(W/m·K)	保温材料(厚度)
	墙体传热系数/(W/m²·K)				
屋面	保温(隔热)形式	坡屋顶□ 平屋顶□ 坡屋顶与平屋顶混合□ 有架空屋面板□ 保温层与防水层倒置□ 其他□			
	保温材料名称				
	保温材料性能	密度/(kg/m²)	燃烧性能/h	导热系数/(W/m·K)	保温材料(厚度)
	墙体传热系数/(W/m²·K)				
地板	保温形式				
	保温材料名称				
	保温材料性能	密度/(kg/m²)	燃烧性能/h	导热系数/(W/m·K)	保温材料(厚度)
	地板传热系数				
外窗(幕墙)	窗类型				
	外遮阳形式				
	玻璃门窗性能	传热系数/(W/m²·K)	遮阳系数/%	气密性能	安全性能
户门	传热系数/(W/m²·K)				

表 1-23 住宅使用注意事项

房屋部位	注意事项
地基基础	要处理好房屋周围的排水,防止地表水准入地基内,不要在基础周边乱挖及取土等
墙体	梁柱严禁重物撞击、改动,砖混住宅承重墙、保温墙使用时严禁改拆开洞,以免破坏结构,影响住房整体稳定和刚度,改动非承重墙的位置应经有关部门批准
屋面	在屋面安装太阳能或其他设施时,严禁破坏屋面结构和防水层,严禁在屋面上堆放物品,以免破坏屋面防水层或影响屋面排水及造成屋面超载,注意保护落水管并经常清理屋面漏水斗,以免造成堵塞
防水层	设置在厨房或卫生间等处的防水层,装修时不得破坏
门窗	门窗在使用时请勿用力过大,不得随意拆装,如需更改,不得影响外墙立面
阳台	不得加设阳台附属设施
烟道	设有烟道的,抽油烟机管应接入烟道内、不得封堵或拆除烟道
空调机位	按设计图纸指定位置安装空调室外机,或按现行国标要求安装空调室外机
供水设施	供水主管不得随意拆除、接分叉或毁坏
排水设施	排水主管不得随意拆除、接分叉或毁坏
供电设施	住户要做到安全用电,不得超过线路及户表的最大允许负荷量,不得改动公共部位供配电设施,以免造成线路和电气设备的损坏,影响安全及正常使用
消防设施	消防设施不得遮掩或毁坏,不得阻碍消防通道,非消防用途不得动用消防水源
保温构造	保温层及其他配套材料应符合建筑构造设计的规定,均应该达到国家现行相关标准的要求;保温层及其他配套材料质量必须合格

第二章 建筑基础知识

第一节 概述

建筑是为了满足社会需要、利用所掌握的物质技术手段，在科学规律与美学法则的指导下，通过对空间的限定，创造出的满足物质与精神双重属性的空间。建筑就其本质而言，它是一种人工创造的空间环境。建筑是一门融社会科学、工程技术和文化艺术于一体的综合科学。

一、建筑构成三要素

随着人类社会的进步，建筑的发展经历了从原始到现代，从简陋到完善，从小型到大型，从低级到高级的漫长过程。随着社会的发展和科技的进步，建筑已由最初单纯为了解决人类遮风挡雨、防备野兽侵袭的简陋构筑物，逐步发展成为集建筑功能、建筑技术、建筑经济、建筑艺术及环境等诸多学科为一体的，包含较高科技含量，与人们的生产、生活和日常活动具有密切联系的现代化工业产品。虽然现代建筑向大空间、大跨度、超高层发展，构成日趋复杂，但从根本上讲，建筑功能、建筑技术与建筑形象始终是构成建筑的基本三要素。

1. 建筑功能

人们建造房屋就是为了满足生产、生活的需求，有具体的目的性，如住宅满足居住、生活和休息需求；学校满足教学、科研等需求；医院满足看病、治疗与手术需求；影剧院满足文化娱乐需求。建筑功能通常会对建筑的结构形式、平面和空间构成、内部空间和外部形体产生直接的影响。建筑的产生最初就源于人类居住上的需要。随着社会的发展和物质文化生活水平的不断提高，建筑功能在不同时期会有不同的内容与要求。合理的设计是满足建筑功能的重要途径。

2. 建筑技术

建筑技术是建筑设计得以实现的条件和手段，是实现建筑功能的物质基础，建筑功能的实现离不开建筑技术作为保证条件。建筑技术包括建筑材料与制品的生产、建筑设备（给排水、采暖通风、电气设备）、施工机具等。技术条件包括建筑设计理论、工程计算理论、施工方法与施工管理理论等。建筑技术作为构成建筑的重要客观因素，对建筑的各个方面具有一定的制约作用。人类社会早期大多采用天然的土、石、木材等作为建筑材料，由于受到材料的限制，当时不可能取得很大的空间。钢材、水泥、混凝土和玻璃等人造材料的出现，解决了现代建筑中大跨度、大空间和超高层建筑的结构问题。随着科技的进步，网架、钢架和壳体、折板、悬索、充气等多种多样的新型结构的出现，为建筑取得灵活多样的空间提供了条件。随着生产和科学技术的发展，各种新材料、新结构、新设备的发展和新的施工工艺水平的提高，新的建筑形式不断出现，更好地满足了人们对各种不同功能的需求。

3. 建筑形象

建筑形象是建筑体型、立面形式、建筑色彩、材料质感、细部装饰等的综合反映。主要包括建筑的内部空间和外部形体。和建筑空间相对存在的是建筑小品，从艺术表现上来看，建筑小品可以像雕塑一样来欣赏，建筑通过各种材料的质感和色彩的不同表现力，增加建筑的变化，给人们不同的视觉感受。建筑既是物质产品，又有其艺术形象。建筑形象能给人以巨大的感染力，给人以精神上的满足与享受，如亲切与庄严，朴素与华贵，秀丽与宏伟，等等。和其他造型艺术一样，建筑形象的问题涉及文化传统、民族风格、社会思想意识等多方面的因素，同时也要求它具有单个产品之间的差异性和创造性，这正是建筑艺术的魅力所在。

建筑功能、建筑技术和建筑形象构成了建筑的三个基本要素。功能要求是建筑的主要目的，材料结构等物质技术条件是达到目的的手段，而建筑形象则是建筑功能、技术和艺术内容的综合表现。也就是说，三者的关系是目的、手段和表现形式的关系。其中，功能居于主导地位，它对建筑的结构和形式起决定性作用。结构等物质技术条件是实现建筑功能的手段，因而建筑的功能和形象要受到它一定的制约。反之，建筑功能和形象的要求也会推动建筑结构等技术的发展。对建筑形象而言，也不只是被动地表现建筑的功能和结构等技术条件。同样的功能要求、同样的材料或技术条件，由于设计的构思和艺术处理手法不同，以及建筑所处具体环境的差异，完全可以创造出风格各异的建筑艺术形象。一些情况下，如对于某些纪念性、象征性、标志性的建筑来说，建筑形象也会成为设计中的主导因素。总之，一个优秀的建筑作品应该是建筑功能、建筑技术与建筑形象的综合表现，体现三者的和谐统一（图2-1）。

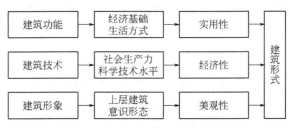

图2-1 建筑的三个基本要素

二、建筑基本属性

建筑是用物质手段创造出的空间环境，供人们从事生产、生活、学习等各种活动，建筑主要有以下四个基本属性。

1. 建筑的时空性

建筑是以空间的形式存在的，并满足建筑功能的需求。对建筑空间的使用是人们建造房屋的目的。建筑空间包括：内部空间和外部空间。内部空间是指按使用要求限定的室内空间。外部空间，可以通过设立、覆盖、肌理变化等方式来形成，如庭院、广场以及马路上的斑马线区域等。建筑外部空间的设计，通常是运用建筑形体及其环境景观构成的要素，如地形地貌、山水植被、光影色彩等进行空间组合。建筑是静态的，时间是动态的，是概念的，表面上，建筑似乎与时间无关；其实，对建筑空间的使用与认识都离不开时间要素。随着时代的进步，建筑也在不断发展变化。造型多变、多姿多彩的建筑形象，无不记录着时间的音符。建筑具有时间与空间的统一性。

2. 建筑的工程技术性

建筑工程技术性包括建筑构造、建筑结构、建筑材料、建筑设备和建筑施工等。建筑构造是建造房屋的具体方法，建筑结构和建筑材料构成了建筑的骨架，建筑设备是保证建筑物达到某种使用要求的技术条件，建筑施工是保证建筑物实施的重要过程。建筑功能的实现离不开建筑技术作为保证条件。随着生产和科学技术的发展，各种新材料、新结构、新设备的发展和新的施工工艺水平的提高，新的建筑形式不断出现，同时也更好地满足了人们对各种不同功能的需求。现代建筑的发展主要表现在拓展功能、扩大空间、加高层数、运用新材料与提高使用舒适度等方面。

3. 建筑的艺术性

建筑不仅满足了人的各种物质活动要求，也通过空间、造型、材料、色彩、质感等表现形式给人以精神享受。因此，建筑还满足人的精神活动需求。建筑是艺术的、实用的物质对象，其艺术区别于绘画、雕刻等纯艺术；但建筑艺术表现形式应符合美学规律或法则，如统一与变化、均衡与稳定、韵律、色彩、尺度、虚实对比等。建筑艺术有相对的独立性。尽管古代建筑和现代建筑有很大的不同，世界各地的建筑形式各异，但它们的形式美学法则是共同的。

4. 建筑的社会文化性

建筑的社会文化性是由建筑的民族与地域特征和历史时代特征所构成，是建筑的一个重要属性。建筑的民族性指的是不同的民族，由于伦理、宗教、观念形象的不同，使得建筑形式上的表现有明显差异，如藏族的碉楼、傣族的竹楼、土家族的吊脚楼等。地域性则是指同一民族中，因为所处的自然条件不同及生活方式、风俗习惯不同，凸显在建筑形态方面的不同。如果说民族性与地域性是建筑在空间方面的属性，那么历史性与时代性则是建筑在时间方面的属性。

三、建筑类型

(一) 按建筑的用途进行分类

按建筑的用途通常可以分为民用建筑、工业建筑和农业建筑。民用建筑是供人们居住和进行公共活动的建筑的总称。可以分为居住建筑和公共建筑两大类。

1. 居住建筑

居住建筑包含住宅、别墅、宿舍、公寓。住宅主要是指供家庭日常居住使用的建筑物，是人们为满足家庭生活的需要利用所掌握的物质技术手段同时在美学法则支配下创造的居住空间。设计师应分析家庭结构、生活方式、地方风俗及基地环境，通过合理平面布局与空间组合方式满足功能需求。早期的住宅内容十分单一，随着社会的发展、时代的进步，住宅的内容由单一向多样化发展。如由底部面积超过 300 平方米营业性场所及上部住宅组成的建筑综合体称为商住楼。

(1) 住宅

现代住宅通常设有客厅、起居室、餐厅、卧室、厨房、化妆间、卫生间、浴室、书房、活动室（包括健身室、娱乐室等）、储藏室、生活阳台和服务阳台等（图 2-2）。互联网、人工智能改变了人类生活方式和社会组织形态，人们利用因特网技术实现了办公自动化、家庭电脑化，现代人可以足不出户，在家里通过操作计算机便可工作、购物、旅游等，住宅的功能似乎在不断地延伸。住宅主要类型有梯间式单元组合住宅、点式住宅、独院式住宅、拼联式住宅。

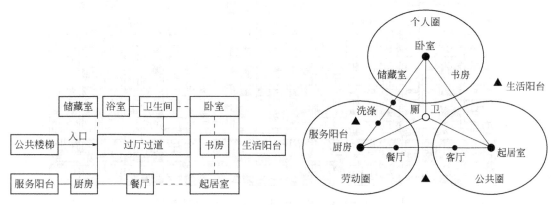

图 2-2 住宅功能空间组合分析

梯间式单元组合是将关系密切的房间组合成为一个相对独立的整体，称为单元。将一种或多种单元按地形和环境情况在水平或垂直方向重复组合成一幢建筑的组合方式称为梯间式单元组合住宅，梯间式单元组合住宅布局灵活，能适应不同的地形，形成多种不同的组合形式（图 2-3~图 2-5）；只有一个单元的住宅称为点式住宅（图 2-6）。

图 2-3　梯间式单元组合住宅示意图

图 2-4　梯间式单元组合住宅效果图

图 2-5　梯间式单元组合住宅立面图

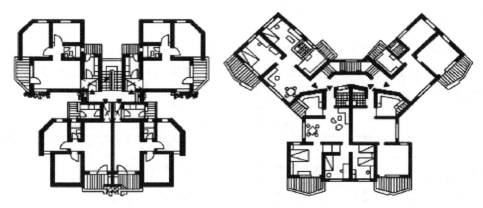

图 2-6　不同造型点式住宅

（2）宿舍

为满足家具设备布置及人体活动要求，2 人间、3 人间与 4 人间的宿舍根据标准不同，房屋面积分别有 12m²、18m²、16m²、21m² （图 2-7～图 2-9）。

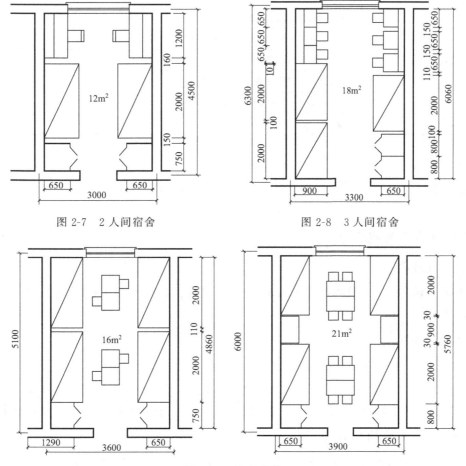

图 2-7　2 人间宿舍　　　　　　　　　　图 2-8　3 人间宿舍

图 2-9　4 人间宿舍

2. 公共建筑

主要是指供人们进行各种公共活动的建筑，包括办公建筑、商业建筑、文教建筑、旅游建筑、科教文卫建筑、通信建筑（如邮电、通信、广播用房）以及交通运输类建筑（如机场、高铁站、火车站、汽车站）等（表2-1）。

表 2-1 公共建筑

类型	描述
办公建筑	机关及企事业单位的办公楼和商用写字楼等
商业建筑	商店、商场、购物中心等
文教建筑	学校、图书馆、文化宫等
托幼建筑	托儿所、幼儿园等
科研建筑	研究所、科学实验楼等
医疗建筑	医院、门诊部、疗养院等
展览建筑	展览馆、博物馆、会展中心等
观演建筑	影剧院、音乐厅、演艺中心等
体育建筑	体育馆、体育场、健身中心等
旅游建筑	酒店、宾馆旅馆、招待所、娱乐场所等
交通运输建筑	航空港、港口客运站、高铁站、火车站、汽车站等
通信建筑	电信楼、广播电视台、电视塔、邮电局等
园林建筑	公园、动物园、植物园、亭台楼榭等
纪念性建筑	纪念堂、纪念碑、陵园等

3. 农业建筑

农业建筑是供人们进行农牧业的种植、养殖、储存等用途的建筑，如温室、禽舍、仓库等。

(二) 按建筑的规模分类

1. 大量性建筑

单体规模不大，但兴建数量多、分布面广的建筑，如住宅、学校、中小型办公楼、商店、医院等。

2. 大型性建筑

建筑规模大、耗资多、影响较大的建筑，如大型火车站、航空港、大型体育馆、博物馆等。大型性建筑的结构形式除了应当适应建筑的功能、建筑的技术经济指标和施工技术条件之外，还要充分考虑建筑的地域特征、经济发展状况、建筑材料的生产能力及民族特色。

(三) 按建筑结构形式分类

按照建筑结构形式可以把建筑分为墙承重、骨架承重、内骨架承重、空间结构承重等四类。

1. 墙承重

这种建筑用块材（砖、砌块、石头）和砂浆等胶凝材料砌成的墙体，钢筋混凝土楼板及屋面板作为主要承重构件，这是一种传统的结构形式，墙体承受建筑的全部荷载，墙体具有承重、围护与分隔等多重功能。墙承重结构体系材料来源广泛，对施工的技术和机具要求较低，是一种比较容易建造的建筑形式，我国目前在居住建筑和小型公共建筑部分采用。墙体承重功能布局的灵活性受到较大的限制，建筑在空间的组织方面不够灵活、建筑的自重较大。这种承重体系适用于内部空间较小、建筑高度较小的建筑。墙承重又分为横墙承重（图2-10）、纵墙承重（图2-11）、纵横墙混合承重（图2-12）。

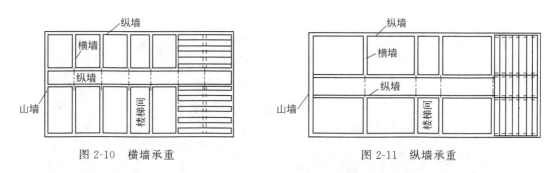

图 2-10 横墙承重　　　　　　　　图 2-11 纵墙承重

图 2-12 纵横墙混合承重

2. 骨架承重

近现代以来由钢筋混凝土和钢材替代了木材。骨架承重结构形式空间布置灵活、建筑功能应用性广泛，在钢筋混凝土结构、钢结构、组合结构建筑体系中使用较广泛。钢筋混凝土结构主要承重构件为梁板柱，在框架结构、框架剪力墙结构、筒体结构建筑、剪力墙结构、筒体结构体系中使用较多（图2-13）；钢结构主要承重结构全部采用钢材作为承重构件，这种结构形式具有空间布置灵活、建筑造型飘逸多变、自重轻、强度高的特点。大型公共建筑和工业建筑、大跨度和高层建筑经常采用这种结构形式（图2-14）；钢-混凝土组合结构是继木结构、砌体结构、钢筋混凝土结构和钢结构之后发展兴起的第五大类结构。通常是指钢-混凝土组合结构，其中钢又分为钢筋和型钢，混凝土可以是素混凝土也可以是钢筋混凝土（图2-15）。

图 2-13 框架结构

图 2-14 钢结构

图 2-15 钢-混凝土组合结构

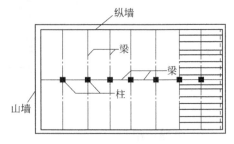

图 2-16 内骨架承重

3. 内骨架承重

由墙与骨架共同承重，建筑内部由梁柱体系承重，四周用外墙承重（图 2-16）。这种结构形式适用于局部设有较大空间的建筑，缺点是空间被柱子分割。

4. 空间结构承重

钢筋混凝土或钢结构组成空间结构承受建筑的全部荷载，如网架结构、悬索结构、壳体结构等。这种结构形式适用于大空间建筑，在体育建筑、博览建筑、交通建筑方面应用广泛。如图 2-17 所示的网球馆。

图 2-17 网球馆

四、建筑等级

根据建筑物的耐久年限、规模大小和重要性、防火性能进行分级。

1. 按照建筑物的耐久年限划分等级

耐久年限一般是指建筑物主体结构的正常使用年限，建筑共分四个等级。建筑物的耐久性能主要根据建筑物的重要性、质量标准、规模大小确定，是进行建设投资、建筑设计和材料选用的重要依据（表 2-2）。

表 2-2 建筑物耐久年限分级

级别	使用年限	适用建筑范围
一级	＞100 年	重要建筑和高层建筑，如纪念馆、国家会堂等
二级	50～100 年	适用一般性建筑，如城市火车站、宾馆、大型体育馆、大剧院等
三级	25～50 年	次要建筑，如文教、交通、居住建筑及厂房等
四级	＜15 年	简易建筑和临时建筑

2. 按照建筑物的重要性和规模划分等级

建筑按照其重要性、规模、使用要求的不同，分成特级、一级、二级、三级、四级、五级六个级别（表 2-3）。

表 2-3 建筑的等级

建筑等级	主要特征	适用建筑范围
特级	①列为国家重点项目或以国际性活动为主的特高级大型公共建筑 ②有全国性历史意义或技术要求特别复杂的中小型公共建筑 ③30 层以上建筑 ④高大空间，有声、光等特殊要求的建筑物	国宾馆、国家大会堂、国际会议中心、国际体育中心、国际贸易中心、国际大型空港、国际综合俱乐部、重要历史纪念建筑、国家级图书馆、博物馆、美术馆、剧院、音乐厅、三级以上人防
一级	①高级大型公共建筑 ②有地区性历史意义或技术要求复杂的中小型公共建筑 ③16 层以上 29 层以下或超过 50m 高的公共建筑	高级宾馆、旅游宾馆、高级招待所、别墅、省级展览馆、博物馆、图书馆、科学实验研究楼、高级会堂、高级俱乐部；不少于 300 个床位医院、疗养院、医疗技术楼、大型门诊楼；大中型体育馆、室内游泳馆、室内滑冰馆；大城市火车站、航运站、候机楼、摄影棚、邮电通信楼、综合商业大楼、高级餐厅；四级人防、五级平战结合人防

续表

建筑等级	主要特征	适用建筑范围
二级	①中高级、大中型公共建筑 ②技术要求较高的中小型建筑 ③16层以上29层以下住宅	大专院校教学楼、档案楼、礼堂、电影院、部、省级机关办公楼；300床位以下医院、疗养院、地、市级图书馆、文化馆、少年宫、俱乐部、排演厅、报告厅、风雨操场，大、中城市汽车客运站，中等城市火车站，邮电局，多层综合商场，风味餐厅，高级小住宅等
三级	①中级、中型公共建筑 ②7层以上(包括7层)15层以下有电梯住宅或框架结构的建筑	重点中学或中等专科学校教学楼、实验楼、电教楼；社会旅馆、饭馆、招待所、浴室、邮电所、门诊部、百货楼、幼儿园、综合服务楼、一/二层商场、多层食堂、小型车站等
四级	①一般中小型公共建筑 ②7层以下无电梯的住宅，宿舍及砖混结构建筑	一般办公楼、中小学教学楼、单层食堂、单层汽车库、消防车库、消防站、蔬菜门市部、粮站、杂货店、阅览室、理发室、水冲式公共厕所等
五级	一、二层单功能，一般小跨度结构建筑	

3. 按照建筑物的防火性能划分等级

在建筑设计中，应该对建筑的防火与安全给予足够的重视，尤其是在选择材料与构造方案上，建筑一旦发生火灾将对使用者的生命财产造成巨大的危害，现行《建筑设计防火规范》把普通建筑物的耐火等级分为四级（表2-4），对于性质重要，功能、设备复杂，规模大，建筑标准高，人员大量集中的建筑，如国家机关重要的办公楼、中心通信枢纽大楼、中心广播电视大楼、大型影剧院、礼堂、大型商场、重要的科研楼、藏书楼、档案楼、高级旅馆等建筑，其耐火等级应选定一、二级；一般的建筑按二、三级耐火等级设计，商店、学校等人员密集场所的耐火等级不宜低于二级；次要的或临时建筑按四级耐火等级设计。基于高层民用建筑防火安全的需要和高层建筑结构的实际情况，将高层民用建筑的耐火等级分为两级。建筑物各构件应符合燃烧性能和耐火极限要求。

表 2-4 建筑物构件的燃烧性能和耐火极限（普通建筑）

构件名称		燃烧性能和耐火极限			
		一级	二级	三级	四级
墙	防火墙	不燃烧体 3.00	不燃烧体 3.00	不燃烧体 3.00	不燃烧体 3.00
	承重墙	不燃烧体 3.00	不燃烧体 2.50	不燃烧体 2.00	难燃烧体 0.50
	非承重外墙	不燃烧体 1.00	不燃烧体 1.00	不燃烧体 0.50	燃烧体
	楼梯间的墙、电梯井的墙、住宅单元之间的墙、住宅分户墙	不燃烧体 2.00	不燃烧体 2.00	不燃烧体 1.50	难燃烧体 0.50
	疏散走道两侧的隔墙	不燃烧体 1.00	不燃烧体 1.00	不燃烧体 0.50	难燃烧体 0.25
	房间隔墙	不燃烧体 0.75	不燃烧体 0.50	难燃烧体 0.50	难燃烧体 0.25
柱		不燃烧体 3.00	不燃烧体 2.50	不燃烧体 2.00	难燃烧体 0.50
梁		不燃烧体 2.00	不燃烧体 1.50	不燃烧体 1.00	难燃烧体 0.50
楼板		不燃烧体 1.50	不燃烧体 1.00	不燃烧体 0.50	燃烧体
屋顶承重构件		不燃烧体 1.50	不燃烧体 1.00	燃烧体	燃烧体
疏散楼梯		不燃烧体 1.50	不燃烧体 1.00	不燃烧体 0.50	燃烧体
吊顶（包括吊顶搁栅）		不燃烧体 0.25	难燃烧体 0.25	难燃烧体 0.15	燃烧体

第二节 建筑构造

一、建筑构造组成

建筑物由很多部分组成，这些组成部分在建筑学上称为构件。一般混合结构建筑是由基础、墙或柱、楼层和地层、楼梯、屋顶、门窗、阳台和雨棚等基本构件组成（图 2-18）；框架结构建筑由框架柱、框架梁、楼面板、屋面板与围护填充墙组成（图 2-19）。这些构件各处不同部位，发挥各自作用，其中有的起承重作用，承受建筑物全部和部分荷载，确保建筑物安全；有的起围护作用，保证建筑物的使用和耐久年限；有的构件则起承重和围护双重作用。建筑物除上述基本构件外，根据使用要求还有一些附属部分，如阳台、雨棚、散水、台阶、通风道、垃圾道等。总之，建筑物的构造组成可归纳为两大类，即承重构件和围护构件。基础、柱、楼梯、楼板等属于承重构件；门窗属于围护构件；墙、屋顶既是承重构件，又是围护构件。

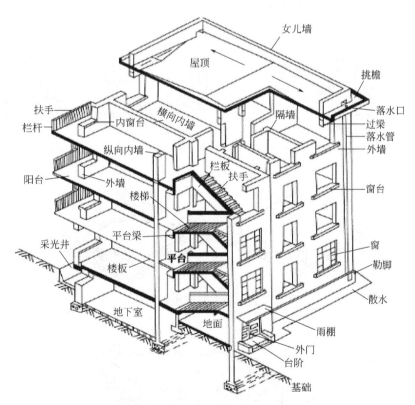

图 2-18　混合结构房屋的构造组成

图 2-19　框架结构房屋的构造组成

1. 基础

基础是建筑物最下部的承重构件,它承受建筑物的全部荷载,并将荷载传给地基。基础必须有足够的强度和耐久性,并能抵御地下各种有害因素的侵蚀。基础形式根据上部结构、地基承载力选型设计,常用的形式有墙下条形基础(图 2-20)、柱下独立式样基础(图 2-21)、筏形基础(图 2-22)、箱形基础(图 2-23)。

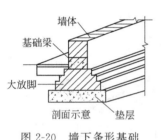

图 2-20　墙下条形基础

图 2-21　柱下独立式样基础

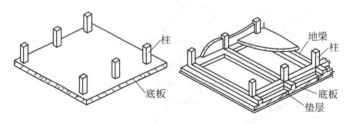

图 2-22　筏形基础

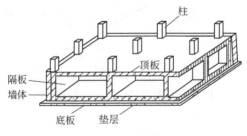

图 2-23　箱形基础

2. 墙和柱

(1) 墙

墙是建筑物竖向的承重构件和围护构件。在混合结构中，除了承重以外，外墙需要抵御自然界中的各种因素对室内的侵袭；内墙有分隔空间、隔声、遮挡视线及保证舒适环境的作用。墙体要有足够的承载力，如强度、稳定性、隔热、保温、隔声、防水、防火以及耐久等能力。墙体按其所处位置可分为内墙和外墙。外墙是房屋的围护构件，起到了划分室内外空间的作用，具有挡风、遮雨、保湿、隔热、隔声等功能；内墙主要起分隔房屋内部空间的作用，同时也应具有隔声、防火等功能。沿建筑物短轴布置的墙体称为横墙，其中位于房屋两端的墙称为山墙；沿建筑物长轴布置的墙体称为纵墙。窗洞口之间的墙体称为窗间墙。窗洞口下面的墙称之为窗下墙。图2-24中两条横向定位轴线之间距称为开间，两条纵向定位轴线之间距称为进深。

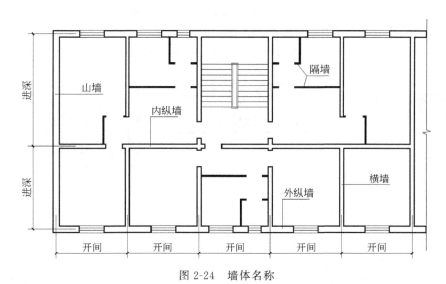

图 2-24　墙体名称

(2) 柱

柱是框架结构或排架结构（图2-25）的主要承重构件，它承受梁、屋架或板传来的荷载（如屋顶荷载、楼板层荷载、吊车荷载等），再将荷载传到基础上，最后传到地基上。柱必须具有足够的强度和刚度。为了扩大空间，提高空间的灵活性，也为了结构需要，有时以柱代墙。

3. 楼层

楼层和地层是建筑物水平方向的分隔与承重构件。楼层分隔建筑物上下空间，并承受在其上方的家具、设备和人体荷载以及本身的自重，并且将这些荷载传给墙或柱。同时对墙体起着水平支撑的作用。楼层应具有足够的强度和刚度，根据上下空间的使用特点，具备隔声、防水、保温、隔热等功能。面层、结构层、顶棚层是楼层的基本构造层（图2-26），钢筋混凝土骨架承重现浇肋形楼板（图2-27）在结构体系中应用广泛。

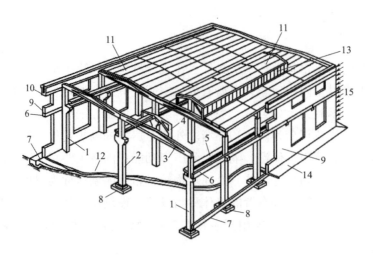

图 2-25 装配式钢筋混凝土排架结构

1—边列柱；2—中柱；3—屋面大梁；4—天窗架；5—吊车梁；6—连系梁；7—基础梁；8—基础；
9—外墙；10—圈梁；11—屋面板；12—地面；13—天窗架；14—散水；15—风荷载

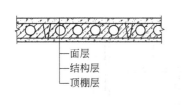

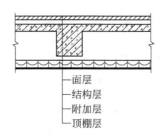

图 2-26 楼板层构造组成

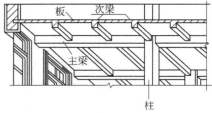

图 2-27 现浇肋形楼板

4. 地层

地层是指建筑物底层与土壤相接触的水平结构部分，它承受着底层地面上的荷载，并将荷载均匀地传给地基。地层主要由面层、垫层和基层三个基本构造层组成，当它们不能满足使用或构造要求时，可增设结合层、隔离层、找平层、防水层、隔声层、保温层、防潮层等附加层（图 2-28）。楼板层的面层和地坪的面层通称地面。楼地面的名称是以面层的材料和做法来命名的，地面按其材料及做法可分为整体类地面、块材类地面、卷材类地面、涂料类地面等类型。

5. 楼梯

楼梯是房屋的垂直交通构件，供人和物上下楼层和疏散人流之用。楼梯应具有足够的通行和安全疏散能力，足够的强度和刚度，并具有防火、防滑等功能。楼梯一般由梯段、楼梯平台、栏杆扶手三部分组成（图 2-29）。

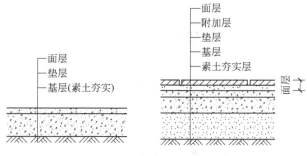
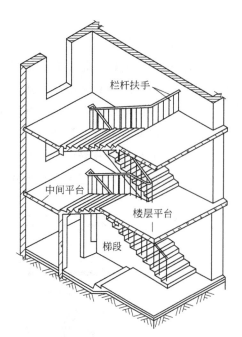

图 2-28 地层构造　　　　　　　图 2-29 楼梯构造组成

6. 屋顶

屋顶是建筑物最上部的围护和承重构件，不仅能承受雨、雪等荷载，而且能抵御风、雨、雪、太阳辐射等自然因素的侵袭。屋顶必须具备足够的强度和刚度，具有防水、保温、隔热、节能等功能。屋顶种类多样，是造型设计的重点（图 2-30～图 2-33）。

图 2-30　平屋顶　　　　　　　　　图 2-31　坡屋顶

图 2-32　岭南建筑屋顶　　　　　图 2-33　三重檐四角攒顶屋顶

7. 门窗

门窗都是建筑的围护及分隔构件。门在建筑中的主要功能是交通联系，兼有采光和通风的作用；窗的主要作用是采光和通风，并起到空间之间视觉景观延伸的作用。根据建筑物所处的环境，门窗应具有保温、防热、隔声、防火、节能、防风沙等功能。门窗对建筑立面效果影响较大，设计门窗在满足功能需求前提下，应根据建筑设计理念、造型风格综合考虑数量、大小、尺度、形状、开启方式和方向。门按开启方式有平开门、弹簧门、推拉门、折叠门、转门、上翻门、升降门、卷帘门（图 2-34）；窗按开启方式分为平开窗、推拉窗、悬窗、立转窗、固定窗和百叶窗等多种形式（图 2-35）。

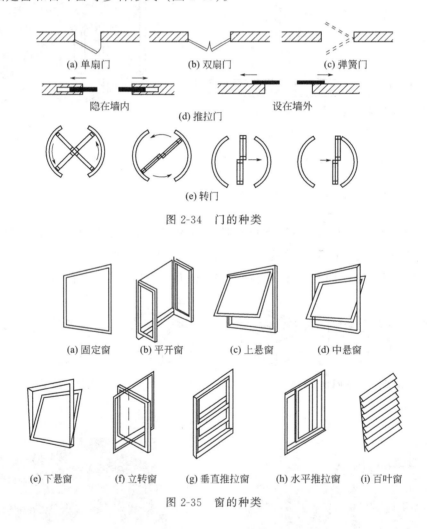

图 2-34 门的种类

图 2-35 窗的种类

8. 阳台

阳台是楼房建筑中不可缺少的室内外过渡空间。阳台按其与外墙的相对位置可分为凸阳台（图 2-36）、凹阳台（图 2-37）、半凹半挑阳台和转角阳台。

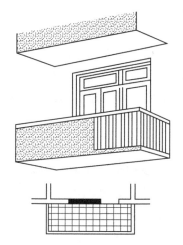

图 2-36　凸阳台建筑

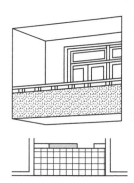

图 2-37　凹阳台建筑

9. 雨棚

雨棚是位于建筑物出入口的上方用以遮挡雨雪的水平装饰构件，给使用者提供一个从室外到室内的过渡空间，其通常起到丰富建筑造型的作用，是建筑立面处理的重点之一，见图 2-38。

图 2-38　雨棚

二、影响建筑构造的因素

建筑物处于自然环境和人为环境之中，受到各种自然因素和人为因素的作用。为提高其使用质量和耐久年限，在建筑构造设计中尽量利用其有利因素，避免或减轻不利因素，提高建筑物的抵御能力，根据影响程度，采取相应的构造方案和措施。影响建筑构造的因素通常分为以下五个方面。

1. 自然环境

建筑物处于不同的地理位置，各地自然条件有很大差异，我国南北东西气候差异悬殊，建筑构造设计必须与各地区气候特点相适应，具有明显的地方性。大气温度、太阳热辐射、日晒雨淋以及风雪冰冻等均为影响建筑物使用质量和建筑寿命的重要因素。对自然环境的影响估计不足，设计不合理，就会造成渗水、漏水、冷风渗透、室内过热、过冷、构件开裂，甚至建筑物倒塌等后果。为防止和减轻自然因素对建筑物的危害，保证正常使用和耐久，在构造设计上，必须掌握建筑物所在地区的自然条件，根据实际情况对房屋的各有关部位采取相应的构造措施，如保温、隔热、防潮、防水、防冻胀、防温度变形等破坏，以保证房屋的正常使用。

2. 人为因素

人为因素是指人们在生产和生活中对建筑物造成的影响，包括火灾、化学腐蚀、机械振动、噪声等。因此，在建筑构造设计时，必须有针对性地采取相应的防范措施，如防火、防振、隔声、防水、防辐射等，以保证建筑物的正常使用。

3. 外力作用

外力作用统称为荷载，荷载分为恒荷载和活荷载，结构自重属于恒荷载，人、家具和设备重量、风力、地震力及雪重等属于活荷载。外力的大小和作用方式决定了结构的形式和构造方案选择。

4. 技术条件

建筑构造受到建筑材料、结构、设备和施工技术条件的影响和制约，随着建筑业的不断发展，新材料、新结构、新施工技术不断出现，建筑构造需要解决的问题趋向复杂化。以构造原理为基础，在应用原有标准与典型建筑构造的同时，不断发展和创造新的构造方案，建筑构造做法不能脱离一定的建筑技术条件而存在。

5. 建筑标准

建筑标准所包含的内容较多，与建筑构造关系密切的主要有建筑造价标准、建筑装修标准和建筑设备标准。大量民用建筑属于一般标准的建筑，构造方法往往也是常规的做法，而大型公共建筑，标准则高一些，构造做法也更复杂一些。

三、建筑构造设计原则

建筑设计中，设计者应从整体考虑，在错综复杂的矛盾中分清主次，从而做到妥善处理。

1. 坚固适用

在建造方案上满足安全要求,同时建筑构造设计必须最大限度地发挥建筑物的使用功能。

2. 技术先进

建筑设计应尽量确保按照工业化要求,采用标准设计和定型构件。

3. 经济合理

构造设计应加强对造价指标的控制,尽可能就地取材,注意节约钢材、水泥、木材三大材料。

4. 美观大方

建筑方案处理的效果会直接影响到与建筑周围的整体环境的协调,建筑要做到美观大方,建筑构造设计处理的精细程度也会影响建筑的整体效果。

5. 生态环保

建筑构造设计是初步设计的继续和深入,必须通过技术手段来控制污染、保护环境,从而设计出既坚固适用、技术先进,又经济合理;既美观大方,又环保绿色的新型建筑。

四、建筑构造设计依据

我国幅员辽阔,由于各地区的地理纬度、地势和地理条件等不同,各地的气候条件差异较大。《民用建筑热工设计规范》将中国按气候特征划分为严寒地区、寒冷地区、夏热冬冷地区、夏热冬暖地区、温和地区五个气候区。各地区建筑构造设计应参考以下因素。

1. 人体尺度及人体活动所需的空间尺度

人体尺度及人体活动尺度是确定建筑内部各种空间尺度的主要依据之一(图2-39)。人体活动尺度和由人体活动尺度确定的家具设备的尺度是我们进行建筑设计的基本依据(图2-40)。但在一些其他建筑类型如实验室和工业建筑中,实验室和厂房的大小、高度可能不是取决于人的活动,而是取决于需要布置的设备的数量和大小。

2. 家具、设备的尺寸及使用空间

在进行房间布置时,应先确定家具、设备的数量,了解每件家具、设备的基本尺寸以及人们在使用它时占用活动空间的大小。这些都是考虑房间内部使用面积的重要依据。如图2-41所示为常用的家具尺寸,供设计者在进行建筑设计时参考。

3. 生理与心理的要求

建筑空间要形成一个舒适的供人们生活、工作的室内环境,因此要满足人类生存需要的一些基础条件。这些条件包括人们对视觉、听觉、温湿度的感觉,以及对环境物质形态的需求,如空气、水、阳光等。这些要求对应到建筑设计建筑物的朝向、保温、防潮、隔热、隔声、通风、采光、照明等方面的要求。随着物质技术水平的提高,人的心理需求也是在设计

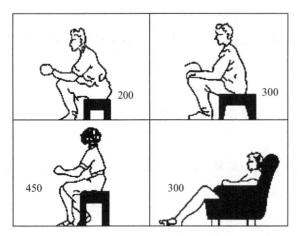 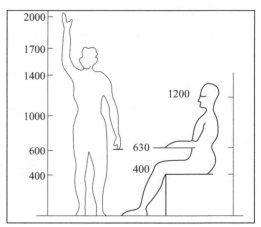

图 2-39 成年人坐站的基本尺度（单位：mm）

图 2-40 人体活动的基本尺度（单位：mm）

当中需要考虑的，如人对空间的心理感受，人类在社会生活中对空间私密性的心理需要等（图 2-42）。

4. 气象条件

建设地区的温度、湿度、日照、雨雪、风向、风速等是建筑设计的重要依据，对建筑设计有较大的影响。炎热地区的建筑应考虑隔热、通风、遮阳，建筑处理较为开敞；寒冷地区应考虑防寒保温，建筑处理较为封闭；雨量较大的地区要特别注意屋顶形式、屋面排水方案的选择，以及屋面防水构造的处理；在确定建筑物间距及朝向时，应考虑当地日照情况及主导风向等因素。

图 2-41　常用的家具尺寸（单位：mm）

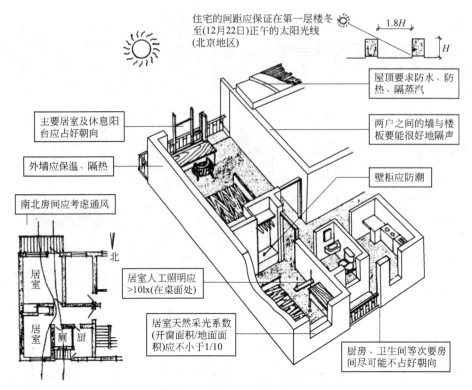

图 2-42　满足人类生存需要的基础性条件的建筑空间

第三节 建筑材料

建筑材料是建筑结构中使用的各种材料及制品，它是一切建筑工程的物质基础。广义的建筑材料，一是指构成建筑物本身的材料，如水泥、砂浆、混凝土、钢材、玻璃等；二是建筑设备，如浴缸、马桶、洗面盆、上下水管、空调等设备器材；三是施工过程中所用的建筑材料，如模板、脚手架等。狭义的建筑材料是指构成建筑物及构筑物本身的材料，即地基、梁、板、柱、楼面等承重构件；墙体、屋面、门窗等围护构件所用材料。按照建筑物对材料性能的要求及使用的环境条件，正确合理地选用材料，做到材尽其能，对于保证建筑结构物的安全、实用、美观、耐久及造价适度等方面有着重大意义。

一、建筑材料种类

房屋建筑材料种类繁多，性能各异，根据建筑材料在建筑物中的部位或使用功能，按功能与用途划分为结构材料、围护材料和功能材料（表2-5）；按化学成分划分为无机材料、有机材料与复合材料（表2-6）；按材料的制造方法划分为天然材料和人工材料。

表 2-5 建筑材料按功能与用途分类

类型	描述
结构材料	混凝土、钢筋混凝土、钢材等
围护材料	砖、砌块、玻璃、新型墙体材料、屋面材料、幕墙等
功能材料	装饰材料、防水材料、吸声材料、采光材料等

表 2-6 建筑材料按化学成分分类

类别	描述	备注
无机材料	非金属材料	石材（天然石材、人造石材）
		烧结制品（烧结砖、陶瓷面砖等）
		熔融制品（玻璃、岩棉等）
		胶凝材料（水泥、石灰、石膏、水玻璃等）
		混凝土、砂浆等。
		硅酸盐制品（砌块、蒸养砖等）
	金属材料	黑色金属（铁、非合金钢、合金钢等）
		有色金属（铝、锌、铜及合金等）
有机材料	植物材料	木材、竹材及制品
	高分子材料	沥青、塑料、涂料、橡胶、胶黏剂等
复合材料	金属非金属复合	钢筋混凝土、铝塑板、涂塑钢板等
	非金属复合	沥青混凝土、聚合物混凝土等

二、绿色建筑材料

如果说十九世纪钢材和混凝土作为结构材料的出现使土木工程的规模产生了飞跃性的发展，那么二十一世纪出现的高分子材料、新型金属材料和各新型墙体材料，使建筑的功能和外观发生了根本性的变革。另外，随着人类物质文化生活水平的提高，人们对居住环境的健康、安全要求越来越高，以传统方式生产的建筑材料，不但消耗了大量的资源、能源，还可能严重危害环境。尤其是家庭装修常见的人造板材类、人造石材类、涂料类、布艺类，通常存在甲醛、甲苯和二甲苯、芳香烃等污染物，其毒性或轻或重，但只要长期吸收都必将给人体健康甚至下一代带来不可估量的影响。绿色建材是全球化的可持续发展的重要战略方向，是指原材料采取、产品制造、使用或者再循环以及废料处理等环节中对地球环境负荷最小和有利于人类健康的材料，也称为环境调和材料。绿色建材通常分为节省能源和资源型、环保利废型、特殊环境型、安全舒适型与保健功能型五类。

1. 节省能源和资源型

它是指在生产过程中，能够明显地降低对传统能源和资源消耗的产品。因为节省能源和资源，使地球有限的能源和资源得以延长使用。这本身就是对生态环境作出了贡献，也符合可持续发展战略的要求。同时降低能源和资源消耗，也就降低了能够对生态环境造成危害的污染物的产生量，从而减少了治理的工作量。这类材料最为常见，使用量也最大，绿色水泥、绿色混凝土可作为代表，其技术也日趋成熟。生产中常用的方法就有采用免烧或者低温合成以及提高热效率、减低热损失和充分利用原料等新工艺、新技术和新型设备，也有采用新开发的原材料和新型清洁能源来生产产品。

2. 环保利废型

它是指在建材行业中利用新工艺、新技术，对其他工业产生的废弃物或者经过无害化处理的人类生活垃圾加以利用而生产出的建材产品。例如，粉煤灰综合利用技术、城市固体废弃物在建材领域的综合利用技术、磷石膏及脱硫石膏的应用，使用工业废渣或生活垃圾生产水泥等。

3. 特殊环境型

它是指能够适应恶劣环境需要的特殊功能的建材产品，如能够适用于海洋、江河、地下、沙漠、沼泽等特殊环境的建材产品。这类产品通常都具有超高的强度、抗腐蚀、耐久性能好等特点。例如，我国开采海底石油、建设长江三峡大坝等宏伟工程应用的就是这类建材产品。产品寿命的延长和功能的改善，实质就是对资源的节省和对环境的改善。可以这样认为，寿命增加 1 倍，等于生产同类产品的资源和能源节省了 1/2，对环境的污染也减少了 1/2。因此，长寿命的建材比短寿命的建材就更"绿色"。

4. 安全舒适型

它是指具有轻质、高强、防火、防水、保温、隔热、隔声、调光、无毒、无害等性能的建材产品。这类产品改变了传统建材仅重视建筑结构和装饰性能,而忽视安全舒适方面功能的倾向。这类材料目前应用广泛,以保温材料为例,目前普及的混凝土小型空心砌体夹心聚苯板复合墙体,此类建材也非常适用于室内装饰装修。

5. 保健功能型

它是指具有保护和促进人类健康功能的建材产品,具有消毒、防臭、灭菌、防霉、抗静电、防辐射、吸附二氧化碳等对人体有害气体等功能。例如,应用于保健材料有几十年历史的红外材料,已经表明掺有红外陶瓷粉的内墙涂料、墙板对人体有保健作用。近些年来,在光化、压电、热电、超声、红外的生物效应和微量元素、稀土生物效应、负离子效应的机理上,已有不少保健材料被发现和研制成功。这类产品是室内装饰装修材料的重要进展,也是值得今后大力开发、生产和推广使用的新型建材产品。

三、建筑结构材料

基础、梁、板、柱等承重构件主要采用混凝土、钢筋混凝土、建筑钢材等材料。

1. 混凝土

它是指由水泥胶凝材料、粗骨料、细骨料、水及其他材料,按适当的比例配制并硬化而成的具有所需的形体、强度、耐久性的人造石材。自从1824年混凝土问世以来,混凝土现已发展成为用途最广、用量最大的建筑结构材料。配制混凝土的原材料有水泥、砂、石、水、外加剂、掺合料等。原材料的性能与质量在很大程度上决定了混凝土的性能与质量。砂、石头在混凝土中起到骨架作用,故将砂石材料称为骨料。

2. 钢筋混凝土

钢筋混凝土是由钢筋和混凝土两种不同的材料组成的,在钢筋混凝土结构中,混凝土主要承受压力,钢筋主要承受拉力,两种材料的强度都得以比较充分地利用。混凝土内配置受力钢筋的作用是提高结构或构件的承载能力和变形能力,钢筋混凝土结构具有坚固、耐久、防火性能好、比钢结构节省钢材和成本低等优点。由配置受力的普通钢筋、钢筋网或钢筋骨架的混凝土制成的结构称为钢筋混凝土结构;由配置受力的预应力钢筋通过张拉或其他方法建立预加应力的混凝土制成的结构称为预应力混凝土结构。钢筋混凝土结构广泛应用于工业与民用建筑、桥梁、隧道、矿井以及水利、海港等工程中。

3. 建筑钢材

它是指用于工程建设的各种钢材,包括钢结构采用的圆钢、角钢、槽钢和工字钢等各种型钢和钢板;钢筋混凝土结构采用的各种钢筋、钢丝和钢绞线;建筑门窗和建筑五金采用的不锈钢等钢材。钢和铁的主要区别在于含碳量的多少,含碳量大于2.06%的为生铁,0.02%~2.06%的为钢,低于0.02%称为纯铁。炼钢的目的就是通过冶炼将生铁中的含碳量降至2.06%以下,其他杂质含量降至一定的范围内,以显著改善其技术性能,提高质量。按有害杂质含量将钢材分为普通钢、优质钢、高级优质钢和特级优质钢;按用途可将钢材分为结构钢、工具钢和特殊钢;按合金元素含量将钢分为非合金钢、低合金钢和合金钢。目前,建筑工程中常用的钢种是普通碳素结构钢和普通低合金结构钢。

建筑钢材强度高、品质均匀,有良好的塑性和韧性,能承受冲击和振动荷载,易于加工装配,施工方便。因此,建筑钢材被广泛用于建筑工程中。钢材的缺点是容易生锈,维护费用大,耐火性差。

四、建筑围护材料

它包含砖、砌块、新型墙体材料、玻璃幕墙等竖向围护材料;屋面板、楼面板等水平向围护材料。

1. 砖

凡是用黏土、工业废料或其他地方资源为主要原料,以不同工艺制成的在建筑工程中用于砌筑竖向墙体、高度小于180mm 的块材称为砖,我国标准砖的规格为240mm×115mm×53mm,240 砖可分成实心和空心两种形式,也可分为烧结和非烧结砖。根据砖块的尺寸和数量,以及灰缝的厚度,可砌筑成厚度为12 墙、18 墙、24 墙、37 墙、49 墙(图 2-43)。砖取土破坏生态,属于淘汰禁用制品。砖是一种常用的砌筑材料,生产工艺简单,体积小,黏土砖取土破坏生态,属于淘汰禁用制品。砖是一种常用的砌筑材料,生产工艺简单,体积小(表 2-7)。

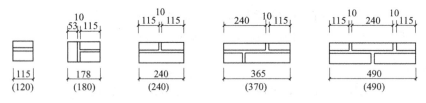

图 2-43　墙厚度(单位:mm)

表 2-7　砖的类型与特征

类型		描述	备注
烧结砖		它是由黏土制成砖坯,经过干燥入窑高温烧制而成。按主要成分分为烧结黏土、砖结页岩砖、烧结煤矸石砖;按有无穿孔分为烧结普通砖、烧结多孔砖、烧结空心砖	烧结普通砖因具有较高的强度、较好的耐久性和绝热性等优点而被广泛应用于砌筑建筑物的内墙、外墙、柱、烟囱等建筑物和构筑物中;烧结空心砖主要用于非承重的填充墙和隔墙。烧结砖由于毁田取土、体积小、自重大、施工效率低、砌体抗震性差等缺点,国家已在大中城市禁用
非烧结砖	蒸压灰砂砖	它是以石灰和砂为主要原料,经坯料制备、压制成型、蒸压养护而成的实心砖	蒸压灰砂砖的颜色分为彩色和本色的,其耐水性良好,在长期的潮湿环境中,强度变化不显著,由于表面光滑平整,使用时应注意提高砖和砂浆间的黏结力
	蒸压粉煤灰砖	它是以粉煤灰、石灰为主要原料,掺加适量石膏和集料,经坯料制备、压制成型、高压蒸汽养护而成的实心砖	蒸压粉煤灰砖一般用于建筑物的基础和墙体,但用于干湿交替作用和易受冻触部位的砖,其强度等级必须大于MU15;用其砌筑的建筑物,应适当增设圈梁及伸缩缝或采取其他措施,以避免或减少收缩裂缝的产生

2. 砌块

砌块是用于砌筑的人造块材，外形多为直角六面体，也有各种异型的。砌块的类型很多，按材料分类有普通混凝土砌块、轻骨料混凝土砌块、加气混凝土砌块以及利用各种工业废渣制成的砌块。按构造分类有空心砌块和实心砌块，空心砌块有单排方孔、单排圆孔和多排扁孔等形式，其中多排扁孔对保温较为有利（图2-44）。按砌块在砌体中的作用和位置分类有主砌块和辅砌块。按砌块质量和尺寸分类有小型砌块、中型砌块、大型砌块，小型砌块高度为115～380mm，单块重量不超过20kg，便于人工砌筑。中型砌块高度为380～980mm，单块重量为20～350kg。大型砌块高度大于980mm，单块重量大于350kg。大中型砌块由于体积和重量较大，不便于人工搬运，必须采用起重运输设备施工。

砌块因可以充分利用地方材料和工业废料，且具有体积较砖大、砌筑方便灵活、施工效率高、自重轻、造价低等优点而得以推广应用。砌块建筑与混合结构相比，具有设备简单、施工方便、节省人工、便于就地取材、能大量利用工业废料和地方材料的优点。在国家提倡建筑节能、建筑定型、建筑智能、建筑生态及健康建筑要求下，大中城镇应大力发展砌块建筑，但砌块建筑工业化程度不高，现场湿作业较多，砌块强度较低。目前仅限于6层及其以下建筑，如住宅、学校、办公楼以及单层工业厂房建筑（图2-45）。

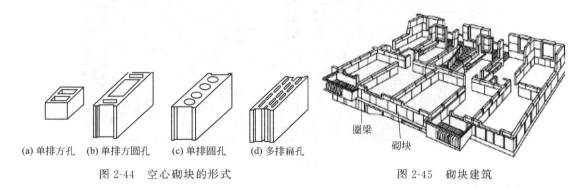

(a) 单排方孔 (b) 单排方圆孔 (c) 单排圆孔 (d) 多排扁孔

图 2-44 空心砌块的形式

图 2-45 砌块建筑

3. 新型墙体材料

根据《国家节能中长期规划》要求，推荐使用新型墙体材料。新型墙体材料主要是用混凝土、水泥、砂等硅酸质材料制成，有的再掺加部分粉煤灰、煤矸石、炉渣等工业废料或建筑垃圾经过压制或烧结、蒸养、蒸压等制成非黏土砖、建筑砌块及建筑板材，一般具有保温、隔热、轻质、高强、节土、节能、利废、环保，改善建筑功能和增加房屋使用面积等一系列优点。新型墙体材料的发展对建筑技术产生巨大的影响，大力开发和使用轻质、高强、大尺寸、耐久、多功能（保温、隔热、隔声、防潮、防水、防火、抗震、节能）和可工业化生产的新型墙体和屋面材料势在必行，新型墙体材料的出现，适应了现代高层、超高层建筑相关功能需求。常用新型墙体材料见表2-8。

表 2-8 新型墙体材料

类型	描述
非黏土砖	它是指烧结页岩砖、混凝土空心砖、空心砌块、孔洞率大于25%非黏土烧结多孔砖和空心砖等
建筑砌块	它是指普通混凝土小型空心砌块、轻集料混凝土小型空心砌块、蒸压加气混凝土砌块、石膏砌块等
建筑板材	它是指蒸压加气混凝土板、轻集料混凝土条板、钢丝网架水泥夹芯板、玻璃纤维条板、增强水泥轻质多孔隔墙条板、纤维增强低碱度水泥建筑平板、石膏墙板、金属面夹芯板、复合轻质夹芯隔墙板等
混凝土墙体	它是指预制及现浇混凝土墙体
钢结构和玻璃幕墙	它是指高耸钢结构、板壳钢结构、工业厂房钢结构、轻型钢结构；明框、隐框、半隐框幕墙

4. 玻璃幕墙

玻璃幕墙面是一种新型墙体，是建筑物的外围护结构，像幕布一样挂上去，故又称悬挂墙，是现代建筑亮丽的景观（图 2-46），幕墙不承重，但要承受风荷载，并通过龙骨将重量传递给主体结构。幕墙按材料分类有玻璃幕墙、金属幕墙、石材幕墙等。

图 2-46 玻璃幕墙建筑立面

5. 屋面材料

屋面材料和屋面构造有直接关联，平屋顶屋面材料通常采用钢筋混凝土现浇板或预制混凝土板。随着现代化建筑的发展和对建筑功能要求的提高，坡屋顶屋面材料由传统的黏土瓦演变为玻璃钢瓦（图 2-47）、金属瓦（图 2-48）、混凝土瓦、石棉水泥瓦、钢丝网水泥瓦、聚氯乙烯瓦等多种形式。现浇钢筋混凝土屋面整体刚度与防水性较预制混凝土好。

图 2-47 玻璃钢瓦屋面　　　　　　图 2-48 金属瓦

五、建筑功能材料

常用的功能材料包含装饰材料、防水材料、吸声材料和采光材料等。

1. 装饰材料

装饰材料主要用于建筑物的内外墙面、地面、吊顶、室内环境等的装饰和装修。建筑工程上使用的装饰材料除具有适宜的颜色、光泽、线条与花纹图案、质感，即装饰性之外，还应具有一定的强度、硬度、防火性、阻燃性、耐火性、耐候性、耐水性、抗冻性、耐污染性、耐腐蚀性等，有时还要具有一定的吸声性、隔声性和隔热保温性。常用的建筑装饰材料名称与种类见表 2-9。

表 2-9 装饰材料的分类及说明

分类	名称	种类
按材质分类	木质类	人造板、纤维板、软质吸声板、硬化纤维板、微薄木贴面板、硬质装饰天花板等
	石质类	花岗岩、大理石、水磨石、石膏、水泥饰面板、人造石装饰板等
	陶瓷类	陶瓷锦砖、面砖、瓷砖、地砖、陶瓷壁画等
	化工类	塑料、钙塑、玻璃钢饰面板、塑料壁纸、无纺贴墙布、化纤地毯、橡胶地板等
	金属类	铝合金饰面板、铝合金外墙板、塑钢板等
	玻璃类	彩色玻璃、压花玻璃、饰面玻璃、玻璃马赛克等
	粉刷涂料类	彩色水泥、乳胶漆、内墙涂料、外墙涂料、地面涂料、水泥色浆、瓷粉等
按部位分类	天棚	石膏、珍珠岩、软质纤维、钙塑装饰吸声板、人造板等
	墙面	花岗岩、大理石饰面板、陶瓷锦砖、面砖、人造板、塑料贴面板、粉刷涂料等
	地面	地面涂料、铺地花砖、陶瓷锦砖、化纤地毯、水磨石板、橡胶地板、塑胶地板等

2. 防水材料

建筑防水材料按照设防材料性能分为刚性防水材料和柔性防水材料。柔性防水材料是建筑防水材料的主要产品，是化学建材产品的重要组成部分，在建筑防水工程应用中占主导地位（表 2-10）。

表 2-10 防水材料种类

类型	描述
刚性防水材料	它主要是指砂浆、细石混凝土或掺有外加剂的砂浆或细石混凝土等刚性材料，不属于化学建材范畴
柔性防水材料	它主要是指防水卷材、防水涂料、防水片材、密闭材料和堵漏灌浆材料等，常用的有改性沥青防水卷材、高聚物改性防水卷材、合成高分子防水卷材

3. 吸声材料

吸声材料是一种能在较大程度上吸收由空气传递的声波能量的土木工程材料。在音乐厅、影剧院、大会堂、播音室等室内的墙面、地面、天棚等部位，采用适当的吸声材料，能改善声波在室内的传播质量，保持良好的音响效果。建筑上常用的吸声材料有无机材料、有机材料与泡沫材料（表2-11）。

表 2-11 吸声材料分类

类型	描述
无机材料	吸声砖、石膏板、石膏砂浆、水泥砂浆、水泥膨胀珍珠岩板、软木板、木质纤维板
有机材料	泡沫玻璃、泡沫水泥、泡沫塑料、吸声蜂窝板、脲醛泡沫塑料、有机纤维吸声材料
泡沫材料	泡沫金属、泡沫塑料、复合泡沫材料、矿棉板、玻璃棉、工业毛毯、酚醛玻璃纤维

4. 采光材料

采光材料主要是指玻璃，建筑玻璃是以石英砂、纯碱、石灰石、长石等为主要原料，经高温熔融、成型、冷却并裁割而得到的有透光性的固体材料。其主要成分是二氧化硅和钙、钠、钾、镁的氧化物。现代，以三氧化二铝和氧化镁为主要成分的铝镁玻璃以其优良的性能，逐步成为主要的玻璃品种。建筑装饰中常见的玻璃主要有净片玻璃、装饰玻璃、安全玻璃、节能玻璃，各类玻璃细分种类见表2-12。

表 2-12 采光玻璃种类

类型	描述
净片玻璃	它是指未经深加工的平板玻璃，按生产方式不同，可分为普通平板玻璃和浮法玻璃两类，具有良好的透光性能，但热稳定性较差
装饰玻璃	它是指广泛应用于门窗、隔断、屏风等室内外装修的深加工玻璃，通常有彩色平板玻璃、釉面玻璃、压花玻璃、喷花玻璃、乳化玻璃、刻花玻璃、冰花玻璃等
安全玻璃	它是指对普通玻璃进行增强处理，或者和其他材料复合或采用特殊成分制成的玻璃。通常有钢化玻璃、夹丝玻璃等
节能玻璃	它是指隔热和遮阳性能优良的玻璃，采用节能装饰玻璃可以大大减少住宅、办公大楼的能耗，通常有着色玻璃、镀膜玻璃、中空玻璃等

第四节 识读建筑图形

一、建筑设计内容与要求

建造房屋是一个复杂的过程,设计工作是保证房屋成功的前提,只有在构思新颖、技术先进、方案可行的设计文件指导下,经过施工单位的实施,才能够建造出精品建筑。广义的建筑设计是指一个建筑物或一个建筑群体的全套设计图纸和相应的文字资料(也称设计文件),包含建筑工种设计、结构工种设计、设备工种设计,狭义的建筑设计是指建筑工种设计。

(一)建筑工程设计内容

1. 建筑工种设计图纸

可以是一个单项建筑物的建筑设计,也可以是一个建筑群的总体设计。主要是根据建设单位(业主)提供的设计任务书结合国家法规政策,综合分析其场地条件、建筑功能、建筑规模、建筑标准、气候条件等因素,提出建筑设计方案,再进一步深化成为施工图设计。建筑设计在整个工程设计中起主导和先行作用,它包括建筑空间构成及组合设计和建筑构造设计。

(1)建筑空间构成及组合设计

通过建筑空间的规定、塑造和组合,综合解决建筑物的功能、技术、经济和美观等问题。主要通过建筑总平面设计、建筑平面设计、建筑剖面设计、建筑体型与立面设计来完成。

(2)建筑构造设计

主要是确定建筑物各构造组成部分的材料及构造方式。包括对基础、墙体、楼地层、屋顶、门窗等构配件进行详细构造设计,也是建筑空间构成及组合设计的继续和深入。

2. 结构工种设计图纸

主要是根据建筑设计选择安全合理、经济实用、便于实施的结构方案,完成结构方案选型,确定结构布置,进行结构计算和构件设计,完成全部结构施工图设计。结构设计对房屋的安全使用和投资控制负有重要责任,不能为了安全而使结构过于保守,也不能为了节省投资而忽视结构的安全性。

3. 设备工种设计图纸

主要包括给水排水、采暖通风、电气照明、通信、燃气、动力等主要内容,确定方案类型,设备选型,并完成其相应的施工图设计。随着楼宇智能化的普及,建筑中应用的设备技术也越来越先进,如中央空调、火灾报警系统、智能网络系统、通信系统、电子保安系统等。高层建筑和多层建筑优化设计时常设置设备层(又称技术层),即建筑物某层有效面积的大部分用于布置暖通、空调、给排水、电气等辅助设备和水平管线（图 2-49）。

4. 其他工种设计文件

一套完整的工程设计除了上述三个专业的全套设计文件之外，一般还要包括工程概算书、设计说明书和计算书等文字资料。这些文字资料有些需要与图纸一起提供给设计和监理单位，有些是供设计监督部门和设计单位内部进行设计质量监控所用。

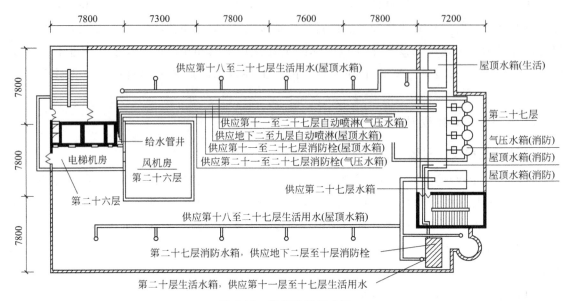

图 2-49　高层建筑技术层

（二）建筑工程设计的要求

1. 符合总体规划要求

单体建筑是总体规划中的组成部分，单体建筑应符合总体规划提出的要求。建筑物的设计，要充分考虑和周围环境的关系，例如原有建筑的状况，道路的走向，基地面积大小以及绿化要求等方面和拟建建筑物的关系。

2. 满足建筑功能需求

满足使用功能需求，为人们的工作和生产、学习和生活创造良好的环境，是建筑设计的首要任务。例如设计学校时，首先要考虑满足教学活动要求，教室设置应做到布局合理，使各类活动有序进行、动静分离、互不干扰；教学区应具备良好的采光、通风与便利的交通条件。

3. 采用合理的构造方案与技术措施

我国地域广大，按照现行国家标准划分为严寒地区、寒冷地区、夏热冬冷地区、夏热冬暖地区、温和地区五个气候区。广州、长沙等地区屋面构造设计必须考虑通风隔热，哈尔滨、北京等地区屋面构造设计必须考虑保温。根据气候特征，科学选用建筑材料，设计合理的构造方案及结构与施工方案。

4. 具有良好的经济效果

建造房屋是一个复杂的物质生产过程，需要大量人力、物力和财力，在房屋的设计和建造中，要因地制宜、就地取材，做好投资控制。

5. 考虑建筑物美观要求

建筑物是社会的物质和文化财富，它在满足使用要求的同时，还需要考虑人们对建筑物在美观方面的要求，考虑建筑物所赋予人们在精神上的感受。

二、建筑图形内容与表达

在初步设计的文件和建筑概算得到了有关部门和单位的批准后，设计单位可以着手在初步设计基础上进行建筑施工图的设计。在施工图设计的阶段，设计人员对初步设计的文件进行深入以达到施工图的水平。施工图设计包含建筑设计总说明与节能计算、总平面图、建筑平立剖面图、细部构造详图全套图形文件。

（一）建筑设计总说明与节能计算

它包括工程概况、设计依据、建筑物相对标高和总图绝对标高的关系、工程构造做法、绝对标高、室内外墙体、建筑各部位构造、建筑装修说明、单体节能设计措施、设备节能设计措施、节能综合指标等。

（二）总平面图

总平面图主要反映新建工程的位置、平面形状、场地及建筑入口、朝向、标高、道路等布置及与周边环境的关系。总平面图上应标明城市坐标网、场地坐标网和标高，场地上全部建筑物、道路、绿化、设施等所在位置、尺寸和标高，并注明指北针或风玫瑰等。总平面图除了要对本工程的总体布置作出规定之外，还应当符合规划、交通、环保、市政、绿化等部门对工程具体要求，并应经过相应部门的审批。常见比例为1：500，建筑场地较大时，可用1：1000、1：2000。

（三）平面图

它包括底层平面图、中间各层平面图（中间各层平面如功能布局一致，称标准层平面图）、屋顶平面图，平面图常见比例为1：100、1：150、1：200。

（四）立面图

它包含正立面、背立面、侧立面等各个方向的立面图，常用比例同平面图。

（五）剖面图

应选择有楼梯，层高、层数不同，内外空间变化复杂，具有代表性的剖面位置，常用比例同平面图。

（六）细部构造详图

在平、立、剖面施工图中的某些构造做法、艺术装饰处理未能清楚表示时，应分别绘制详图，表明所有细部尺寸，也称为构造节点详图。主要是檐口、墙身和构件的连接点、楼梯、门窗以及各部位的装修详图。常用比例可根据需要采用1∶1、1∶5、1∶10、1∶20等。

（七）常用专业术语和图例

准确识读建筑施工设计文件，从业人员需了解常见专业术语，熟悉现行国家规范、规范中常见的图例。

1. 定位轴线

它是用来确定建筑物主要结构构件位置及其标志的基准线，确定房屋主要承重构件墙、柱位置以及标注尺寸的基线，同时也是施工定位放线及构件安装等的依据。定位轴线为点划线，其端部用细实线画出直径为8～10mm的圆，圆圈内部注写轴线的编号，横向定位轴线自左至右依次用阿拉伯数字编号，纵向定位轴线自下而上依次用大写拉丁字母编号，纵向定位轴线编号中I、O、Z不得用作轴线编号（图2-50）。

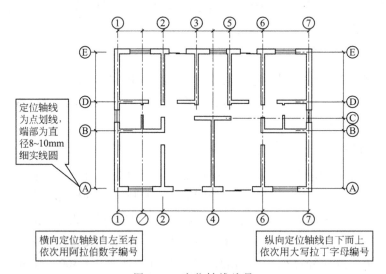

图2-50 定位轴线编号

2. 标高

在建筑设计中，建筑物各部分在垂直方向的位置及高度是由一个相对标高系统来表示的。一般是将建筑物底层室内某指定地面的高度定为±0.000，单位是米（m），高于这个标高的为正标高，反之则为负标高。标高分为绝对标高和相对标高。绝对标高是指以青岛市外的黄海海平面为零点测定的高度尺寸；相对标高是指以房屋底层主要房间地面为零点测定的相对高度尺寸。标高绘制要求和标高符号形式见图2-51。识图时分清建筑标高和结构标高。建筑标高是指包括粉刷层在内的、装修完成后的标高；结构标高则是不包括构件表面粉刷层厚度的构件表面的标高。设计时应注意区分建筑标高和结构标高（图2-52）。

3. 常用图例

总平面图例见表2-13。

图 2-51　标高绘制要求和标高符号形式

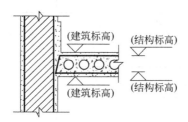

图 2-52　建筑标高与结构标高

表 2-13　总平面图例

名称	图例	备注
新建建筑物	8	需要时可在图形右上角用点数或数字表示层数,并用粗实线表示
原有建筑物		应注明拟利用者,并用细实线表示
计划扩建的预留地或建筑物		用中粗线表示
拆除的建筑物		用细实线表示
坐标	X 105.00　Y 425.00	表示测量坐标
填挖边坡		
台阶		箭头指向表示向上
铺砌场地		
其他材料露天堆场或露天作业场		需要时可注明名称

常用建筑材料图例见表 2-14。

表 2-14　常用建筑材料图例

名称	图例	备注
自然土壤		包括各种土壤
夯实土壤		
砂、灰土		靠近轮廓线绘比较密的点
普通砖		包括铺地砖、陶瓷锦砖、人造大理石
饰面砖		包括实心砖、多孔砖、砌块
混凝土		
钢筋混凝土		
多孔材料		包括水泥珍珠岩、沥青珍珠岩、泡沫混凝土、非承重混凝土、软木等

三、建筑平立剖面图

任何一幢建筑物，都是由各种不同的使用空间、辅助空间和交通联系空间所组成的，而表达建筑物三度空间的工程图，通常是由建筑的平、立、剖面图和各细部构造详图组成。建筑平面、立面与剖面应结合识读。建筑平面、剖面、立面设计三者是密切联系而又相互制约的，在进行方案设计时，通常是从平面入手，同时分析剖面及立面的可能性和合理性，及其对平面设计的影响。综合考虑平、立、剖三者的关系，按完整的三度空间概念去进行设计。

（一）建筑平面图

建筑平面表示的是建筑物在水平方向房屋各部分的组合关系，并集中反映建筑物的使用功能关系。

1. 平面图由来

假想用一水平剖切平面经过房屋的门窗洞口之间把房屋剖切开，移去剖切平面以上的部分，将其下面部分作正投影所得到的水平剖面图即为建筑平面图，简称为平面图（图 2-53）。它反映出房屋的平面形状、大小和房间的布置，墙（或柱）的位置、厚度和材料，门窗的类型和位置等情况，是建筑方案设计的主要内容，是施工过程中房屋的定位放线、砌墙、设备安装、装修及编制概预算、备料等的重要依据，也是建筑施工图中最基本的图样之一。通常房屋有几层就应画几个平面图。当房屋中间若干层的平面布局、构造情况完全一致时，则可用一个平面图来表达这些相同布局的若干层，称之为标准层平面图。

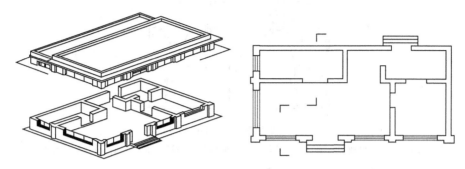

图 2-53　平面图由来

2．平面设计任务

平面设计的主要任务是根据设计要求和基地条件，确定建筑平面中各组成部分的大小和相互关系，它对建筑方案的确定起着决定性的作用，是建筑设计的基础。平面设计不仅决定了建筑各部分的平面布局、面积、形状，还影响到建筑空间的组合，结构方案的选择，技术设备的布置，建筑造型的处理和室内设计等许多方面。为此设计时需要反复推敲，综合考虑剖面、立面、技术、经济等因素。

①结合基地环境、自然条件，根据规划建设要求，使建筑平面形式、布局与周围环境相适应。

②根据建筑规模和使用性质要求进行单个房间的面积、形状及门窗位置等设计以及交通部分和平面组合设计。

③处理好日照、采光、通风、隔声、保温、隔热、节能、防潮防水和安全防火等问题，满足不同的功能要求，为建筑结构造型、建筑体型组合与立面处理、室内设计等提供合理的平面布局。

④尽量减少交通面积和结构面积，提高平面利用率，有利于降低建筑造价，节约投资。

3．平面组成及平面利用系数

（1）平面组成

建筑平面主要是由使用部分、交通联系部分和建筑结构构件三部分组成（图 2-54）。平面中各类墙、柱占用一定的面积，可称之为结构部分。

（2）平面利用系数

平面利用系数用字母 K 表示，即 $K=$ 使用面积/建筑面积 $\times 100\%$，其中使用面积是指除交通面积和结构面积之外的所有空间净面积之和。平面利用系数是衡量设计方案的经济合理性的主要经济技术指标之一，在满足功能使用前提下尽量提高面积利用率。K 值要在同一地区、同一类型、同一标准的不同方案之间作比较才有意义。建筑结构构件具有承重、围护和分隔的作用，建筑的使用价值是其空间，建筑界一直在探索新材料、新结构，其目的之一就是希望能尽量减少构件在平面中所占面积比例。

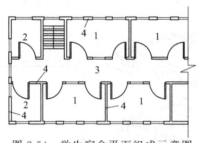

图 2-54 学生宿舍平面组成示意图

1—使用部分（主要使用房间）；2—使用部分（辅助使用房间）；3—交通部分；4—结构部分

（二）建筑剖面图

建筑剖面图用来表达建筑物内部垂直方向分层、层高、各部位高度方向尺寸及房屋结构形式和构造方式。建筑剖面设计主要是解决建筑竖向的空间问题，通常在平面组合基本确定后着手进行。剖面设计主要包括以下内容：

1. 剖面图由来

假想用一竖直的切平面把房屋剖开，移走观察者与切平面之间的部分，对剩余部分在与剖切平面平行的投影面上作正投影，称建筑剖面图（图 2-55）。建筑剖面图用来表达建筑物内部垂直方向分层、层高、净高、各部位高度方向尺寸及房屋结构形式和构造方式。

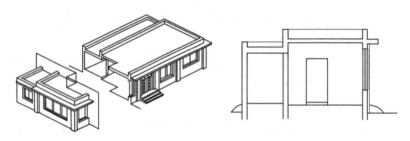

图 2-55 剖面图由来

2. 剖面设计任务

剖面设计涉及建筑的使用功能、经济技术条件、周围环境景观等方面。同时，应充分认识到，剖面设计、立面设计、平面设计是相互制约和相互影响的，每个方面设计各有侧重。

①综合考虑使用功能与造型等要求，结合规划限高，确定建筑高度。

②确定房屋的层数和各部分的高度（层高、净高、窗台高度、室内外地面标高等）；见图 2-56。

③确定房间的剖面形状、尺寸及比例关系。

④进行房屋竖向空间的组合，研究建筑空间的利用以及建筑剖面中的结构、构造关系等。

⑤解决采光、通风、保温、隔热、节能等问题。

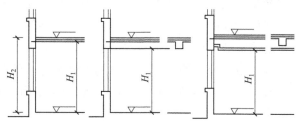

图 2-56　净高与层高（H_1 为净高，H_2 为层高）

（三）建筑立面图

建筑具有物质与精神的双重属性，同时具有地域文化特色与时代性。建筑物在满足使用功能的同时，它的体型、立面以及内外空间的组合，还会给人们在视觉和精神上以某种感受。建筑立面不仅是组成建筑结构的一部分，还通过材料、纹理、色彩及构成形式赋予了建筑物独特的个性和风格。例如我国古典建筑中的故宫、天坛的雄浑、壮丽；江南园林的秀美、典雅；各地方民居的淳朴、亲切；以及一些当代高层建筑的伟岸、挺拔等等。建筑反映了社会的经济基础、文化生活的同时，应体现出时代艺术特性。

1. 立面图由来

建筑立面图是建筑物立面的正投影图（图 2-57），是展示建筑物外貌特征及室外装修的工程图样，既可以表示建筑物从外面观看的效果，又可以看出窗户和门等是如何嵌入墙壁中的。它是建筑施工中进行高度控制与外墙装修的技术依据。

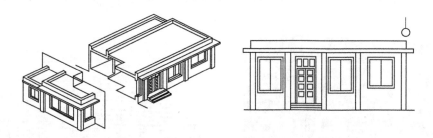

图 2-57　立面图由来

2. 立面构图设计

建筑是为满足人们生活和生产需要而创造出来的物质空间环境。根据人们需求的不同，派生出不同性质、规模、类型的建筑，如居住建筑、办公建筑、交通建筑、商业建筑等。由于建筑内部空间与外部形体是相互制约、不可分割的两个方面，所以自然产生出不同类型的建筑形象。形式服从功能一直是建筑设计遵循的原则。一个优秀的建筑外部形象要充分反映出室内空间的要求和建筑物的不同性格特征，达到形式与内容的辩证统一。

（1）符合建筑功能的需要与类型的特征

不同使用功能要求的建筑，具有不同的空间尺度及内部空间组合特征。因此在对建筑进行体型和立面设计时，应该注意建筑类型的个性特征。例如学校建筑中的教学楼，由于室内开间大，人流出入多，采光要求较高，立面上常形成成组排列的窗户和宽敞的入口，综合办公楼必须满足现代办公智能化功能的需求，体型高低错落，风格简洁明快。商业建筑其内部功能是为了满足购物、交通的需要，而采用了大空间组合，其外部形象便表现为大片的玻璃幕墙，较高的层高，重复排列重点处理的橱窗，缤纷的外装饰等，体现商业建筑热闹繁华的特征。体育馆建筑由于内部需要有各类场馆和观众厅等大空间的不同组合，其外部特征就反映不同空间组合的高低变化。

（2）反映材料、结构与施工技术特点

建筑具有物质产品和艺术创造的双重性，建筑体型和立面必然受到物质技术条件的制约，并应反映和表现材料、结构和施工技术的特点。混合结构、框架结构、空间结构由于其受力特点不同，反映在体型和立面上也截然不同。混合结构的中小型民用建筑，由于受到墙体承重及梁板经济跨度的局限，室内空间小，层数不多，窗间墙没有足够的宽度，建筑立面开窗受到限制，呈现简洁、朴素、稳重的外观特征，这类建筑的立面处理可通过造型凹凸、墙面的色彩、水平与垂直线条及门窗的合理组织等进行创造性设计等表现其立面与造型特征（图2-58）。钢筋混凝土框架结构墙体仅起围护填充作用，平面布局与空间处理灵活，立面既可开设大面积的独立窗，也可开设带形窗（图2-59），甚至可以取消窗间墙形成局部通透和完全成简洁明快、轻巧活泼的外形。空间结构不仅为大型活动提供了理想的使用空间，同时，各种形式的空间结构也极大丰富了建筑外部形象，形成自己独特的外部形象（图2-60、图2-61）。

立面设计时，可采用统一与变化、均衡与稳定、韵律与对比等构图基本法则，建筑具有物质产品和艺术创造的双重性，建筑体型和立面必然受到物质技术条件的制约，并应反映和表现材料、结构和施工技术的特点。混合结构、框架结构、空间结构立面凸显材料与结构特征。

图2-58　混合结构住宅

图2-59　框架结构办公楼

图2-60　空间结构图书馆

图2-61　空间结构电影博物馆

(3) 立面设计重点处理

建筑立面是由门窗、墙柱、阳台、遮阳板、雨棚、勒脚、檐口等部件组成。恰当地确定这些部件的尺寸大小、比例关系以及色彩等，设计出内部空间与外部形体统一、体型完整、形式与内容统一的建筑立面。由于功能与造型需要，在建筑物的某些部位进行重点和细部处理，这种处理具有画龙点睛的作用，会加强建筑表现力，打破单调感。建筑物重点处理的部位为建筑主要出入口（图2-62）。立面设计中对于体量较小，人们接近时可能看得清的构件与部位的细部装饰等的处理称为细部处理（如凹凸线脚、窗框、窗台、台阶、栏杆、雨棚、檐口及遮阳板等），见图2-63。这些部位虽不是重点处理部位，但由于其特定位置，也需要对细部进行设计，否则将使建筑产生粗糙不精细之感，而破坏建筑整体形象。立面中细部处理主要运用材料色泽、纹理、质感等自身特性来体现出艺术效果。

图 2-62　别墅入口重点处理

图 2-63　檐口处理

四、建筑空间组合

尽管建筑种类繁多，各类建筑房间的使用性质和组合方式也不相同，从组成平面各部分的使用性质来分析，均可归纳为使用空间和交通联系空间，使用空间分为主要使用空间和辅助使用空间。建筑物是否实用，除主要使用房间和辅助房间本身及其位置是否恰当外，很大程度上取决于主要使用房间及辅助房间与交通联系部分相互位置是否恰当，以及交通联系部分是否便捷舒适。

（一）主要使用空间

它是建造房屋的目的所在，由主要和辅助使用空间组成。功能不同的建筑，其使用空间也不相同，例如学校中的教室、实验室、办公室；商店中的营业厅；影剧院中的观众厅等。小户型住宅中的卧室、客厅、厨房与卫生间（图2-64）；大户型住宅中的主卧、次卧、书房、客厅、厨房与卫生间（图2-65）。

（二）辅助使用空间

它是为保证建筑物主要使用要求而设置的，与主要使用空间相比，则属于建筑物的次要部分，如住宅中的衣帽间、厨房、卫生间；学生宿舍中的盥洗间；公共建筑中的储藏室及服务性房间。辅助空间大都布置有较多的管道、设备，房间的大小及布置均受到设备及尺寸的

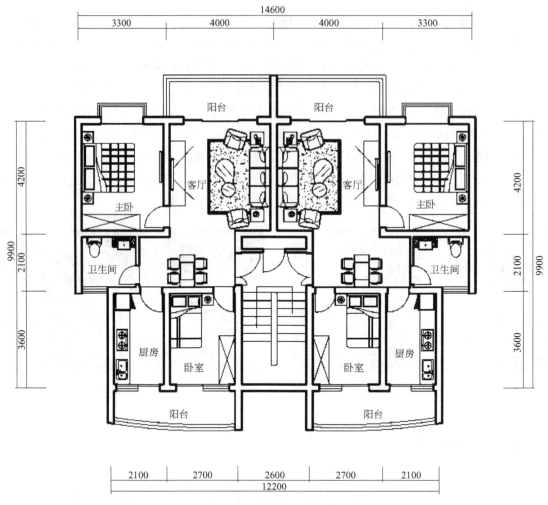

图 2-64 两室两厅标准层平面图（单位：mm）

限制。

1. 厕所

厕所按其使用特点可分为公用和独用厕所，独用由于使用的人少，往往将盥洗、浴室、厕所三个部分组成一个卫生间，例如住宅、旅馆等。厕所卫生设备有大便器、小便器、洗手盆、污水池等。大便器有蹲式和坐式两种。可根据建筑标准、卫生要求及使用习惯分别选用。一般使用频繁的公共建筑如学校、医院、办公楼、车站等大都选用蹲式，而标准较高、使用人数少或老年人及残疾人使用的建筑，如宾馆、公寓、敬老院等宜采用坐式大便器。

厕所布置的平面形式可分为两种：一种是无前室的，另一种是有前室的，带前室的厕所有利于隐蔽，可以改善通往厕所的走道和过厅的卫生条件，前室的深度应不小于 1.5～2.0m，为保证必要的使用空间，当厕所面积小，不可能布置前室时，应注意门的开启方向。使厕所蹲位及小便器处于隐蔽位置。男女公厕应各设一个无障碍间厕位，器具的布置方式根

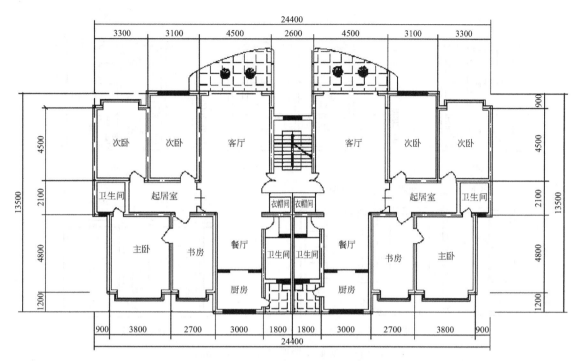

图 2-65 四室两厅标准层平面图（单位：mm）

据残疾人使用所需的基本尺寸来确定。在确定厕所位置时，还要考虑到尽可能节约管线及排水问题。住宅厕所布置实例见图 2-66，部分公共建筑需考虑设无障碍间厕位厕所。

2. 厨房

厨房应有良好的采光和通风条件，在平面组合中应将厨房紧靠外墙布置，有天然采光，并设有通风道，灶台上方设置专用排烟灶；厨房的墙面、地面应考虑防水，便于清洁。地面应比一般房间地面低 20~30mm，家具设备布置要紧凑，并符合操作流程和人们使用的特点，厨房应有足够的储藏空间，可以利用案台、灶台下部的空间储藏物品。厨房室内布置应符合操作流程，并保证必要的操作空间，为使用方便、提高效率、节约时间创造条件。厨房的布置形式有单排、双排、L 形、U 形、半岛形、岛形几种（图 2-67）。

（三）交通联系空间

它是指建筑物中各房间之间、楼层之间和室内与室外之间联系的空间，它包括走道、连廊等水平交通空间，垂直交通空间（楼梯、电梯、自动扶梯、坡道），交通枢纽空间（门厅、过厅、中庭）等。

1. 走道

走道又称为过道、走廊，用来联系同层内各房间、楼梯、门厅等各部分，有时也兼有其他的从属功能。走道按使用性质不同，可以分为以两类，一是完全为交通需要而设置的走道，如办公楼、旅馆、体育馆的安全走道，都是供人流集散所用；二是多种功能综合使用的

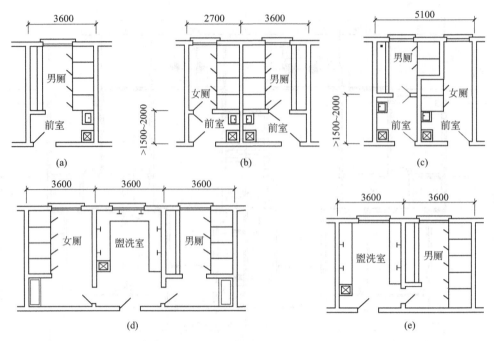

图 2-66 厕所布置形式（单位：mm）

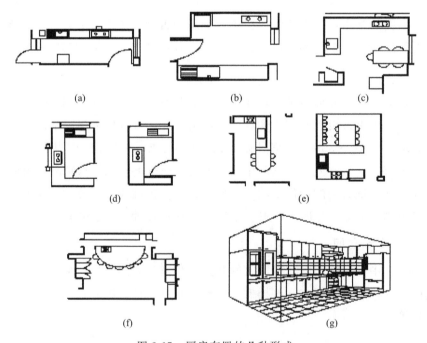

图 2-67 厨房布置的几种形式

走道，如教学楼中的走道，除作为学生交通联系外还兼有学生课间休息、布置陈列橱窗展览之功能。走道的采光和通风主要依靠天然采光和自然通风。外走道由于只有一侧布置房间，可以获得较好的采光通风效果。内走道由于两侧布置有房间，如果设计不当，就会造成光线不足、通风较差，一般是通过走道尽端开窗，利用楼梯间、门厅或走道两侧的高窗来解决。

2. 连廊

连廊是指建筑和建筑之间的连接构筑物，上有顶，没有围护结构。连廊设置一方面出于建筑功能上的要求，它可以方便两幢建筑之间的联系。同时连廊具有良好的采光效果和广阔的视野，连廊用作观光走廊的同时使得建筑造型更具特色（图2-68）。

图2-68　高校教学主楼连廊

3. 楼梯

楼梯是多层建筑常用的垂直交通设施，根据功能要求和防火规范，将楼梯布置在各层的过厅、门厅、交通枢纽部位。根据使用要求、人流通行情况及防火规范要求等综合确定楼梯的形式、位置、宽度、数量及坡度等。楼梯的形式主要有直跑、平行双跑、三跑梯等，此外还有弧形、螺旋形、剪刀式等多种形式楼梯在满足通行与疏散同时，丰富了建筑的室内外空间（图2-69、图2-70）。

图2-69　故宫直跑楼梯

民用建筑楼梯的位置按其使用性质可分为主要楼梯、次要楼梯、消防楼梯等（图2-71），高层建筑应设消防楼梯间（图2-72）。主楼梯放在入口处，明显易找。次要楼梯常布置在次

图 2-70 公共建筑折角楼梯

要出入口附近，与主楼梯配合共同起到人流疏散、安全防火的作用。消防楼梯常设在建筑端部，其构造满足防火规范要求。在确定楼梯间的位置时，应注意楼梯间要有天然采光，又不占用好的朝向。如一般常将平行双跑梯布置在 L 形平面的阴角处。有效利用了楼梯间进深大、易开窗的优点，又避免了 L 形平面阴角出现暗房间，同时其位置也恰好满足两个方向人流的使用（图 2-73）。

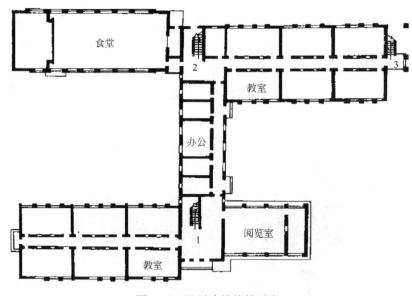

图 2-71 民用建筑楼梯示意
1—主要楼梯；2—次要楼梯；3—消防楼梯

4. 电梯

电梯是现代建筑广泛使用的垂直交通设施，七层以上住宅（含底层商店或架空层），六层以上的办公建筑，四层以上医疗建筑，老年人建筑及图书馆建筑，三层及以上的一、二级旅馆建筑，高度超过 24m 的高层建筑应设置电梯。高层建筑的垂直交通以电梯为主，其他

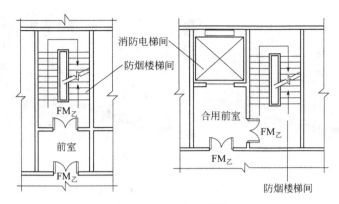

图 2-72 消防楼梯间

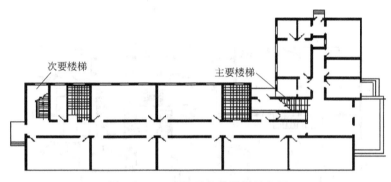

图 2-73 L 形平面中楼梯间的布置

有特殊功能要求的多层建筑，如大型宾馆、百货公司、医院等，除设置楼梯外，还需设置电梯以解决垂直运输的问题。电梯间应布置在人流集中的地方，如门厅、出入口等，按防火规范的要求，设计电梯时应配置辅助楼梯，供电梯发生故障时使用。布置时可将两者靠近，以便灵活使用，有利于安全疏散。电梯按其使用性质可分为乘客电梯、载货电梯、消防电梯、客货两用电梯、杂物梯等几类。电梯的布置形式一般有单侧式、双侧式。

5. 自动扶梯

自动扶梯能大量、连续输送流动客流，除了提供乘客一种既方便又舒适的上下楼层间的运输工具外，还可以引导乘客和顾客游览、购物，并具有良好的装饰效果。在具有频繁而连续人流的大型公共建筑中，如航空港、商业建筑（图 2-74）、展览馆、游乐场、火车站、地铁站等设置自动扶梯。

6. 门厅

门厅作为交通枢纽，其主要作用是接纳、分配人流，室内外空间过渡及过道、楼梯等空间衔接。门厅应处于总平面中明显而突出的位置，一般应面向主干道，使人流出入方便，门厅内部设计要有明显的导示作用。根据建筑物使用性质不同，门厅还兼有其他功能，如医院门厅常设挂号、收费、取药的房间，旅馆门厅兼有休息、会客、接待、登记、小卖部等功

图 2-74 商业建筑自动扶梯

能。门厅作为建筑物的主要出入口,其不同空间处理可体现出不同的意境和形象,诸如庄严、雄伟与小巧、亲切等不同气氛。如图 2-75 所示某旅馆门厅,旅客一进门就能发现楼梯和总台的位置,办理手续后又很容易到达电梯厅,人流在其中往返上下很少干扰,交通路线较为明确。

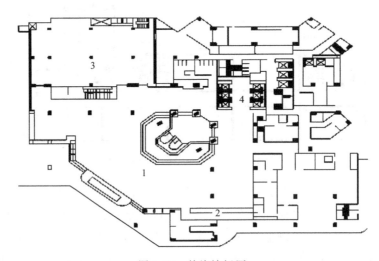

图 2-75 某旅馆门厅
1—大堂;2—总服务台;3—咖啡厅;4—电梯间

门厅的布局有非对称式(图 2-76)与对称式(图 2-77)两种。对称式的布置具有严肃的气氛,非对称式布置灵活,室内空间富有变化。在建筑设计中,应结合自然地形功能要求、建筑性格等各种因素的影响优化设计。梯间式单元住宅门厅位置通常采用楼梯间对面设门厅(图 2-78)和楼梯间侧面设门厅(图 2-79)两种形式。

7. 中庭

中庭通常是指建筑内部的庭院空间,其最大的特点是形成位于建筑内部的"室外空间",是建筑设计中营造一种与外部空间既隔离又融合的特有形式,或者说是建筑内部环境分享外部自然环境的一种方式(图 2-80、图 2-81)。

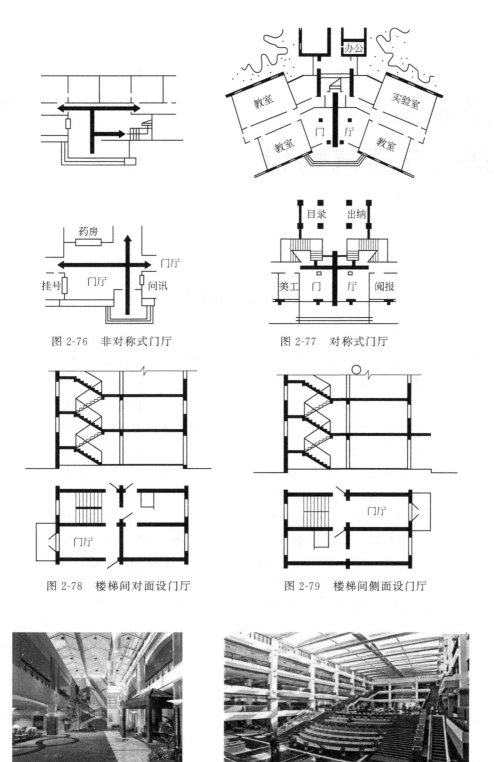

图 2-76 非对称式门厅

图 2-77 对称式门厅

图 2-78 楼梯间对面设门厅

图 2-79 楼梯间侧面设门厅

图 2-80 商场中庭

图 2-81 某高校图书馆中庭

第三章 居住区建筑规划

第一节 概述

经济体制改革促使居住区的形成机制发生了根本转变，我国房地产市场自1998年房改后华丽转身，住宅由福利型向商品型过渡，20世纪90年代后住宅建设进入高速发展时期，提出了"统一规划、合理布局、综合开发、配套建设"的社会化大生产方针，人们居住模式由分散改变为集中居住。集中在配套设施齐备、绿化率高、景观环境优美的小区内居住，在住宅规划理论上逐步形成了居住区—居住小区—居住组团的规划结构，生活质量提高的人们已不再满足于对住房基本功能的需求，而是更加注重居住区的配套设施、环境、景观、绿化等房屋外部空间及软环境。房地产项目进入大盘时代后，居住人口越来越多，围墙围合的居住区不适应发展需求，因此，开放性小区、小街区密路网应运而生。2018年12月实施了新版《城市居住区规划设计标准》（GB 50180—2018）。住宅建设与人们的生活息息相关，它涉及每个居民的切身利益。目前我国住宅建设已经由"数量型"进入到"质量型"的开发建设阶段。如何在高密度、高容量开发的同时，塑造优质的居住环境品质？如何在居住新区的开发中塑造新的城市活力，提倡品质的生活方式？如何缓解地处市郊大型居住社区的城市交通压力？如何塑造和谐的社区环境，增强现代社区的凝聚力？这些都是当前大型居住社区开发面临的挑战。未来居住社区由传统的住宅为主模式向综合大型居住社区模式（图3-1）演变，未来居住规划设计将会更重视集约化、社区化、生态化和智能化。

一、居住区规模分级构成

居住区是城市的有机组成部分，是被城市道路或自然界限所围合的具有一定规模的生活聚居地，它为居民提供生活居住空间和各类服务设施，以满足居民日常物质和精神生活的需求。居住区作为城市用地的组成部分，从体制上讲，居住区是城市内的一个行政区域；从空间上讲，居住区是城市空间的一个层次或节点。居住区规划从社会发展角度看就是要形成社区，构建广义交流层次上的良好人际关系，从物质形态构筑上讲是提供一些场所。由于地理

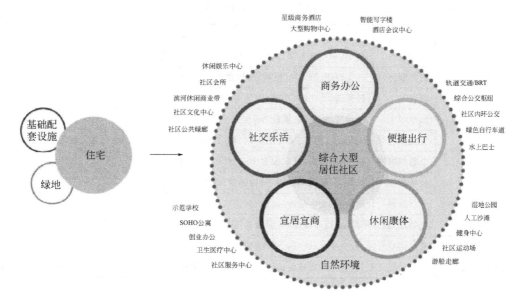

图 3-1 传统居住区规划模式向混合居住区规划模式演变

位置、经济条件、文化背景的差距,居住区必然呈现多元化结构,并展示出多样化的规划布局形式。居住区同时还是一个社会学意义上的社区,它包含居民的邻里关系、价值观等维系个人发展和社会稳定繁荣的内容,所以居住区的构成既要考虑物质的组成部分,也要关注精神层面内容的构建。现行标准将居住区分为十五分钟生活圈居住区、十分钟生活圈居住区、五分钟生活圈居住区及居住街坊四级(表 3-1)。

表 3-1 居住区分级控制规模

距离与规模	十五分钟生活圈居住区	十分钟生活圈居住区	五分钟生活圈居住区	居住街坊
步行距离/m	800～1000	500	300	—
居住人口/人	50000～100000	15000～25000	5000～12000	1000～3000
住宅数量/套	17000～32000	5000～8000	1500～4000	300～1000

二、居住区系统

居住区系统与周边地区和整个城市相应的各项系统密切相关,包含物质系统与社区系统。在物质系统上,居住系统是城市物质系统的基本单元;在空间布局上,它是城市整体结构的有机组成部分;在社会生活上,它又是整个社会生活网络的重要节点。

1. 物质系统

居住区一般都是由居住建筑、公共服务设施(配套公共建筑)、绿地、户外活动空间、道路与停车设施五大系统组成(表 3-2)。

表 3-2 居住区物质系统

类别	内容	描述
居住建筑	居住服务	低层(别墅)、多层、高层、超高层、宿舍、公寓等
公共服务设施 (配套公共建筑)	商业服务	各类商店、24小时便利店、饮食店、洗衣店、理发店、浴室、市场等
	教育	托儿所、幼儿园、小学、中学等
	医疗卫生	门诊所、卫生站、医院等
	文化体育	文化活动中心、文化活动站、社区活动中心、社区阅览室、社区会所等
	金融邮电	银行、储蓄所、社区服务中心、邮电局、邮政局等
	社区服务	居委会、社区服务中心、物业管理等
	行政管理	派出所、变电站、垃圾站、街道第三产业等
绿地		公共绿地、专用绿地、道路绿地、宅旁绿地等
户外活动空间		儿童游戏空间、青少年活动空间、老年健身与活动空间等
道路与停车设施		居住区级道路、居住小区级道路、居住组团级道路、宅间道路、机动车停车场、非机动车停车场等

2. 社区系统

现代社区应该从生活品质出发，全方位改善和提高可居住性。完善的社区系统通常包含社区生活保障、社区运营、社区交流与参与、社区育才与就业四大系统（表3-3）。随着社会经济的发展，居住空间社区化、智慧化是居住地产未来的发展方向。

表 3-3 居住区社区系统

类型	描述
社区生活保障系统	它包含基本服务保证、通行条件保证、义务教育保障、住房保障、环境卫生保障、基础设施供应保障、安全保障、绿地面积保障、绿化环境保障以及健康保障
社区运营系统	它是社区维持维护和改善发展的基础。通过该系统，社区的各项职能得以发挥，各项设施得以运作，住户利益得到保障。社区保障、就业、育才、交流、参与系统的建立和良好运转都需要该系统的统筹协调和经营
社区交流与参与系统	社区是社会大系统与家庭之间的纽带，公平共享是社区存在的重要基础。社区是由时间、空间、设施及其活动内容等要素构成的特定行为场所，在社区的户外空间中，每个空间都应当具有适合于公共活动产生的可能性和多样性
社区育才与就业系统	它是指提供从幼儿到成人的完整教育内容，其功能不仅仅局限于义务教育，而是一个包括青少年教育、成人教育等内容的网络，也是一种创造再就业机遇的有益途径。城市经济与社会发展使得服务多样化，多样化的社区服务又提供了更多的就业机会

三、居住区用地与建筑

各级生活圈居住区用地应合理配置、适度开发，其控制指标符合规范要求，以十五分钟生活圈居住区为例，其用地控制指标应符合表3-4；居住街坊用地与建筑控制指标应符合表3-5；新建各级生活圈居住区应配套规划建设公共绿地，并应集中设置具有一定规模，且能开展休闲、体育活动的居住区公园，公共绿地控制指标应符合表3-6。

表 3-4　十五分钟生活圈居住区用地控制指标

建筑气候区划	住宅建筑平均层数类别	人均居住用地面积/(m²/人)	居住用地容积率	居住区用地构成/%				
				住宅用地	配套设施用地	公共绿地	城市道路用地	合计
Ⅰ、Ⅶ	多层Ⅰ类 （4层～6层）	40～54	0.8～1.0	58～61	12～16	7～11	15～20	100
Ⅱ、Ⅵ		38～51	0.8～1.0					
Ⅲ、Ⅳ、Ⅴ		37～48	0.9～1.1					
Ⅰ、Ⅶ	多层Ⅱ类 （7层～9层）	35～42	1.0～1.1	52～58	13～20	9～13	15～20	100
Ⅱ、Ⅵ		33～41	1.0～1.2					
Ⅲ、Ⅳ、Ⅴ		31～39	1.1～1.3					
Ⅰ、Ⅶ	高层Ⅰ类 （10层～18层）	28～38	1.1～1.4	48～52	16～23	11～16	15～20	100
Ⅱ、Ⅵ		27～36	1.2～1.4					
Ⅲ、Ⅳ、Ⅴ		26～34	1.2～1.5					

表 3-5　居住街坊用地与建筑控制指标

建筑气候区划	住宅建筑平均层数类别	住宅用地容积率	建筑密度最大值/%	绿地率最小值/%	住宅建筑高度控制最大值/m	用地面积最大值/(m²/人)
Ⅰ、Ⅶ	低层（1层～3层）	1.0	35	30	18	36
	多层Ⅰ类（4层～6层）	1.1～1.4	28	30	27	32
	多层Ⅱ类（7层～9层）	1.5～1.7	25	30	36	22
	高层Ⅰ类（10层～18层）	1.8～2.4	20	35	54	19
	高层Ⅱ类（19层～26层）	2.5～2.8	20	35	80	13
Ⅱ、Ⅵ	低层（1层～3层）	1.3～1.1	40	28	18	36
	多层Ⅰ类（4层～6层）	1.2～1.5	30	30	27	30
	多层Ⅱ类（7层～9层）	1.6～1.9	28	30	36	21
	高层Ⅰ类（10层～18层）	2.0～2.6	20	35	54	17
	高层Ⅱ类（19层～26层）	2.7～2.9	20	35	80	13
Ⅲ、Ⅵ、Ⅴ	低层（1层～3层）	1.0～1.2	43	25	18	36
	多层Ⅰ类（4层～6层）	1.3～1.6	32	30	27	27
	多层Ⅱ类（7层～9层）	1.7～2.1	30	30	36	20
	高层Ⅰ类（10层～18层）	2.2～2.8	22	35	54	16
	高层Ⅱ类（19层～26层）	2.9～3.1	22	35	80	12

表 3-6　公共绿地控制指标

类别	人均公共绿地面积/(m²/人)	居住区公园		备注
		最小规模/hm²	最小宽度/m	
十五分钟生活圈居住区	2.0	5.0	80	不含十分钟生活圈及以下级居住区的公共绿地指标
十分钟生活圈居住区	1.0	1.0	50	不含五分钟生活圈及以下级居住区的公共绿地指标

续表

类别	人均公共绿地面积/(m²/人)	居住区公园		备注
		最小规模/hm²	最小宽度/m	
五分钟生活圈居住区	1.0	0.4	30	不含居住街坊的绿地指标

四、居住区综合技术指标

居住区建筑、用地、配套设施与环境的综合技术指标应符合表 3-7。

表 3-7 居住区综合技术指标

			项目	计量单位	数值	所占比例/%	人均面积指标/(m²/人)
各级生活圈居住区指标	居住区用地		总用地面积	hm²	▲	100	▲
		其中	住宅用地	hm²	▲	▲	▲
			配套设施用地	hm²	▲	▲	▲
			公共绿地	hm²	▲	▲	▲
			城市道路用地	hm²	▲	▲	—
	居住总人口			人	▲	—	—
	居住总套(户)数			套	▲	—	—
	住宅建筑总面积			万 m²	▲	—	—
居住街坊指标	用地面积			hm²	▲	—	▲
	容积率			—	▲	—	—
	地上建筑面积		总建筑面积	万 m²	▲	100	—
		其中	住宅建筑	万 m²	▲	▲	—
			便民服务设施	万 m²	▲	▲	—
	地下总建筑面积			万 m²	▲	▲	—
	绿地率			%	▲	—	—
	集中绿地面积			m²	▲	—	▲
	住宅套(户)数			套	▲	—	—
	住宅套均面积			m²/套	▲	—	—
	居住人数			人	▲	—	—
	住宅建筑密度			%	▲	—	—
	住宅建筑平均层数			层	▲	—	—
	住宅建筑高度控制最大值			m	▲	—	—
	停车位		总停车位	辆	▲	—	—
		其中	地上停车位	辆	▲	—	—
			地下停车位	辆	▲	—	—
			地面停车位	辆	▲	—	—

注：▲为必列指标。

第二节　居住区规划设计

居住区规划从社会发展角度看就是要形成社区，构建广义交流层次上良好的人际关系，从物质形态构筑上讲是提供一些场所，所谓"场所精神"便是一种在空间进行的社会活动特征。居住区规划设计应遵循创新、协调、绿色、开放、共享的发展理念，营造安全、卫生、方便、舒适、美丽、和谐以及多样化的居住生活环境。根据城市特点、自然条件和周围环境等因素，确定合理的规划布局，力求构思新颖，具有地方特色；综合考虑道路结构、功能布局、公共服务设施布局、建筑群体组合、绿化系统、空间与环境设计等的内在联系，以构成一个完善的、相对独立的有机整体。居住区规划是对居住区的居住建筑、公共设施、公共绿地、室外环境、道路交通和市政公用设施所进行的综合性具体安排。在居住区规划范围的有限空间里，确保居民基本的居住条件与生活环境，经济、合理、有效地利用土地和空间；统一规划内容，提高居住区规划设计的科学性、适用性、先进性与可比性，体现社会、经济和环境三个方面的综合效益。

一、居住区规划设计内容

1. 内容

①选择、确定用地位置、范围（包括改建范围）；
②确定规模，即确定人口数量（户数）和用地大小；
③确定居住建筑类型、数量、层数、布置方式；
④确定公共服务设施的内容、规模、数量、标准、分布和布置方式；
⑤确定各级道路的宽度、断面形式、布置方式，对外出入口位置，泊车量和停车方式；
⑥确定绿地、活动、休憩等室外场地的数量、分布和布置方式；
⑦确定有关市政工程设施的规划方案；
⑧确定各项技术经济指标和造价估算。

2. 成果表达

居住区规划设计成果主要包含分析图、规划设计方案图、工程规划设计图、形态意向规划设计图或模型、规划设计说明及技术经济指标等内容（表3-8）。

表 3-8　居住区规划设计成果

成果内容	描述
分析图	基地现状及区位关系图(人工地物、植被、毗邻关系、区位条件)；基地地形分析图(高程、坡度、坡向、排水等分析)；规划设计分析图(规划结构、空间环境、道路系统、公建系统、绿化系统分析)等
规划设计方案图	居住区规划总平面图(用地界线确定及布局、住宅群体布置、公建设施布点、社区中心布置、道路结构走向、静态交通设施、绿化布置)；建筑造型设计方案图(住宅平立面图、主要公建平立面图)等

续表

成果内容	描述
工程规划设计图	竖向规划设计图(道路竖向、室内外地坪标高、建筑定位、挡土工程、地面排水、土石方量平衡);管线综合工程规划设计图(给水、污水、雨水、燃气、电力电信等基本管线布置,采暖供热管线、预留埋设位置)等
形态意向规划设计图或模型	居住区鸟瞰图、居住区 SketchUp 模型;主要街景透视图;社区中心及主要空间节点的平面、立面透视图
规划设计说明及技术经济指标	规划设计说明(设计依据、任务要求、基地现状、自然地理、地质、人文、规划设计意图、特点、问题、方法);技术经济指标(居住区用地平衡表、面积、密度、层数等指标;公建设施指标、住宅标准及配置平衡、造价估算)等

二、居住区规划节能设计

随着城市化进程的加快,建筑发展的速度和数量并没有因为能源形势的严峻而放慢步伐。建筑能耗占全国总能耗的四分之一以上,建筑能耗的增长速度远高于能源生产的增长速度,尤其是电力、燃气、热力等优质能源的需求急剧增加。谋求清洁能源的开发、能源的循环利用以及人类社会与生态环境的协调发展已经成为人类的共识。在现代新型居住区域的规划设计中,率先实现节能与环保具有十分重要的现实意义。

(一) 建筑节能概述

建筑节能是指建筑物在建造和使用过程中,采用节能型的建筑规划、设计,使用节能型的材料、器具、产品和技术,以提高建筑物的保暖隔热性能,减少采暖、制冷、照明等消耗。在满足人们对建筑舒适性需求的前提下,达到在建筑物使用过程中,能源利用率得以提高的目的。建筑用能包括建筑能耗和使用能耗两个方面。建筑能耗属于生产能耗,系一次性消耗,其中又包括建筑材料和设备生产能耗,以及建筑施工和安装耗能;而使用能耗属于民用生活领域,系多年长期消耗,其中又包括建筑采暖、空调、照明、热水供应等能耗。节能措施应贯穿在建筑规划、设计、施工与使用的全寿命周期中。

1. 建筑规划设计的节能

从规划设计的角度,在建筑组群基地选址、局部和建筑单体设计上采取措施增加或减少太阳辐射,争取自然采光和通风,减少建筑因此产生的能源消耗。

2. 建筑围护结构的节能

通过节能建筑材料的使用和节能构造措施,减少建筑物和室外环境的热对流,提高建筑外围护结构的保温隔热性能,减少建筑因此产生的能源消耗。

3. 建筑设备节能

建筑主要指建筑给排水系统、照明系统、采暖系统节能,如节能建筑采用地源热泵技术;空调节能技术采用显热蓄能技术、潜热蓄能技术、蓄冷空调技术。

4. 应用可再生能源

在建筑中使用太阳能光热系统、光伏系统、风力发电，减少不可再生能源在建筑使用过程中的消耗。开发利用新能源，不仅是因为以矿物燃料为基础的常规能源日趋枯竭，更重要的是由于人类长期、大量消耗矿物燃料，对人类赖以生存的地球环境造成巨大的威胁。

(二) 建筑选址节能

基地的条件和特点将会影响到节能建筑系统设计和建筑节能效果。基地的选择要考虑地理位置、气候条件、地形地貌、地质水文、四周建筑物和构筑物情况、基地植被等要素。如向阳的平地或山坡可以争取尽可能多的日照，可以成为解决建筑采光、采暖节能的先决条件。山谷、洼地、沟底等凹形地域，冬季冷气流在凹地里形成对建筑物的"霜洞"效应，位于凹地的底层或半地下室层面的建筑若保持所需的室内温度所耗的能量将会增加（图3-2），考虑节能的建筑选址应考虑位置与日照。

1. 位置

居住建筑的基地应选择在向阳、避风的地段上。对于严寒和寒冷地区居住建筑朝向应以南北向为主，这样可使每户均有主要房间朝南，对争取日照有利。同时，建筑朝向可在不同地区的最佳建筑朝向范围内作一定的调整，以争取更多的太阳辐射量和节约用地。

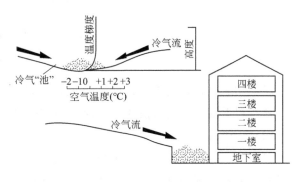

图3-2 低洼地区对建筑物的"霜洞"效应

2. 日照

选择满足日照要求，不受周围其他建筑严重遮挡的基地；利用住宅建筑楼群合理布局争取日照。住宅组团中各住宅的形状、布局、走向都会产生不同的风影区，随着纬度的增加，建筑背后的风影区的范围也增大。所以在规划布局时，注意从各种布局处理中争取最好的日照。

(三) 总平面节能设计

建筑基地选择得当与否会直接影响节能建筑的效果，但基地条件可以通过建筑设计及构筑物等配置来改善微气候环境，充分发挥有益于提高节能效益的基地条件，避免克服不利因素，在总平面设计中注重建筑与基地条件协调过程中对微气候环境的尊重，通过节能建筑设计手法达到节能的目的。

1. 住宅群体的规划布局

影响住宅群体的规划布局的主要影响因素有：日照、风向、气温、雨雪等。在我国严寒地区及寒冷地区进行规划设计时，可利用建筑的布局，形成优化气候的良好界面，设计组织气候防护单元。要充分根据规划地域的自然环境因素、气候特征、建筑物的功能、人员行为活动特点等形成适合的空间形式。充分利用和争取日照，避免季风的干扰，组织内部气流，利用建筑物的外界面，形成对冬季恶劣气候条件的有力防护，改善建筑的日照和风环境，达到节能目的。建筑群的布局可以从平面和空间两个方面考虑。一般有并列式、错列式、斜列式、周边式、自由式等（图3-3）。

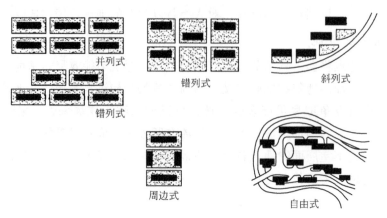

图3-3　住宅群体布置

（1）行列式

建筑物成排成行地布置，能够争取最好的建筑朝向，使大多种居住房间得到良好的日照，并有利于通风，是目前我国广泛采用的一种布局方式。

（2）周边式

建筑沿街道周边布置，这种布置方式虽然可以使街坊内空间集中开阔，但有相当多的居住房间得不到良好的日照，对自然通风也不利。仅适于北方寒冷地区。

（3）混合式

是行列式和部分周边式的组合形式。这种方式可较好地组成一些气候防护单元，同时又有行列式的日照通风的优点，在北方寒冷地区是一种较好的建筑群组团方式。

（4）自由式

当地形复杂时，密切结合地形构成自由变化的布置形式。这种布置方式可以充分利用地形特点，便于采用多种平面形式和高低层及长短不同的体型组合。可以避免互相遮挡阳光，对日照及自然通风有利，是最常见的一种组团布置形式。

另外，规划布局中要注意点、条组合布置，将点式住宅布置在好朝向的位置，条状住宅布置在其后，有利于利用空隙争取日照（图3-4）。

图3-4　条状与点式建筑结合布置争取最佳日照

2. 建筑朝向

朝向影响建筑的采光与节能。在规划设计中影响建筑朝向的因素很多，如太阳辐射强度、日照时间、主导风向、建筑布局气候特征及建筑用地条件等综合因素。不同季节，太阳的位置、高度都在发生有规律的变化。我国地处北半球，阳光从南面照射到室内，则建筑物坐北朝南或南偏东、南偏西方向均能有良好的日照。还应根据当地夏季或冬季的主导风向，适当调整建筑物的朝向，使夏季可获得良好的自然通风条件，而冬季又可避免寒风的侵袭。如果再考虑小区通风及道路组织等因素，会使得"良好朝向"或"最佳朝向"范围成为一个相对的提法，它是在只考虑地理和气候条件下对朝向的研究结论。充分的日照条件是居住建筑不可缺少的，对于不同地区和气候条件下，居住建筑在日照时数和日照面积上是不尽相同的。由于冬季和夏季太阳方位角度变化幅度较大，各个朝向墙面所获得的日照时间相差很大，表3-9是我国各地区建筑朝向的建议，作为设计时朝向选择的参考。

表 3-9 全国部分地区建议建筑朝向

地区	最佳朝向	适宜朝向	不宜朝向
北京地区	南偏东30°以内；南偏西30°以内	南偏东45°以内；南偏西45°以内	北偏西30°~60°
上海地区	南至南偏东15°	南偏东30°以内；南偏西15°	北、西北
哈尔滨地区	南偏东15°~20°	南至南偏东20°；南至南偏西15°	西北、北
沈阳地区	南、南偏东20°	南偏东至东；南偏西至西	东北东至西北西
南京地区	南偏东15°	南偏东25°；南偏西10°	西、北
杭州地区	南偏东10°~15°	南、南偏东30°	北、西
郑州地区	南偏东15°	南偏东25°	西北
武汉地区	南偏西15°	南偏东15°	西、西北
西安地区	南偏东10°	南、南偏西	西、西北

3．建筑间距

建筑间距是指两幢建筑物前后左右之间的距离。在确定好建筑朝向之后，还要特别注意建筑物之间应具有较合理的间距，以保证建筑能够获得充足的日照。建筑设计时应结合建筑日照标准，建筑节能、节地原则，综合考虑各种因素来确定建筑间距。居住建筑的日照标准一般由日照时间和日照质量来衡量。日照间距是建筑物长轴之间的外墙距离，它是由建筑用地的地形、建筑朝向、建筑物的高度及长度、当地的地理纬度及日照标准等因素决定的。

4．建筑与风环境

风是太阳能的一种转换形式，从物理学上它是一种矢量，既有速度又有方向。风向以22.5°为间隔共计16个方位表示。一个地区不同季节风向分布可用风玫瑰图表示。建筑节能设计应根据当地风气候条件作相应处理。

（1）建筑主要朝向注意避开不利风向

我国北方采暖区城市冬季主要受来自西伯利亚的寒冷空气影响，形成主要以西北风主要风向的冬季寒流。而各地区在最冷的一月份主导风向也多是不利风向。从节能上考虑，建筑在规划设计时应避开不利风向，减轻寒冷气候产生的建筑失热。同时对朝向冬季寒冷风向的建筑立面应多选择封闭设计和加强围护结构的保温性能。

（2）利用建筑的组团阻隔冷风

通过合理地布置建筑物，降低冷气流的风速，可以减少建筑物和周围场地外表面的热损失，节约能源。

三、居住区规划布局形态

居住区规划布局时宜因地制宜地创造丰富多彩、特色鲜明的布局形式。居住区常见的有片块式、围合式、轴线式、向心式、集约式、隐喻式与综合式七种布局形态。

1. 片块式布局

住宅建筑在尺度、形体、朝向等方面具有较多相同的因素，住宅建筑以日照距为主要依据，形成紧密联系所构成的群体，它们不强调主次等级，成片成块，成组成团地布置尽量采取按区域变化的方法，以强调可识别性，同时片块之家有绿地和水体、公共设施、道路等分隔，保证居住空间的舒适性。片块式布局灵活，各片块相对独立，便于施工及管理。缺点是无主次空间之分，缺乏层次感，是居住区规划最常用的一种形式（图3-5）。

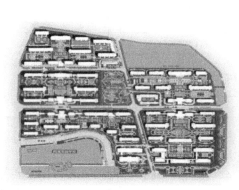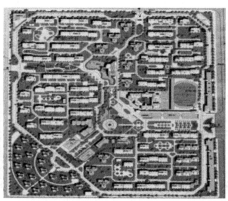

图3-5　片块式布局

2. 围合式布局

住宅沿着基地外围周边布置，形成一定数量的次要空间并共同围绕一个主导空间，构成后的空间无方向性。主入口按环境条件可设于任意一个方位，中央主导空间一般尺度较大，统领次要空间，也可以其形态的特异突出主导地位。围合式布局能形成有效的社区边界，可形成宽敞的绿地和舒适的空间，日照、通风和视觉环境相对较好，"围合"在心理上给人以安全感和归属感，可以更好地组织和丰富居民的邻里交往和生活活动内容，比较符合中国人的传统生活习惯。缺点是围合式住宅从通风、日照的角度不如开敞式，比如楼宇中间的绿化得不到充足的光照和通风（图3-6）。

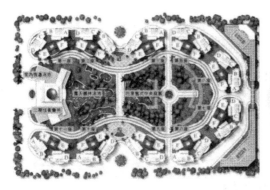

图 3-6 围合式布局

3. 轴线式布局

空间轴线常为线性道路、绿地、水体等构成，具有强烈的聚集性和导向性。通过空间轴线的引导，空间要素沿轴布置，或对称，或均衡，形成具有节奏的空间序列，起着支配全局的作用，整个居住区呈现层次递进、起落有致的均衡特色。当轴线长度较长时，可以通过转折、曲化等手法并结合建筑物及环境小品、景观绿化的处理来减少单调感（图 3-7）。

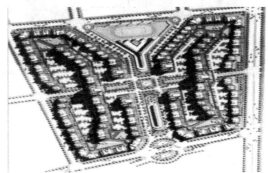

图 3-7 轴线式布局

4. 向心式布局

将空间要素围绕占主导地位的要素组合排列，表现出强烈的向心性，易于形成中心。并以自然顺畅的环形路网造就了向心的空间布局，通常选择有特征的自然等地理地貌（水体、山脉）为构图中心，同时结合布置公共服务设施，形成居住中心。各居住分区围绕中心分布，既可以用同样的住宅组合方式形成统一格局，也可以允许不同的组织形态控制各个部分，强化可识别性（图 3-8）。

5. 集约式布局

将住宅和公共配套设施集中紧凑布置，并尽力开发地下空间，使地上、地下空间垂直贯通，室内、室外空间渗透延伸，形成居住生活功能完善、空间流通的集约式整体空间。节地节能，尤其适用于旧区改造和用地较为紧张的地区，在一些用地狭小、地段不规整的区域，

图 3-8　向心式布局

也可选择集约式布局，在有限的空间里可较好满足现代城市居民的各种要求（图 3-9）。

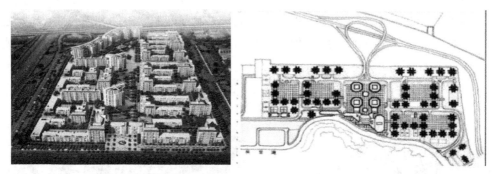

图 3-9　集约式布局

6. 隐喻式布局

将某种事物作为原型，经过概括，提炼抽象成建筑与环境的形态语言，使人产生视觉和心理上的联想与领悟，从而增强环境的感染力，升华为"意在象外"的境界，隐喻式布局具有视觉及心理感染力，客户感知度强。设计时宜注重对形态的概括，力求做到形、神、意融合（图 3-10）。

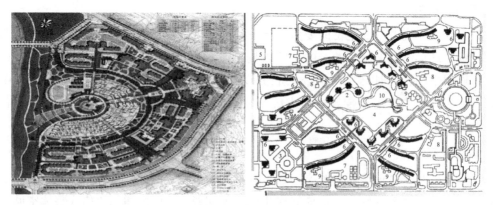

图 3-10　隐喻式布局

7. 综合式布局

综合式布局是指兼容多种形式形成的组合式或自由式布局。如图 3-11、图 3-12 是某居住小区采用轴线式＋围合式布局形式，结合东南侧山体布置学校、社区服务中心、活动场地等公共建筑以及小区游园、点式住宅等功能，在平整场地上布置多层住宅、滨水设施，以步行道及水系构成主要轴线，沿轴线方向布置相应组团，形成行云流水、合理通畅的平面布局。

图 3-11　某小区鸟瞰图

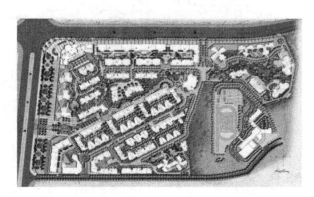

图 3-12　某小区规划布局图

四、居住区空间层次与组合

1. 空间层次

居住区生活空间通常划分为私密空间、半私密空间、半公共空间、公共空间四个层次。在生活空间建构应遵循四个层次逐级衔接的原则，应保证各层次生活空间领域的相对完整。注重各层次空间相邻衔接点的处理；还应考虑不同层次空间的尺度、围合程度和通达性。

2. 空间轴线

居住区的空间组织是根据居住区的规划组织结构，把规划的空间结构、空间层次、景观结构和自然环境结构这些因素统一考虑，并主要由空间轴线将其整合为一体。空间轴线不仅将所有的空间要素串联在一起，也成为居住区中功能空间有机联系的一种方法。

空间轴线从功能上通常划分为商业轴、文化轴、景观轴等。这种轴线设计可以营造活跃开放的公共空间，在创造适宜场所的同时也有利于居民的交流。这种轴线适用于大规模的居住区设计，用轴线成为规划组织结构的主要骨架，图 3-13 是某项目总平面图，图 3-14 是该项目景观空间分析图，主景观轴毗邻住宅。从联系方式上通常划分为街道轴、视线轴、活动轴、空间轴等。这种空间轴线设计适用于规模适中的居住区或大规模居住区中的居住组团的空间营造。

3. 景观节点

在居住区空间及景观设计的一些重要位置，需要设计必要的景观节点，比如轴线端部、

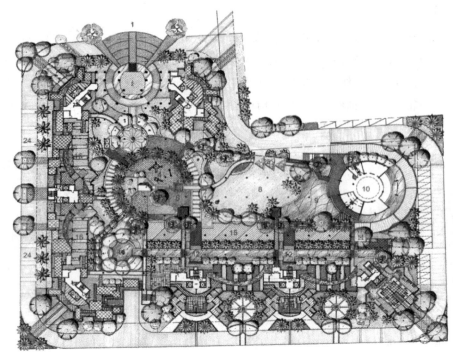

1 主入口
2 水吧
3 雕塑广场
4 儿童乐园
5 老年活动场
6 木亭
7 钟塔
8 阳光草坪
9 游泳池
10 会所
11 坝入口水墙
12 水渠
13 木桥
14 水景雕塑
15 消防通道
16 棋牌小径
17 休闲区
18 咖啡座
19 阅览区
20 展览区
21 儿童乐园
22 足底按摩径
23 雕塑广场
24 商业街
25 拉膜结构

图 3-13 总平面图

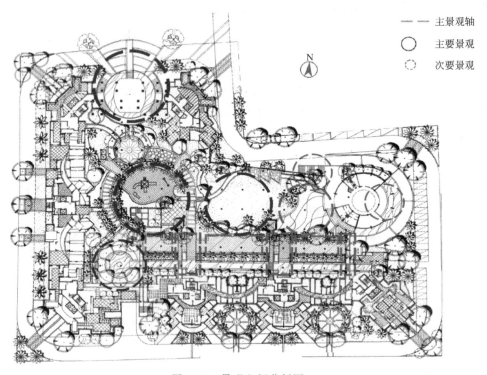

—— 主景观轴
〇 主要景观
○ 次要景观

图 3-14 景观空间分析图

轴线交叉处、长轴的中部、需吸引驻留之处，图 3-15、图 3-16 是某居住小区景观节点设计。

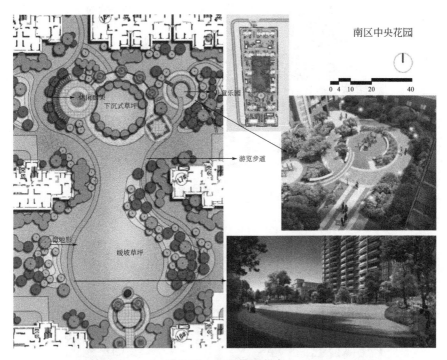

图 3-15　花园景观节点

图 3-16　构架水景景观节点

4．标志体系

随着居民对居住区品质的重视，设计师们越来越注重居住区标志性的创造。从城市来看，公共建筑或构筑物可以成为整个居住区乃至当地区域的标志物（图 3-17、图 3-18）。从居住区来看，居住区环境中小品的创造和其他标志的设计非常适于小尺度空间环境的营造，成为组团中的标志物。

图 3-17 钟塔广场

图 3-18 别墅区中心广场

五、居住区配套设施与居住环境

1. 配套设施

配套设施应遵循配套建设、方便使用、统筹开放、兼顾发展的原则进行配置,其布局应遵循集中和分散兼顾、独立和混合使用并重的原则,居住区配套设施分级设置、用地及建筑面积控制指标应按照居住区分级对应的居住人口规模进行控制,并应符合下列规定。

①十五分钟和十分钟生活圈居住区配套设施,应依照其服务半径相对居中布局;

②十五分钟生活圈居住区配套设施中,文化活动中心、社区服务中心(街道级)、街道办事处等服务设施宜联合建设并形成街道综合服务中心,其用地面积不宜小于 $1hm^2$;

③五分钟生活圈居住区配套设施中,社区服务站、文化活动站(含青少年、老年活动站)、老年人日间照料中心(托老所)、社区卫生服务站、社区商业网点等服务设施,宜集中布局,联合建设,并开放社区综合服务中心,其用地面积不宜小于 $0.3hm^2$;

④旧区改建项目应根据所在居住区各级配套设施的承载能力合理确定居住人口规模与住

宅建筑容量，当不匹配时，应增补相应的配套设施或对应控制住宅建筑增量。

2. 居住环境

居住区规划设计应力求塑造出具有可识别性的空间景观和具有特色的居住区形象，居住区建筑的肌理、界面、高度、体量、风格、材质、色彩应与城市整体风貌、居住区周边环境及住宅建筑的使用功能相协调，并应体现地域特征、民族特色和时代风貌。设计时应尊重气候及地形地貌等自然条件，并应塑造舒适宜人的居住环境。应统筹庭院、街道、公园及小广场等公共空间形成连续、完整的公共空间系统。居住区环境主要包括内部居住环境和外部居住环境（表3-10）。

表3-10 居住区环境

名称	描述
内部居住环境	住宅居室、客厅、厨房、浴厕、走道、楼梯等的面积和高度
	住宅内部卫生设备、煤气、供电、供水、供热、电话、网络设备及其管线
	住宅内部日照、光照与通风状况；隔声、隔热与保温状况；住宅内部装修与家具陈设
外部居住环境	道路、各种工程管线和设施、居住区内外交通等市政公用设施
	绿地及绿化种植、路灯、桌椅、水池、雕像等室外环境小品
	儿童游戏、成年人与老年人活动与休息场地、住户独用的室外庭院和公用共享空间
	小气候环境，居住区内气温、日照、通风等状况；声环境和视环境，噪声强度和视线干扰程度
	社会环境，居住区内社会风尚、治安状况、邻里关系、居民文化修养等

第三节 居住区住宅建筑

住宅是人类为了满足家庭生活的需要所构筑的物质空间，是人类生存所必需的生活资料，它是人类适应自然、改造自然的产物，并且随着人类社会的进步逐步发展起来。为了适应各地不同的自然环境，如严寒或炎热的气候，平原或山地不同的地形、地貌，城市和农村不同的生态环境，住宅呈现出不同的特点。而生活在各种社会条件下的家庭成员有不同的生活习惯、民族风俗，有不同的历史文化和不同的价值观，从而使住宅具有不同的社会属性。社会在进步和发展，人们的生活方式也在不断变化，住宅的形式也在发展和演进，人们在长期的适应自然、改造自然的斗争中，创造了丰富多样的住宅类型。随着土地能源的日趋紧张，我国各地中高层和高层住宅逐渐增多，而在小城镇和农村中，则以低层住宅为主。住宅建筑设计不仅涉及建筑学和城市规划学科，还与许多其他学科有关。如住宅具有社会属性，研究家庭和社会的人际关系就涉及住宅社会学；研究人员对住宅的精神需求，涉及历史、宗教、文化等方面的人文学科；研究家庭的生活行为，涉及人体工程学和环境心理学；研究居住环境涉及环境生态学；研究住宅的经济，涉及社会经济学等。因此，对住宅设计的研究还必须综合与住宅有关学科的相关知识，这也是当今研究住宅建筑设计的显著特点之一。

一、住宅建筑类型

按照层数，居住建筑分为低层住宅、多层住宅和高层住宅。

（一）低层住宅

在经济形态主要呈现为自然经济的农业社会时期，与当时的技术水平和城市人口密度相适应，低层住宅成为主要的居住形式。工业时代科技水平发达，城市的人口密度大大增加，使得多、高层住宅在城市住宅中所占的比例逐步增大，钢筋混凝土的森林使得人们向往于人口密度相对较低的城市郊区和小城镇。

1. 类型

低层住宅分为城市集合型和别墅。

（1）城市集合型低层住宅

城市集合型低层住宅是指城市范围内以集中形式建造的低标准的低层住宅。城市集合型低层住所具有的"集合性"反映在统一的建造方式、较高的人口聚集密度，以及在建筑群体中，建筑之间有较明确的组合关系等方面。在农业社会及农业社会向工业社会过渡的阶段，低层住宅是居住建筑的主体类型。在此阶段，营造手段尚不先进，城市的用地也不太紧张。但随着社会经济的发展，低层住宅在城市建设中的比例逐步减小，多数是乡村以及市郊的农民自建住宅。

（2）别墅

别墅是指住宅以外供游玩、修养的园林式住房，带有私家花园的低层独立式住宅。别墅也分为城市型别墅和郊野型别墅，前者指位于城市市区及近郊的别墅，后者指位于城市远郊或乡野环境的别墅。建筑标准和环境标准较高，建筑密度相对较低。近年来还出现了一些其他类型的别墅，如商务型别墅、度假独栋别墅。如图 3-19～图 3-21 是某三层楼的独立别墅。

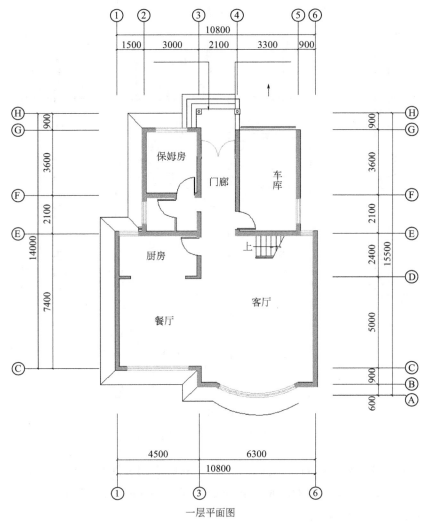

图 3-19　一层平面图

2. 空间的组合特色

低层住宅的户内空间因各方面的限制较少，在空间的组合上可进行较为灵活的处理。主要是通过组织户内居住环境的空间层次，利用不同空间的相互渗透、因借和转换，协调不同性质的个体空间之间的关系等，使户内空间更加舒适美观、富于生活气息。组织户内环境的空间层次，对各功能空间的位置和秩序进行合理安排，并通过交通路线的联系，使具有不同气氛的空间形成户内空间系列，如前院—门厅—客厅—餐厅—后院。应注意不同气氛的空间之间的协调和衔接，还应考虑户内空间整体格调的统一。不同空间的相互渗透主要是指景观

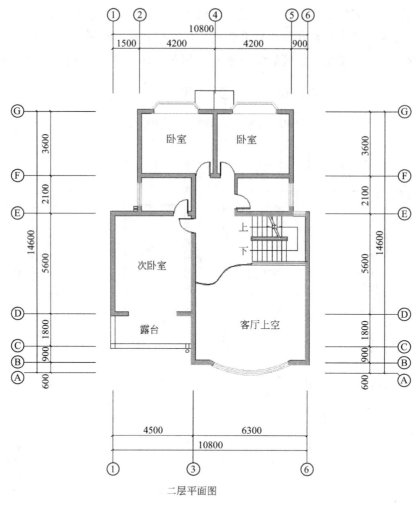

图 3-20 二层平面图

的共享和空间的穿插,如客厅向内庭院"借景";双层高的客厅与二层的家庭活动室在空间上的穿插等(图 3-22)。不同空间的相互转换是指通过移动隔断或轻质隔墙,改变空间的分隔和布局,以适应不同的需要。

  在空间的局部关系方面,处理好客厅与门厅、庭院的关系是比较重要的。门厅的作用一方面是作为组织交通的独立空间;另一方面,是作为室内与室外之间的过渡空间和室内空间系列中的"前奏"空间。比较理想的客厅应位于门厅的一侧,既与入口联系方便,又有较独立的空间。客厅面向前院的墙面宜设置较大的落地窗(图 3-23),可借前院环境及远景形成明朗的气氛;内边又与内庭院相通,借用内庭院的景致,使得客厅的视野更富有层次。在处理住宅与前院的关系时,可通过建筑平面的凹进及上部的悬挑、建筑入口处的曲墙、入口平台及花池、道路的导引等处理方式,使入户路线的视觉效果更加丰富,也使建筑与院落的关系更加密切。

  综上所述,低层住宅是一种较为接近自然的居住形式,它的这一特点在城市密集的人工

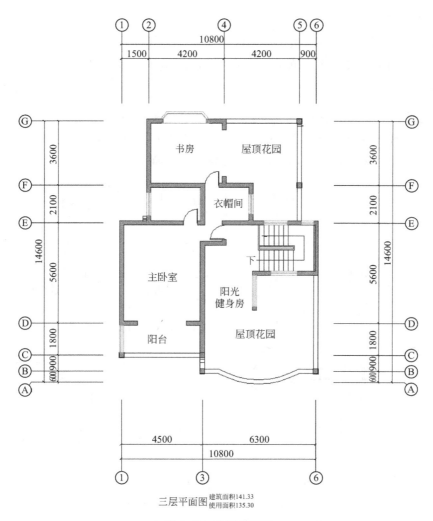

三层平面图 建筑面积141.33
使用面积135.30

图 3-21 三层平面图

化物质环境中,显得尤为可贵。但它占用较多建设用地的缺点,也使低层住宅的建设受到了一定的限制。因此,低层住宅的设计要充分发挥其有利的条件,同时也要尽量克服其不利的一面。

图 3-22 客厅与上层空间的联系

图 3-23 客厅大落地窗别墅

(二) 多层住宅

多层住宅的平面类型较多，按交通廊的组织可分为梯间式、外廊式、内廊式、跃廊式；按拼联与否可分为拼联式与独立单元式（常称点式），本节重点介绍梯间式。

1. 梯间式

由楼梯楼层平台直接进分户门，不设任何廊道。这种类型平面布置紧凑，公共交通面积少，户间干扰少而较安静，但缺少邻里交往空间，且多户时难以保证每户有良好朝向。梯间式住宅平面布局有一梯二户、一梯三户、一梯四户、一梯五户等形式（图3-24）。

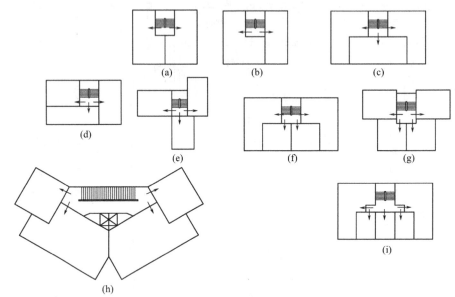

图 3-24　梯间式住宅户型组合示意图

(a) 一梯二户；(b) 一梯二户；(c) 一梯三户；(d) 一梯三户；(e) 一梯三户；
(f) 一梯四户；(g) 一梯四户；(h) 一梯四户；(i) 一梯五户

(1) 一梯两户

每户有两个朝向，便于组织通风，居住安静，较易组织户内交通，单元较短，拼凑灵活。当每户面积较小时，则因楼梯服务面积少而增大交通面积所占的比例；当每户面积大，居室多时，可节省公共走廊，较为经济。这种形式适应地区较广。一梯两户住宅的楼梯间布置，可以朝北，也可以朝南，由入口位置及住宅群体组合而定。户的入口可以在房屋中间，也可以在房屋外缘，由生活习惯及室内布置要求而定，当入口在房屋中间时，户内交通路线较短，采用较多。

(2) 一梯三户

一梯每层服务三户的住宅、楼梯使用率较高，每户都能有好的朝向。但中间的一户是单朝向，通风效果较差，这种形式在北方采用较多，如图3-25。

a 套型单朝向通风不良，要避免处于最不利朝向（如寒冷地区向北，炎热地区向南）。

b 套型双朝向通风良好，当厨房有独立通风系统时，更可避免油烟、煤气进入居室。

c套型多朝向套型可组织对角通风。

（3）一梯四户

一梯每层服务四户，提高了楼梯使用率。采用双跑楼梯时为使每户有可能争取到好朝向，一般常将少室户布置在中间而形成单朝向用户。在某些地区可布置成朝东或朝西的四个单朝向户，如图3-26。

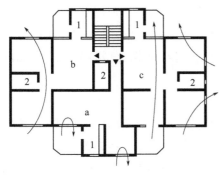
图 3-25　一梯三户平面组合
1—厨房；2—厕所

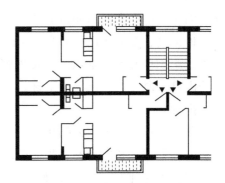
图 3-26　一梯四户平面组合

2. 外廊式

（1）长外廊式

一梯可服务多户，便于各户并列组合，分户明确，每户有良好的朝向、采光和通风（图3-27）。外廊敞亮，可晾晒衣物及进行家务操作，并有利于邻里交往及安全防卫。但由于每户人口靠房屋外缘，而户内交通穿套较多，公共外廊对户内有视线及噪声干扰。长外廊住宅在寒冷地区不利于保温防寒，在气候温和地区采用的较多，对小面积套型较为适宜，面积大及居室多的套型宜布置在走廊尽端。长外廊不宜过长，并要考虑防火和安全疏散的要求。走廊标高可低于室内标高 600mm 左右，以减少干扰。

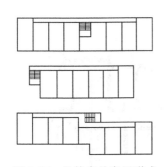
图 3-27　长外廊的布置形式

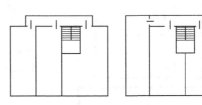
图 3-28　短外廊分户布置

（2）短外廊式

为避免外廊的干扰，可将拼联的户数减少，缩短外廊，形成短外廊，也称外廊单元式（图3-28）。短外廊式梯每层服务 3～5 户，以 4 户居多。它具有长外廊的某些优点且又较安静，且有一定范围的邻里交往。外廊依其朝向有南廊和北廊之分。南廊利于在廊内进行家务活动，但对南向居室干扰较大，尤其厨房朝北时穿套较多。北廊可靠廊布置辅助用房或小居室，以减少对主要居室的干扰，一般采用较多。在南、北廊问题上，主要与居住对象的工作性质、家庭成员的组成及生活习惯等有关，应根据具体条件处理。

3. 内廊式

(1) 长内廊式

由于长内廊是在内廊的两侧布置各户，楼梯服务户数增多，使用率大大提高，且房屋进深加大，用地节省，在寒冷地区有利于保温。但各户均为单朝向户，内廊较暗，户间干扰也大，户内不能组织良好的穿堂风。与长外廊式一样，对小面积套型较为适宜。如图 3-29 所示，住宅于内廊分段设门，以减少干扰。

(2) 短内廊式

为了克服长内廊户间干扰大的缺点，可减少拼联户数，缩短内廊，形成短内廊式，也称内廊单元式。它保留了长内廊的一些优点，且居住环境较安静，在我国北方应用较广。由于中间的单朝向户通风不佳，在南方地区不宜采用。一梯可服务 3～4 户（图 3-30、图 3-31 所示。

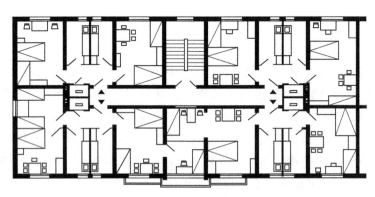

图 3-29　长内廊住宅布置

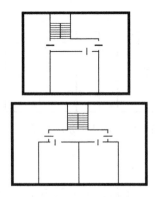

图 3-30　短内廊分户布置

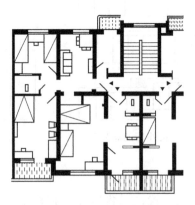

图 3-31　短内廊布置

(三) 高层住宅

先进工程技术和新型建筑材料的发展,为住宅建筑向高层发展提供了基础,高层建筑有效地节约了土地资源,有利于形成丰富的城市天际线和城市景观,但平面布局受垂直交通和防火疏散要求的影响较大。按体型划分有塔式和板式等;按交通流线组织又可分为单元组合式、长廊式和跃廊式高层住宅等。

1. 塔式

塔式住宅是指平面上两个方向的尺寸比较接近,而高度又远远超过平面尺寸的高层住宅。这种住宅类型是以一组垂直交通枢纽为中心,各户环绕布置,不与其他单元拼接,独立自成一栋。这种住宅的特点是面宽小、进深大、用地省、容积率高,套型变化多,公共管道集中,结构合理;能适应地段小、地形起伏而复杂的基地;在住宅群中,与板式高层住宅相比,较少影响其他住宅的日照、采光、通风和视野;可以与其他类型住宅组合成住宅组团,使街景更为生动。由于其造型挺拔,易形成对景,若选址恰当,可有效地改善城市天际线。在我国由于气候因素的影响而呈现地区差异:如北方大部分地区因需要较好的日照,经常采用蝶形(图3-32)、井字形(图3-33)、工形、Y形、H形、V形等;而华南地区因需要建筑之间的通风,则较多采用双十字形、井字形等。塔式住宅一般每层布置4~8户。近年来,为了节约土地,也有布置更多户数的,但这样会增加住户间的干扰,对私密性也有一定影响。塔式住宅内部空间组织比较紧凑、采光面多、通风好,平面形式丰富多样,是我国目前最为常见的高层住宅形式之一。

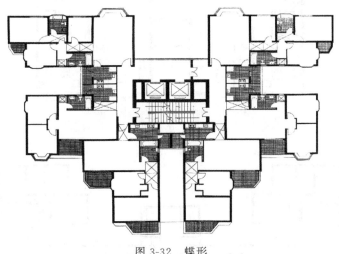

图 3-32 蝶形

2. 板式

板式高层住宅是指建筑平面外廓基本成矩形,其长边与短边之比大于或等于2的建筑。其常见类型有单元组合式(图3-34)、内廊式(图3-35)、外廊式(图3-36)、跃廊式,板式高层住宅呈长条形,一般有多个单元,通常进深小、面宽大,南北通透。

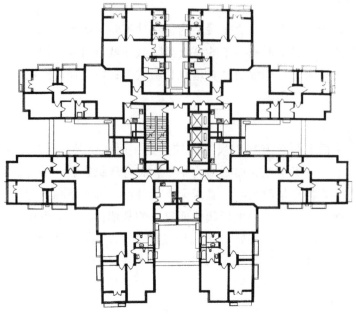

图 3-33 井字形

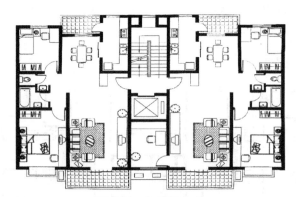

图 3-34 单元组合式

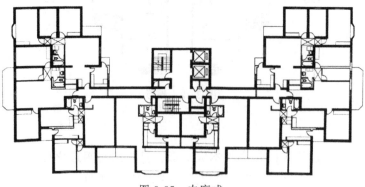

图 3-35 内廊式

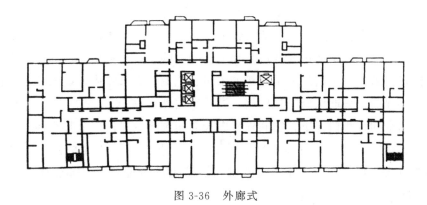

图 3-36 外廊式

二、住宅套型设计

住宅套型是指为满足不同户型住户的生活居住需要而设计的不同类型的成套居住空间。设计的目的就是为不同户型的住户提供适宜的居住空间,套型设计既取决于住户家庭人口的构成和家庭生活模式,又与人的生理和心理对居住环境的需求密切相关。同时,也受到建筑空间组合关系、技术经济条件和地域传统文化的影响和制约。

(一)套型居住环境与生理

住宅套型作为一户居民家庭的居住空间环境,首先其空间形态必须满足人的生理活动需求。其次,空间的环境质量也必须符合人体生理上的需要。

1. 按照人的生理需要划分空间

套型内空间的划分应符合人的生活规律,即按睡眠、起居、工作、学习、炊事、进餐、便溺、洗浴等行为,将空间予以划分。各空间的尺度、形状要符合人体工学的要求,如卧室的空间既要考虑家具尺寸的大小,又要充分满足人体睡眠、活动尺度的需要,尺寸过小使人活动受阻,感到拥挤;尺寸过大,感到空旷。住宅各空间要按照人的活动的需要予以隔离和联系,如作为睡眠的卧室,要保证安静和私密,不受家庭内其他成员活动的影响。作为家庭公共活动空间的起居室,则应宽大开敞,采光通风良好,并有良好的视野,便于起居和家庭团聚及会客等活动,且与各卧室及餐厅、厨房等联系方便。套型公共区与私密区应分区明确,动静有别。

2. 保证良好的套型空间环境质量

居住者对套型空间环境质量的生理要求,最基本的是能够避风雨、御暑寒、保安全。进一步则是必要的空间环境质量以及热、声、光环境等卫生要求。从空间环境质量来看,先要保证空气的洁净度,也就是要尽可能减少空气中的有害气体如二氧化碳等的含量。这就要求有足够的空间容量和一定的换气量。根据我国预防医学中心环境监测站的调查和综合考虑经济、社会与环境效益,一般认为每人平均居住容积至少为 $25m^2$,同时,室内应有良好的自然通风,以保证必需的换气量。除此之外,空气中的相对湿度与温度等因素也会影响人的舒适度。

从室内热环境方面看，人体以对流、辐射、呼吸、蒸发和排汗等方式与周围环境进行热交换达到热平衡。这种热交换过大或过小都会影响人的生理舒适度。要保持室内环境温度与人体温度的良好关系，除了利用人工方式如采暖、空调等调节室内环境温度外，在建筑设计中处理好空间外界面，采取保温隔热措施，调适室内外热交换，节约采暖和空调能耗均十分重要。在相同的空间容积情况下，空间外界面表面积越小，空间内外热交换越少。因此，减少外墙表面面积是提高建筑热环境质量的重要途径。另外，外界面材料本身的保温隔热性能、节点构造方式、开窗方位大小、缝隙密闭性等也是改善空间内部热环境质量的重要条件。在炎热地区，尤其需注意房间的自然通风设施。

从室内光环境方面看，人类生活的大部分信息来自视觉，良好的光环境有利于人体活动，提高劳作效率，保护视力。同时，天然光对于保持人体卫生具有不可替代的作用。创造良好的光环境除了用电气设备在夜间进行人工照明外，白昼日照和天然采光则需依靠建筑设计解决。住宅日照条件取决于建筑朝向、地理纬度、建筑间距诸多因素。房间直接天然采光标准通常以侧窗洞口面积（Ac）与该房间地面面积（Ad）之比（窗地比）进行控制（表3-11）。

表 3-11　住宅室内采光标准

房间名称	采光系数最低值/%	窗地比（Ac/Ad）	备注
卧室、起居室（厅）、厨房	1	1/7	1. 本表系按Ⅲ类光气候区单层普通玻璃钢侧窗计算，当用于其他光气候区时或采用其他类型窗时，应按现行国家标准《建筑采光设计标准》的有关规定进行调整 2. 距楼地面高度低于 0.50m 的窗洞口面积不计入采光面积内。窗洞口上沿距楼地面高度不宜低于 2m
楼梯间	0.5	1/12	

从室内声环境方面看，住宅内外各种噪声源对居住者生理和心理产生干扰，影响人们的工作、休息和睡眠，损害人的身体健康。住宅建筑的卧室、起居室（厅）内的允许噪声级（A声级）昼间应≤50dB，夜间应≤40dB。分户墙与楼板的空气声的计权隔声量应≥40dB，楼板的计权标准化撞击声压级宜≤75dB。要满足这些规定，必须在总图布置时尽量降低室外环境噪声级，同时合理地设计选用套型空间外界面材料和构造做法。对于住宅内部的噪声源，应尽可能远离主要房间。如电梯井等不应与卧室、起居室紧邻布置，否则必须采取隔声减振措施。另外，在选择决定住宅室内装修材料时，应了解材料特性，避免或尽可能减少装修材料中有害物质对室内空气质量和人体的危害，创造良好的室内居住空间环境。

（二）套型居住环境与心理

作为居住空间环境的住宅套型对居住者的心理存在着刺激和影响。同时，居住者的心理需求对居住空间环境提出了要求。如何根据居住者的心理需求，改善和提高居住空间环境质量，是套型设计中应予重视的问题。

1. 人与居住环境

健康的人体，随时都会通过视觉、嗅觉和触觉等生理感觉器官获得对所处环境的各种感觉。感觉是人们直接了解、认识周围环境的出发点。在此基础上，产生知觉与记忆、思维与想象、注意与情感等心理活动。人对于环境产生的情感评价是对客观事物的一种好恶倾向。由于人们的民族、职业、年龄、性别、文化素养、习惯等不同，对客观事物的态度也不同，产生的内心变化和外部表情也不一样。一般而言，能够满足或符合人们需要的事物，会引起人们的积极反应，产生肯定的情感，如愉快、满意、舒畅、喜爱等。反之，则引起人们的消极态度，产生否定的情感，如不悦、嫌恶、愤怒、憎恨等。建筑师的责任就是要很好地为住户提供能够产生肯定情感的良好居住空间环境。

2. 居住环境心理需求

人们对居住环境的需求，首先是从使用功能考虑的，即要满足人们生活行为操作的物质和生理要求。但是随着社会发展进步，人们在选择和评价套型居住环境时，逐渐将心理需求作为重要的考虑因素。当然，人的心理需求不是孤立的，而是建立在物质功能和生理需求之上的。人们对于居住空间环境的共同心理需求可以归纳为以下几方面：

（1）安全感与心理健康

人类生存的第一需要就是安全。安全感应是包括生理和心理在内的安全感觉，应使居住者在居住环境中时时处处感到安全可靠、舒坦自由。当人们在生活中遇到与安全可靠性相悖或反常的状况时，会出现心理压力过大，注意力分散，工作效率降低，疲劳感和危险感增加等现象。居住环境对于居住者的心理健康影响极大，消极的环境要素使人产生消沉、颓废的不良心理。而积极的环境要素则可使人产生鼓舞、向上的健康心理。这对于少年儿童的成长尤为重要。

（2）私密性与开放性

家是人类社会的基本细胞，其具有不可侵犯的私密性特征。卧室、卫生间、浴室更是居住者个人的私密空间。人对居住空间环境既有私密性要求又有开放性要求。家作为社会基本细胞存在于社会大环境中，需要与外界联系、邻里沟通、社会交往。传统的院落空间为若干人家共同使用时，邻里交往方便，而住户的私密性较差。现在的单元式住宅其住户的私密性较好，但缺少一定的开放性。

（3）自主性与灵活性

住宅所有者具有住宅物业的支配权和自主权。住户对于自家居住空间环境的自主性心理取向十分强烈，希望按照自己的意愿进行室内设计、装修和家具陈设。这就要求建筑师提供的住宅套型内部具有较大的灵活可变性，以满足住户的自主性心理。同时，还需考虑随着住户的心理需求变化进行空间环境变化的可能性。

（4）意境与趣味

人们的生活情趣多种多样，具有按各自兴趣爱好美化家庭环境的心理愿望。居住空间环境的意境和趣味是人的生活内容中不可或缺的因素。随着社会物质文明和精神文明的发展进步，人们文化素质也相应提高，对居住空间环境的意境和趣味性的追求越来越强烈。建筑师应为住户的创造留有较多的余地。

(5) 自然回归性

现代工业文明和城市的快速发展，使人与自然的关系逐渐疏远。置身于钢筋混凝土森林，充斥着粉尘与一氧化碳的生态环境对人的生理和心理健康构成极大的威胁，也唤起了人们向大自然回归的愿望。屋顶花园、绿色阳台等设计满足人们回归自然的心理。绿色生态住宅走进了人们生活。其完美诠释自然生活，将垂直森林的建筑理念融入生活；星空露台承载自然生活的向往；露台之上，把森林种进家里，以宽幕视野，实现观景、采光、通风的功能升级，身居都市，也可享有闲暇的自然意趣，实现建筑、生活、自然的真正融合（图3-37）。

图 3-37　空中花园住宅

三、住宅功能空间分析

一套住宅需要提供不同的功能空间，满足居住者睡眠、起居、工作、学习、进餐、炊事、洗浴、储藏及户外活动等需求。在套型设计中，需要按不同的户型使用功能要求划分不同的居住空间，确定空间的大小和形状，并考虑家具的布置，合理组织交通，安排门窗位置，同时还需考虑房间朝向、通风、采光及其他空间环境处理问题。

1. 居住空间的功能划分

居住空间的功能划分，既要考虑家庭成员集中活动的需要，又要满足家庭成员分散活动的需要。根据不同的套型标准和居住对象，可以划分成卧室、起居室、工作学习室、餐室等。

（1）卧室

卧室的主要功能是满足家庭成员睡眠休息的需要。一套住宅通常有一至数间卧室，根据使用对象在家庭中的地位和使用要求又可细分为主卧室、次卧室、客房以及工人房等。在一般套型面积标准的情况下，卧室除作睡眠空间外，尚需兼作工作学习空间。

（2）起居室

起居室的主要功能是满足家庭公共活动，如团聚、会客、娱乐休闲的需要。在住宅套型设计中，一般均应单独设置一间较大起居空间，这对于提高住户家庭生活环境质量起到至关重要的作用。

(3) 工作学习室

当套型面积允许时，工作学习室可从卧室空间中分离出来单独设置，以满足住户成员工作学习的需要。随着社会的发展，线上办公的比例将会增加，家庭成员需要户内工作学习空间面积将会增大。

(4) 餐室

在面积标准较低的住宅套型设计中，餐室难以独立设置，就餐活动通常在起居室甚至在厨房进行。随着生活水平的提高，对就餐活动的空间质量要求也相应提高，独立设置就餐空间特别是直接自然采光的就餐空间已逐步成为必要。

2. 房间尺寸与家具布置

居住部分各空间的尺度把握涉及众多相关因素。最主要的是各功能活动与人体尺度的需要及家具设备的布置决定了居住部分各空间的划分和大小。由于我国的国情，目前大量的住宅套型面积仍宜以中小套型面积为主。这就需要在住宅套型设计中，把握好房间平面尺寸、家具尺寸和人体活动尺寸，合理布置家具，避免随意性。

(1) 卧室尺寸与家具布置

卧室可分为主卧室、次卧室以及客房和工人房等。主卧室的适宜面积大小在 $9\sim15m^2$ 之间；次卧室的适宜面积大小在 $5\sim12m^2$。主卧室基本家具除双人床外，对于年轻夫妇，尚需考虑可能放置婴儿床。此外，衣柜、床头柜是必需的。条件许可时还可能有梳妆台、衣帽架等家具。对于兼作学习用的主卧室，还需放置书架、书桌等。主卧室尺寸和家具布置示例见图3-38。卧室其房间短边净尺寸不宜小于3000mm。由于使用要求和传统生活习惯，住户较忌讳床对门布置，也不宜布置在靠窗处的两条长边均不靠墙布置。次卧室包括双人卧室、单人卧室、客房以及工人房。由于其在套型中的次要地位，床可以是双人床、单人床乃至高低床，考虑到垂直房间短边放置单人床后尚有一门位和人行活动面积，次卧室的短边最小净尺寸不宜小于2100mm（图3-39）。需要指出的是，在套型面积标准较低的情况下，在进行卧室设计时，宜使布置紧凑合理，以省出面积加大起居室空间。

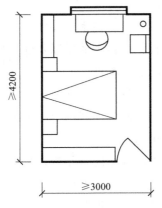

图 3-38　主卧室尺寸和家具布置

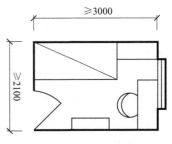

图 3-39　次卧室尺寸和家具布置

(2) 起居室尺寸与家具布置

起居室是家庭活动的中心，其适宜面积在 $10\sim28m^2$ 之间。起居室的家具布置最基本的有沙发、茶几、电视柜以及音响柜、贮物柜等，兼作餐室的起居室则有餐桌椅等。由于起居室空间需满足家庭团聚、待客、娱乐休闲等要求，故需要把家具布置得较为宽松，有足够的活动空间。起居室的尺寸与住宅套型面积标准、家庭成员的多寡、看电视、听音响的适宜距离以及空间给人的视觉感受有关。一般说来，其短边净尺寸宜在 3000mm 以上。沙发与视听柜可沿房间对边布置，也可沿房间对角布置（图 3-40）。

(3) 工作学习室尺寸与家具布置

在有条件的住宅套型中，可将工作学习空间从卧室分离出来，形成半独立或独立的房间。其主要家具根据使用对象的不同有书桌椅、书柜架、计算机桌椅、躺椅等，有条件时尚可布置床位。工作学习室的面积可参照次卧室考虑，其短边最小净尺寸不宜小于 2100mm。

(4) 餐室尺寸与家具布置

餐室的主要家具为餐桌椅、酒柜及冰柜等。其最小面积不宜小于 $5m^2$，其短边最小净尺寸不宜小于 2100mm，以保证就餐和通行的需要（图 3-41）。

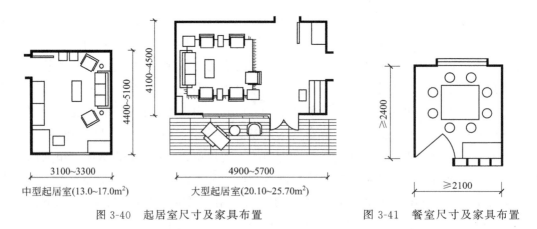

图 3-40　起居室尺寸及家具布置　　图 3-41　餐室尺寸及家具布置

(5) 厨卫尺寸与家具布置

厨卫空间是住宅功能空间的辅助部分又是核心部分，它对住宅的功能与质量起着关键作用。厨卫内设备及管线多，其平面布置涉及到操作流程、人体工效学以及通风换气等多种因素。由于设备安装后移动困难，改装更非易事，设计时必须精准。

①厨房　厨房面积虽小，但设备种类多，细部设计应从三维空间考虑，既要遵循人体工效学原理，又要合理有效地利用空间，安排必要的贮物空间。厨房内有上下水、燃气等各种管道以及水表、气表等量具，如布置不当，既影响使用与安全，又不美观。设计时应对厨房内所有管线布置进行综合考虑，宜设置水平和垂直的管线区，既方便管理与维修，又使室内整洁美观。此外，厨房排烟、气问题十分重要，除有良好自然通风外，应考虑机械排烟、气措施，如设置排烟井道，并在炉灶上方设排油烟机或其他排风设备等（图 3-42～图 3-47）。

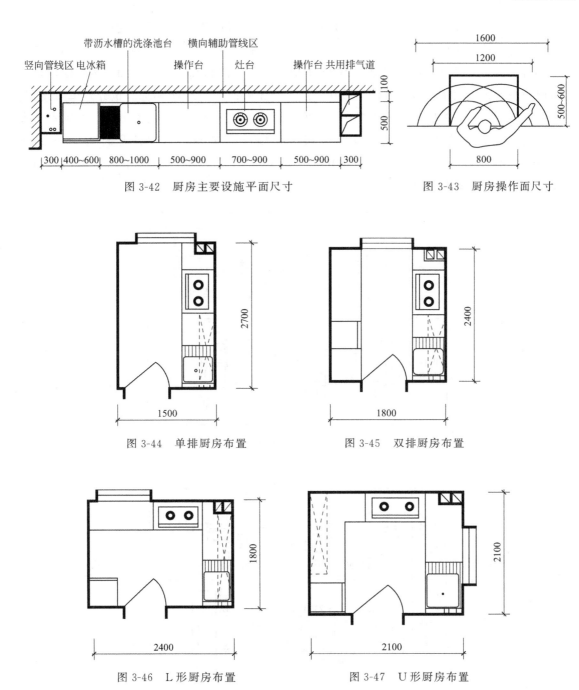

图 3-42 厨房主要设施平面尺寸
图 3-43 厨房操作面尺寸
图 3-44 单排厨房布置
图 3-45 双排厨房布置
图 3-46 L形厨房布置
图 3-47 U形厨房布置

② 卫生间 住宅卫生间是一组处理个人卫生的专用空间。它应容纳便溺、洗浴、盥洗及洗衣四种功能,在较高级的住宅里还可包括化妆功能在内。在我国,住宅卫生间从单一的厕所发展到包括洗浴、洗衣的多功能卫生间。随着生活水平的提高,多功能的卫生间又将分离为多个卫生空间。卫生间基本设备有便器(蹲式、坐式)、淋浴器、浴盆、洗脸盆、洗衣机等,必须充分注意人体活动空间尺度的需要,仅能布置下设备而人体活动空间尺度不足,将

会严重影响使用功能。卫生间应按其使用功能适当地分离开来形成不同的使用空间，这样可以在同一时间使用不同的卫生设备，有利于提高功能质量。一户卫生间的总面积以 2.5～5m² 为宜。卫生间功能空间可以划分为 2～4 个空间，标准越高，划分越细。多数住户赞成将洗脸与洗衣置于前室，厕所和洗浴放在一起，有条件时可将厕所和洗浴也分开单独设置。在条件许可时，一户之内也可设置多个卫生间，即除一般成员使用的卫生间外，主卧室另设专用卫生间。厕所单独设置时，其空间尺度也要符合要求，当门外开时为 900mm×1200mm，当门内开时为 1200mm×1400mm（图 3-48），卫生间马桶、洗面盆、淋浴或浴缸卫生洁具组合布置详见图 3-49。

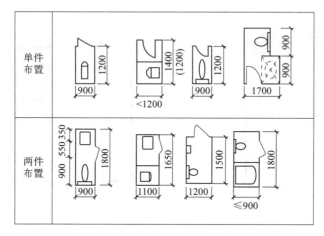

图 3-48　住宅卫生间布置

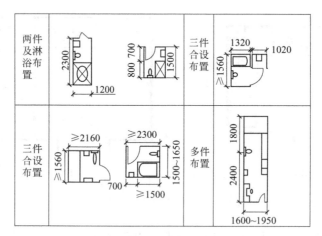

图 3-49　卫生间设备及组合布置

3. 房间门窗设置

门窗的大小、数量、位置及开启方式直接影响到房间的通风和采光、家具布置的灵活性、房间面积的有效利用、人流活动及交通疏散、建筑外观及经济性等各个方面。

(1) 门的设置

房间门的尺寸既要考虑人的通行，又要考虑搬运家具，门的宽度取决于人体尺寸、人流股数及家具设备的大小等因素。一般单股人流通行最小宽度取 550mm，单人侧身通行最小宽度取 300mm。因此，门的最小宽度一般为 700mm，常用于住宅中的厕所、浴室。住宅中卧室、厨房、阳台的门应考虑一人携带物品通行，卧室门的洞口最小宽度不小于 900mm，厨房门不应小于 800mm，卫生间门不应小于 700mm；门高度均不应小于 2000mm。

卧室的门旁边尽可能留出 500mm 以上的墙段，使房间四角都有布置家具的可能，起居室作为户内公共空间，通常需联系卧室和其他房间，即在起居室的墙面上可能会有多个门洞，极易造成起居室墙面洞口太多，所余墙面零星分散，不利于家具布置。在设计中，特别需注意减少其洞口数量，并注意洞口位置安排相对集中，以便尽可能多地留出墙角和完整墙面布置家具（图 3-50、图 3-51）。

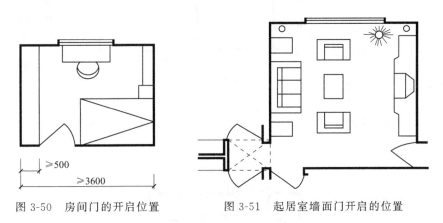

图 3-50　房间门的开启位置　　　　图 3-51　起居室墙面门开启的位置

(2) 窗的设置

窗洞面积大小主要根据房间的使用要求、房间面积及当地日照情况等因素来考虑。不同使用要求的房间对采光要求不同，如起居室、卧室对采光要较厕所要求高。根据不同房间的使用要求，采光标准分为五级，每级规定有相应的窗地面积比。采光要求也不是确定窗口面积的唯一因素，还应结合通风要求、朝向、建筑节能、立面设计、建筑经济等因素综合考虑。南方地区气候炎热，可适当增大窗口面积以扩大通风量，寒冷地区为防止冬季热量从窗口过多散失，可适当减小窗口面积。有时，为了取得一定立面效果，窗口面积可根据造型设计的要求统一考虑。通常窗台高度距离地面 900mm 左右。

①门窗位置应便于家具设备布置和充分利用室内有效面积　房间门窗位置直接影响到家具布置、人流交通、采光、通风等。因此，合理地确定门窗位置是房间设计又一重要因素。门窗位置应尽量使墙面完整，便于家具设备布置和充分利用室内有效面积（图 3-52）。

②门窗的位置应有利于采光、通风　门窗在房间中的位置决定了气流的走向，影响到室内通风。因此，门窗的位置应尽量使气流通过活动区，加大通风范围，并应尽量使室内形成穿堂风（图 3-53～图 3-54）。

③门窗的开启方向　门窗的开启方向一般有外开和内开，使用人数少的小房间，当走廊宽度不大时，一般尽量使通往走廊的门向房间内开启，以免影响走廊交通。使用人数较多的房间，如会议室、餐厅等，考虑疏散的安全，门应开向疏散方向。在平面组合时，由于使用需要，有时几个门的位置比较集中，要防止门扇开启时发生碰撞或遮挡（图 3-55）。

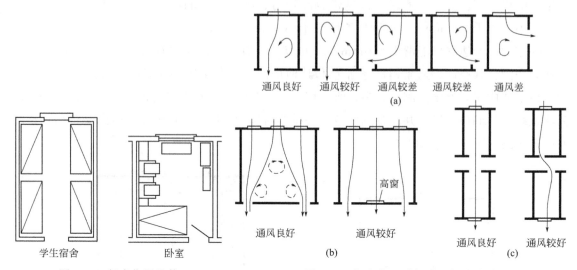

图 3-52　门窗位置比较

图 3-53　门窗位置对气流组织的影响

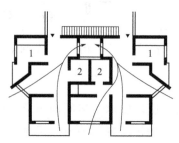

图 3-54　利用天井组织通风

1—厨房；2—厕所

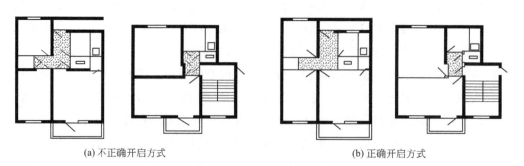

图 3-55　门的开启方式比较

四、住宅空间组合分析

套型空间的组合，就是将户内不同功能的空间，通过一定的方式有机地组合在一起，从而满足不同住户使用的需求，并留有发展余地。住宅是供家庭为单位使用的，套内功能空间的数量、组合方式与家庭的人口构成、生活习惯、社会经济条件以及地域、气候条件等密切相关。套型空间的组合，必须考虑户内的使用要求、功能分区、厨卫布置、朝向通风以及套型的发展趋势等多方面因素，为住户创造一个安全、舒适、美观的居住空间。

（一）户内功能分析

住宅的户内功能是住户基本生活需求的反映。这些需求包括：会客、家人团聚、娱乐、休息、就餐、炊事、学习、睡眠、洗盥、便溺、晾晒、储藏等。为了满足这些需求，就必须有相应的功能空间去实现。不同的功能空间应有它们特定的位置与相应的尺度，但又必须有机地组合在一起，共同发挥作用。图 3-56 为户内各部分之间的功能关系。由于面积限制，有时会产生空间功能的重叠，也就是说，在同一空间内具有两种以上的功能。比如：起居和就餐、就餐和炊事等。

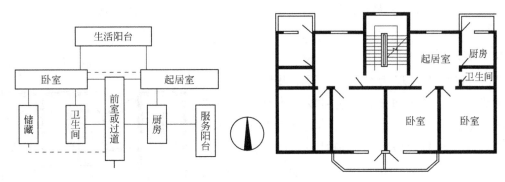

图 3-56　户内功能分析图

（二）户内功能分区

户内功能分区，就是根据各功能空间的使用对象、性质及使用时间等进行合理组织，使性质和使用要求相近的空间组合在一起，避免性质和使用要求不同的空间互相干扰。但由于住宅平面组合中有面积大小、形体构成、交通组织、管道布置、节约用地等诸多因素的影响，功能分区也只能是相对的，设计时可能因照顾某些因素而使功能分区不明显，应容许处理中必要的灵活性。

1. 动静分区

动静分区从时间上来说，也可叫作昼夜分区。一般来说，会客室、起居室、餐室、厨房和家务室是住宅中的动区，使用时间主要是白昼和晚上部分时间。卧室是静区，主要在夜晚使用。工作和学习空间也属静区，但使用时间上则根据职业不同而异（图 3-57）。此外，父母和孩子的活动分区，从某种意义上来讲，也可算作动、静分区，高标准的住宅中也尽可能将它们布置在不同的区域内（图3-58）。

图3-57 内外动静昼夜分区

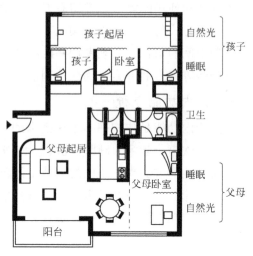

图3-58 父母和孩子分区

2. 干湿分区

洁污分区主要体现为有烟气、污水及垃圾污染的区域和清洁卫生区域的分区，也可以认为是用水与非用水活动空间的分区。由于厨房、卫生间要用水，有污染气体散发和有垃圾产生，相对来说比较脏，且管网较多，集中处理较为经济合理，因此可以将厨房、卫生间集中布置。但由于它们功能上的差异，有时布置在不同的功能分区内。当集中布置时，厨房、卫生间之间还应作洁污分隔（图3-59）。

3. 厨房和卫生间

厨房和卫生间是住宅内的核心，是家庭成员活动的重要场所，是管线密集、使用频率最高的地方，也

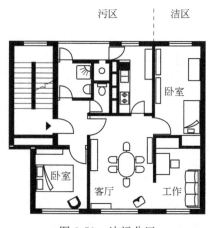

图3-59 洁污分区

是产生油烟、垃圾和其他有害气体的地方。厨房、卫生间都是用水房间，属于不洁区域。从洁污分区的角度来说，应尽量靠近。而从公私分区的角度来说，又应适当分离。厨房往往集中在白天使用，无私密性要求，而卫生间的使用是不分昼夜的，有私密性要求。在标准较高的住宅中，卫生间的数量可能不止一个，有专用与公用两类。因此，厨房、卫生间的布置是否合理，直接影响到居住的质量和使用上的方便程度，卫生间和厨房布局分为相邻布置（图3-60）和分离布置（图3-61），前者便于干湿分区和管线集中，但卫生间的位置不一定合理，有时距离卧室较远；后者卫生间布置较灵活，利于功能分区和公私分区，但管线不集中。

图 3-60　厨房和卫生间相邻布置

图 3-61　厨房和卫生间分离布置

五、住宅典型案例分享

现代城镇住宅小区都是经过全面规划、合理布局、综合开发、配套建设而成。住宅小区具有居住功能、服务功能、经济功能和社会功能。规划设计通常包含建筑小区规划设计概述、规划设计依据、规划原则与规划设计等内容。本节以某生态住宅小区示例，了解小区规划与建筑设计。

（一）项目概况

1. 总体布局和功能分区

小区总规划用地约 140 亩（其中住宅用地 51570m^2，公建用地 12282m^2，道路用地 9152m^2，公共绿地 14998m^2），总建筑面积 127102m^2。总规划户数 866 户，居住人数 3031

人，建筑密度24.4%，容积率1.44，绿化率41%。系配套设施齐备的花园式住宅小区。项目基地原为农用坡地，西高东低，规划设计采用因地制宜、灵活多变的建筑布局，依次设定为东北、西北、西南及别墅区、中心广场，临街商住楼规划区域形成九个组团，最终形成一个山水相连、步移景异的半山花园，如图3-62所示为该小区鸟瞰图。因受地形条件的影响，在组织好小区平面功能布局的同时，尤其注意空间立体的功能布局。集中解决好居住、公共服务设施、交通及环境多项要素。同时突出解决竖向功能，力争取得最佳景观的同时，注意通风和朝向。以多样化的布置生动而有变化的住宅单体和连接方式布局。强化群落设计，尽量使本小区布局紧凑。建立小区—院落二级组织结构，配合相应的物业管理组织系统。

2. 公共配套及生活设施

小区公建用地12282m^2，拟建公共绿地14998m^2（含园林、假山、水景、背景音乐、灯光照明等）；配套6000m^2会所、3000m^2集贸市场、2000m^2超市、1300m^2幼儿园、800m^2社区医院、网球场、篮球场、恒温游泳池。拟设置6台变压器、一个煤气调压站、一个供水变频加压站、两个垃圾转运站。齐备的配套设施可充分满足业主日常生活和休闲娱乐等文化生活需要。考虑居民出行便利和对外服务功能及理想的服务半径等因素，采用"大集中，小分散"的原则合理布局。具体表现在：商业服务设于步行街主要出入口和沿城南街设置；会所公寓结合中心绿地和南北向步行景观道设置；托幼设于小区北部出入口处，既对内服务，又对外服务；变配电间、垃圾转运站、公厕、电信电缆交换间作分散设置。该小区主入口见图3-63。

3. 绿化系统环境设计

以"生态建筑"为出发点，突出小区的景观特质，充分利用现有的山林带，结合小区自身的线状景观带，形成立体全方位的景观布局，并以此向城市延伸，改善所处地段的整体城市面貌，小区内景观布置以自然为导向，丰富多彩，优雅而亲切，尺度宜人，参与性强，并通过虚实对比、对景、焦点、趣味等特殊效果，为小区绿化增添无穷的活力。另外，突出小区内水的位置，与自然地势结合形成多系统的立体流动水系，创造亲切、灵动、宜人的环境氛围。

图3-62　小区鸟瞰图

图3-63　小区主入口

4. 竖向及道路广场规划

竖向设计充分考虑自然地势，与现有地形走向相呼应，顺势布局，周边高，中间向西渐低，地表水有组织排入雨水井，由城市管网排出，道路坡度多变，以配合地形走势。道路采用城市型，部分采用平道牙，与景观统一处理，掩藏入周围景观带内，使景观优美，同时也有消防车进入的条件，满足规范需求。

5. 小区智能化设施

小区注重提高住宅科技含量。智能化管理系统为住户营造了一个安全便捷的信息化现代家园。设置有小区智能主控管理系统、周边红外报警系统、联网型可视对讲门禁及刷卡通行系统、小区闭路电视监控系统、小区背景音乐及广播系统、电子巡更系统、停车场管理系统、家居智能化安防系统、家居智能化高级模块。

（二）住宅建筑设计

因为依山而建，层层叠高的地势创造出开阔的视野景观，在设计建设中尊重土地的原生姿态，运用山脉走势建造九个建筑组团和连排别墅。开发商巧借半山自然特点倾力打造别具韵味的园林景观，拾级而上多层次绿化，乔木草坪、流水喷泉。主景观营造中遍植金桂、紫薇、银杏等名贵树种。设计建设中尊重土地的原生姿态，采用现代主义简约建筑风格，形象挺拔、俊朗、轮廓明晰、富有张力和时代气息。楼宇立面色彩以灰、黄、蓝相互穿插、搭配，层次丰富，虚实对比有序，节奏感强。小区住宅均采用一梯两户，通透经典户型设计，设计了观景窗、观景阳台。楼间距最大60m，最小23m，日照优良，朝向收景兼顾。一到五层为平层，顶层（六层跃七层）全部采用复式建筑，屋顶花园。房型户内功能分动静区，干湿分离，公共与私密空间有机结合，钢化玻璃双阳台，各居室尺度比例良好，主要采用塑钢凸窗、三色外墙面砖等现代建筑元素。小区户型面积为77～281m^2，140～147m^2是主力户型（表3-12）。

表 3-12　小区户型配比表

建筑面积/m^2	房　型	套　型　比　例
77～80	两房两厅一卫	7.6%
92～116	三房两厅一卫	15.2%
123～125	三房两厅两卫	11.4%
140～147	三房/四房两厅两卫	26.5%
149～161	错层四房/五房两厅两卫	7.6%
187.32	豪华四房两厅两卫	7.6%
118～134	复式三房/四房两厅两卫	1.5%
153～161	复式四房/五房两厅两卫	3%
185～198	复式四/五/六房两厅两卫	4.2%
200～228	复式五/六/七房两/三厅两/三卫	11%
261～281	复式六房/八房三厅三卫	4.5%
合计		100%

(三) 典型住宅面积解析

小区住宅组团均采用套—单元—幢的设计方法，案例住宅（图 3-64～图 3-76）各套型面积分析见表 3-13。

表 3-13 案例住宅套型面积分析表

一层		建筑面积	432.34m²
		使用面积	309.06m²
标准层		建筑面积	432.34m²
		使用面积	309.06m²
跃层标准层		建筑面积	432.34m²
		使用面积	309.06m²
跃层二层		建筑面积	309.06m²
		使用面积	293.77m²
标准层 （跃层标准层）	C3 户型	建筑面积	103.02m²
		套内面积	79.79m²
		客厅、餐厅	37.21m²
		客厅阳台	8.22m²
		阳台	5.4m²
		卧室	33.22m²
		厨房	5.13m²
		卫生间	3.46m²
	C4 户型	建筑面积	126.97m²
		套内面积	84.44m²
		客厅	24.95m²
		餐厅	7.43m²
		客厅阳台	8.22m²
		卧室	39.18m²
		厨房	6.05m²
		卫生间	4.58m²
	C5 户型	建筑面积	105.2m²
		套内面积	73.75m²
		客厅	21.62m²
		餐厅	3.84m²
		客厅阳台	8.22m²
		阳台	3.18m²
		卧室	37.76m²
		厨房	6.94m²
		卫生间	4.31m²

续表

标准层 （跃层标准层）	C6 户型	建筑面积	94.92m²
		套内面积	66.81m²
		客厅	21.62m²
		餐厅	3.84m²
		阳台	15.2m²
		卧室	37.76m²
		厨房	6.94m²
		卫生间	4.31m²
	C7 户型	建筑面积	79.98m²
		套内面积	35.39m²
		卧室	20.45m²
		阳台	13.62m²
		储藏	5.13m²
	C8 户型	建筑面积	74.17m²
		套内面积	69.9m²
		阳台	7.2m²
		卧室	34.57m²
		书房	6.05m²
		卫生间	4.58m²
	C9 户型	建筑面积	45.63m²
		套内面积	44.24m²
		阳台	11.4m²
		卧室	26.54m²
		卫生间	4.31m²
	C10 户型	建筑面积	69.43m²
		套内面积	66.08m²
		阳台	15.22m²
		卧室	33.93m²

（四）设计成果表达

设计成果包含图纸目录（图 3-64）、门窗表（图 3-65）、建施-1～建施-13（图 3-66～3-76）。

图 纸 目 录

序号	图别与图号	图名	附注
1	建施-1	目录	
2	建施-2	门窗表	
3	建施-3	一层平面图	
4	建施-4	二层平面图	
5	建施-5	标准层平面图	
6	建施-6	跃层一层平面图	
7	建施-7	跃层二层平面图	
8	建施-8	屋顶平面图	
9	建施-9	⑬-① 立面图	
10	建施-10	①-⑬ 立面图	
11	建施-11	Ⓙ-Ⓐ 立面图	
12	建施-12	A-A剖面图	
13	建施-13	屋顶构架详图 窗台详图	

图 3-64 图纸目录

门 窗 表

序号	门窗编号	洞口尺寸 宽度	洞口尺寸 高度	门窗类型	图集编号	备注
1	M3	800	2400	木门		
2	M2	900	2000	木门		
3	M1	1200	2000	铝合窗平开门	《铝合窗门》JH(九)	
4	M4	700	2000	木门		
5	TLM1	4000	2400	铝合窗平开门	《铝合窗门》JH(九)	
6	TLM2	3000	2000	铝合窗平开门	《铝合窗门》JH(九)	
7	MC-1	2400	2400	铝合窗平开门	《铝合窗门》JH(九)	
8	MC-2	1800	2400	铝合窗平开门	《铝合窗门》JH(九)	
9	FM1	700	2000	乙级防火门		
10	FM2	600	2000	乙级防火门		
11	TC-1	3300	2400	铝合窗平开门	《铝合窗门》JH(九)	
12	TC1815	1800	1500	铝合窗平开门	《铝合窗门》JH(九)	
13	TC2115	2100	1500	铝合窗平开门	《铝合窗门》JH(九)	
14	TC2124	2100	2400	铝合窗平开门	《铝合窗门》JH(九)	
15	TC1818	1800	1800	铝合窗平开门	《铝合窗门》JH(九)	
16	TC1515	1500	1500	铝合窗平开门	《铝合窗门》JH(九)	
17	TC1510	1500	1000	铝合窗平开门	《铝合窗门》JH(九)	
18	TC0915	900	1500	铝合窗平开门	《铝合窗门》JH(九)	
19	TC1215	1200	1500	铝合窗平开门	《铝合窗门》JH(九)	
20	MC1824	1800	2400	铝合窗平开门	《铝合窗门》JH(九)	

图 3-65 门窗表

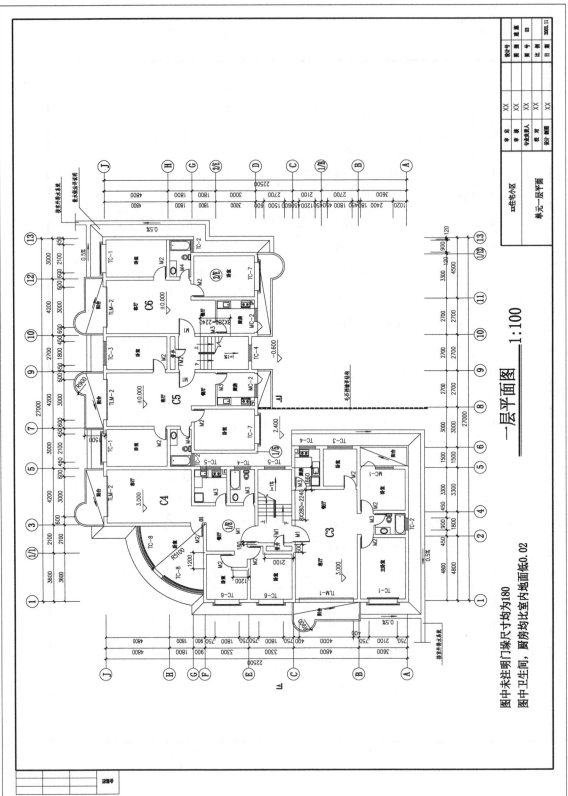

图 3-66 一层平面图

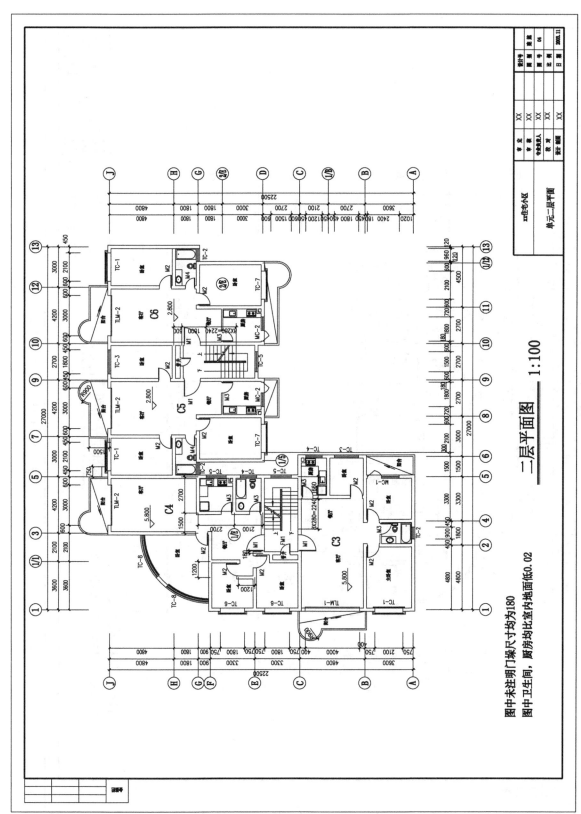

图 3-67 二层平面图

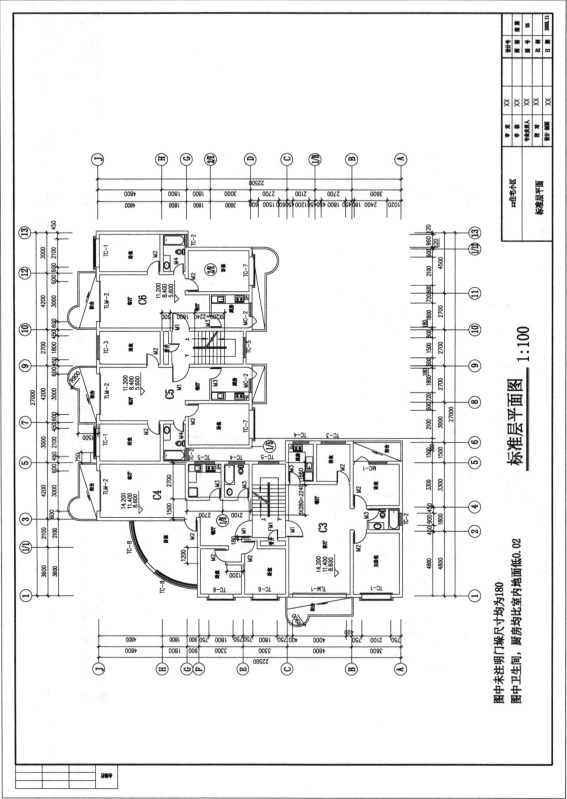

图 3-68 标准层平面图

第三章
居住区建筑规划

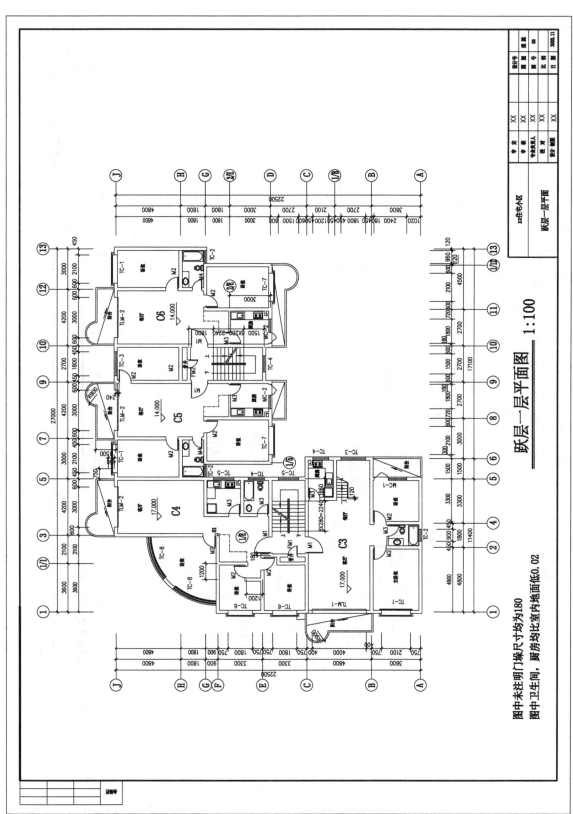

图 3-69 跃层一层平面图

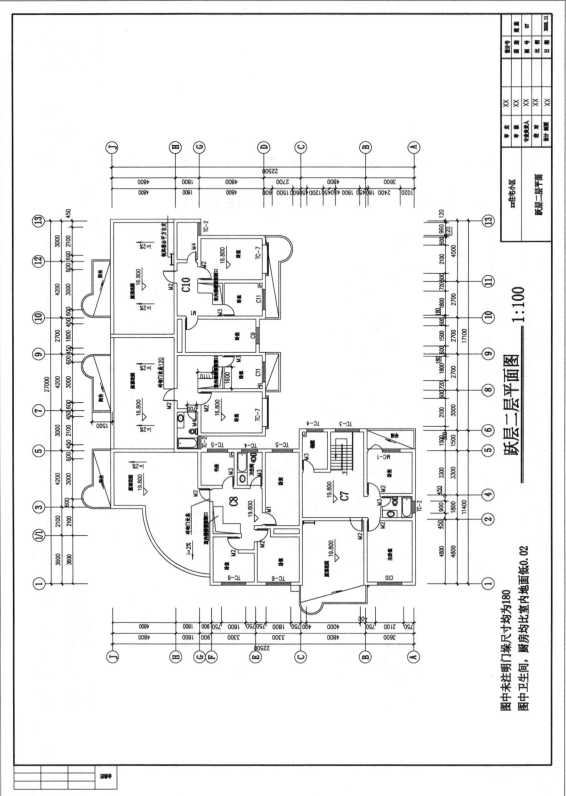

图 3-70 跃层二层平面图

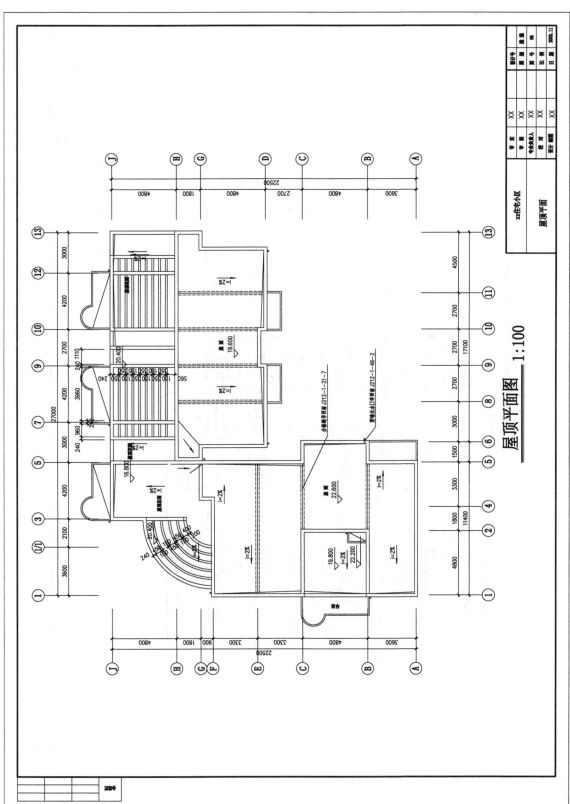

图 3-71 屋顶平面图

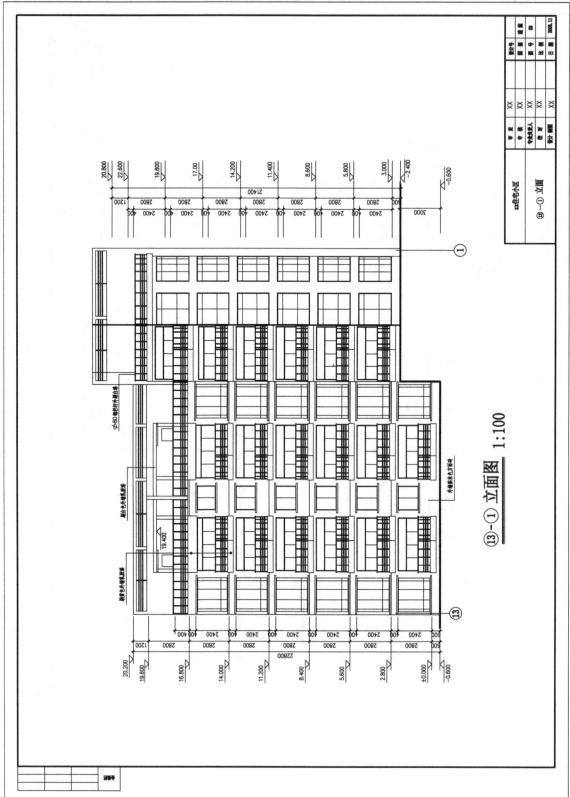

图 3-72 ⑬-① 立面图

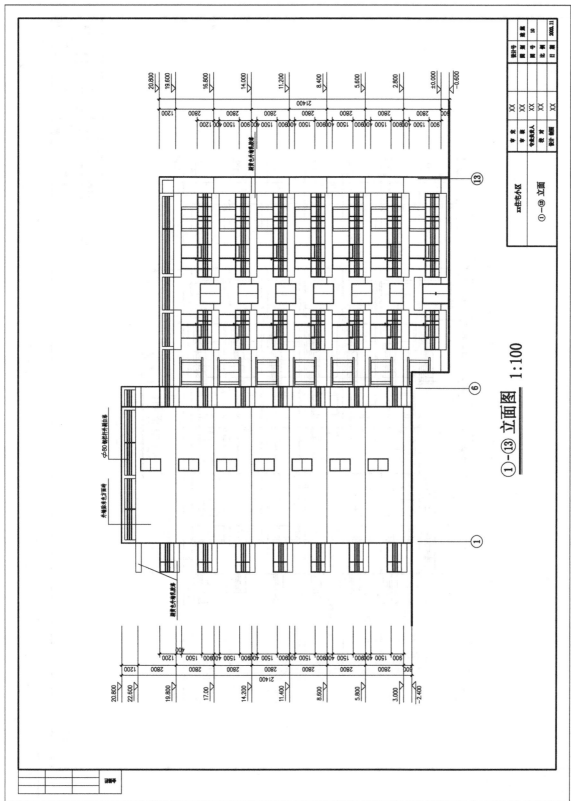

图 3-73 ①-⑬ 立面图

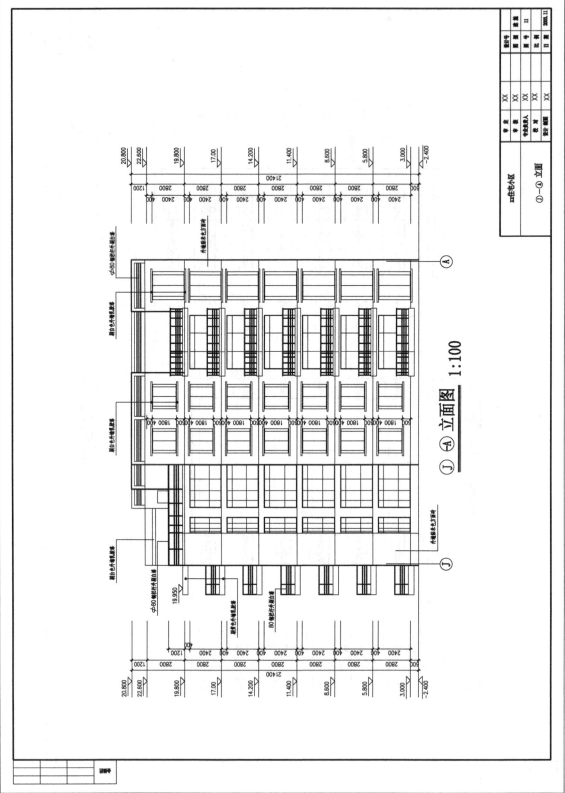

图 3-74 ①-Ⓐ 立面图

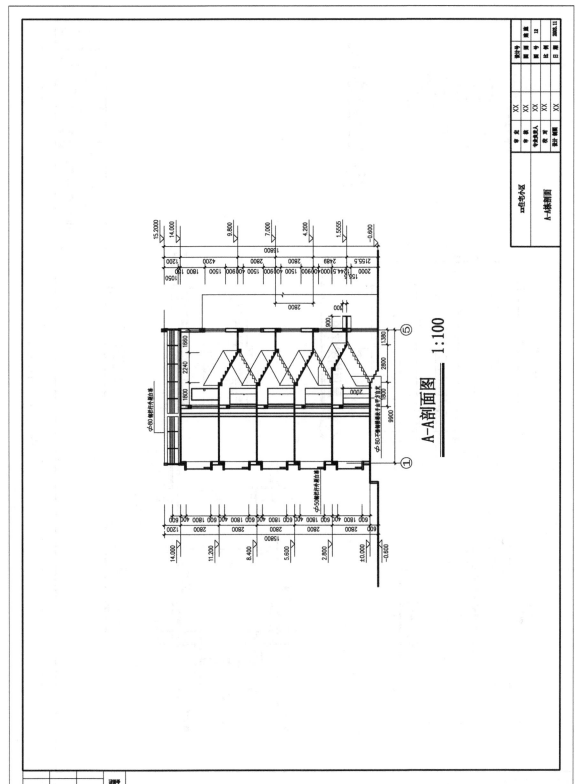

图 3-75 A-A 剖面图

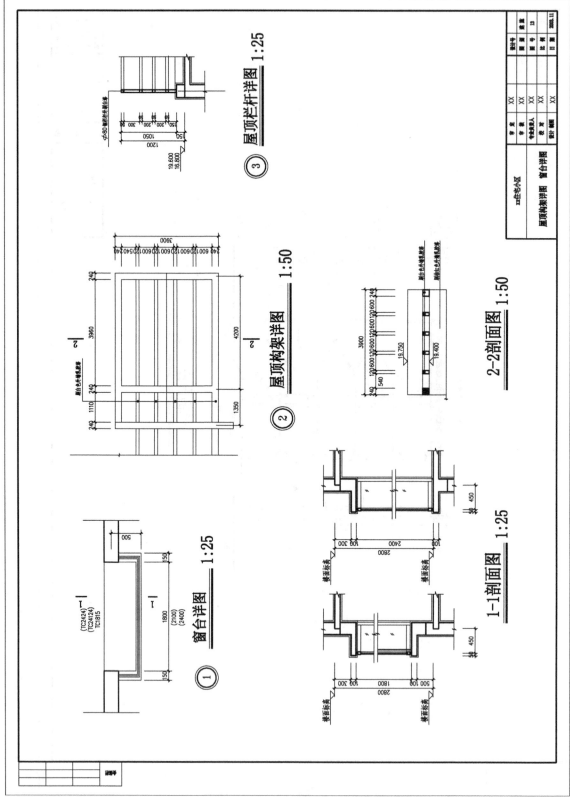

图 3-76　屋顶构架详图与窗台详图

第四节　居住区专业术语

一、建筑规划设计术语

1. 城市规划

城市规划是国家空间发展的指南、可持续发展的空间蓝图，是各类开发保护建设活动的基本依据。将主体功能区规划、土地利用规划、城乡规划等空间规划融合为统一的国土空间规划，实现"多规合一"。

2. 城市居住区

城市中住宅建筑相对集中布局的地区，简称居住区。

3. 十五分钟生活圈居住区

以居民步行十五分钟可满足其物质与生活文化需求为原则划分的居住区范围，一般由城市干路或用地边界线所围合，居住人口规模为50000～100000人（17000～32000套住宅），配套设施完善的地区。

4. 十分钟生活圈居住区

以居民步行十分钟可满足其基本物质与生活文化需求为原则划分的居住区范围：一般由城市干路、支路或用地边界线所围合，居住人口规模为15000～25000人（5000～8000套住宅），配套设施齐全的地区。

5. 五分钟生活圈居住区

以居民步行五分钟可满足其基本生活需求为原则划分的居住区范围，一般由支路及以上级城市道路或用地边界线所围合，居住人口规模为5000～12000人（1500～4000套住宅），配建社区服务设施的地区。

6. 居住街坊

由支路等城市道路或用地边界线围合的住宅用地，是住宅建筑组合形成的居住基本单元；居住人口规模在1000～3000人（300～1000套住宅，用地面积2～4hm^2），并配建有便民服务设施。

7. 规划形态

它是指这一项目的具体建筑构成。譬如一个项目一共由几栋楼宇组成，每栋楼宇的使用性质是什么，单栋楼宇的地上有几层，地下有几层，每一层的具体用途是什么。

8. 生地

它是指可能为房地产开发与经常活动所利用，但尚未开发的农地和荒地，即待开发的国有土地，是离城镇较远、无市政基础设施、未开发利用的土地。

9. 毛地

它是指城市中需要拆迁而尚未拆迁的土地，即已有地上建筑物及附属设施的建筑物，将被改建的土地。

10. 熟地

它是指已完成市政基础设施建设的土地，达到"三通一平"或"七通一平"施工条件的土地。

11. 用地性质

城市规划管理部门根据城市总体规划的需要，对某种具体用地所规定的用途。

12. 用地红线

围起某个地块的一些坐标点连成的线，红线内土地面积就是取得使用权的用地范围，是各类建筑工程项目用地的使用权属范围的边界线。

13. 道路红线

它是指规划的城市道路（含居住区级道路）用地的边界线。道路红线一般是指道路用地的边界线。

14. 建筑控制线

它是指建筑物基底位置（外墙、台阶等）的控制线。

15. 居住区用地

城市居住区的住宅用地、配套设施用地、公共绿地以及城市道路用地的总称。

16. 公共绿地

为居住区配套建设、可供居民游憩或开展体育活动的公园绿地。

二、居住区规划基本指标

1. 建设用地面积

建设用地面积又称总占地面积，它是指城市规划行政主管部门确定的建设用地位置和界线所围合的用地之水平投影面积，不包括代征的面积。

2. 总建筑面积

总建筑面积又称建筑展开面积，是建筑物各层水平投影面积的总和，包括使用面积、辅助面积和结构面积三项。使用面积是指建筑物各层平面中直接为生产或生活使用的净面积的总和。在居住建筑中的使用面积也称"居住面积"。辅助面积是指建筑物各层平面为辅助生产或生活活动所占的净面积的总和，如居住建筑中的楼梯、走道、厕所、厨房等。使用面积与辅助面积的总和称为"有效面积"。结构面积是指建筑物各层平面中的墙、柱等结构所占面积的总和。

3. 小区总建筑面积

它是指小区内住宅、公共建筑和人防地下室的面积总和。

4. 公用建筑面积

它是指不包括任何作为独立使用空间租、售的地下室、车棚等面积，作为人防工程的地下室也不计入公用建筑面积。一般公用建筑面积按以下方法计算：整栋建筑物的面积扣除整栋建筑物各套（单元）套内建筑面积之和，并扣除已作为独立使用空间销售或出租的地下室、车棚及人防工程等建筑面积，为整栋建筑的公用建筑面积。

5. 房屋平均层数

一定用地范围内，住宅建筑总面积与住宅建筑基底总面积的比值所得的层数。

6. 建筑密度

它是指建筑物的覆盖率，项目用地范围内所有建筑基底总面积与规划建设用地面积之比。反映出一定用地范围内的空地率和建筑密集程度。

7. 容积率

它是指在城市规划区的某一宗地内，房屋的总建筑面积与宗地面积的比值。反映了土地利用强度及利用效率的高低。

8. 绿地率

它是指居住区或其他用地范围内各类绿地的总和占居住总用地的百分比。

9. 绿化率

它是指城市一定地区内各类绿化用地总面积占该地区总面积的比例，在居住地区用地范围内指各类绿地的总和面积占居住区用地的比例，不包括屋顶、晒台和人工绿地。

10. 建筑间距

它是指两栋建筑物外墙之间的水平距离，各类住宅间距必须符合规范需求。

11. 日照间距

它是指前后两排南向房屋之间，为保证后排房屋在冬至日（或大寒日）底层获得不低于两小时的满窗日照（日照）而保持的最小间隔距离。

12. 服务半径

它是指各项设施所服务范围的空间距离或时间距离。各项设施的分级及其服务半径的确定应考虑两方面的因素。一是居民的使用频率；二是设施的规模效益。满足服务半径要求是规划布局考虑的基本原则，应根据服务的人口和设施的经济规模确定各自的服务等级及相应的服务范围。

13. 公摊面积

它是指由整幢楼的产权人共同所有的整栋楼公用部分的建筑面积。主要包括：电梯井、管道井、楼梯间、公共门厅、过厅、过道、地下室以及为整幢服务公共用房和物业管理用房的建筑面积,以水平投影面积计算。公摊面积即公用分摊建筑面积,也是指每套(单元)商品房依法应当分摊的公用建筑面积。公用建筑面积和分摊的公用建筑面积的产权归整栋楼购房人共有,购房人按照法律、法规的规定对其享有权利,承担责任。

14. 公摊系数

总公摊系数是一幢建筑的总公摊面积与总套内建筑面积的比例。公摊系数需要注意的是它只针对单一建筑,不是所有建筑的公摊系数都一样的,每幢建筑都有自己的公摊系数。根据"谁使用谁分摊的原则",对于同一幢、同一单元或同一层的不同户型,其每户的"公摊面积/套内面积"可能不同,且同总分摊系数可能不同。公摊系数是个因变量,来源于实际的公摊面积和套内面积,不能简单地由公摊系数导出其应有的公摊面积或套内面积。

15. 建筑限高

它是指从场地标高到建筑物顶高的总高度。

16. 拆建比

它是指新建的建筑总面积与拆除的原有建筑总面积的比值。

17. 建筑基底面积

它是指建筑物首层的建筑面积。

三、居住区规划基本设施术语

1. 城市基础设施

它是指城市生存和发展所必须具备的工程性基础设施和社会性基础设施的总称。通常包含能源供应、给水排水、交通运输、邮电通信、环境保护、防灾安全等工程设施。社会性基础设施则指文化教育、医疗卫生等设施。狭义的城市基础设施通常指工程性基础设施。

2. 配建设施

它是指与住宅规模或与人口规模相对应配套建设的公共服务设施、道路和公共绿地总称。

3. 配套设施

它是指对应居住区分级配套规划建设,并与居住人口规模或住宅建筑面积规模相匹配设施总称。通常包含生活服务设施、基层公共管理与公共服务设施、商业服务业设施、市政公用设施、交通场站及社区服务设施、便民服务设施。如水、电、暖气、煤气、通信、网络、有线电视、交通车站、学校、医院、广场、超市、邮电、公园等设施。

4. 住宅配套设施

它是指为城镇居民创造安全、卫生、宁静、舒适的居住环境而必需的住宅附属设施。

5. 市政公用设施

它是指在城市范围内与住宅配套的设施，包括城市公用事业和城市公用设施。前者指城市自来水、煤气、供热、公共交通；后者指市政工程设施、园林绿化设施、公共卫生等设施。

6. 社区服务设施

五分钟生活圈居住区内，对应居住人口规模配套建设的生活服务设施，主要包括托幼、社区服务及文体活动、卫生服务、养老助残、商业服务等设施。

7. 便民服务设施

它是指居住街坊内住宅建筑配套建设的基本生活服务设施，主要包括物业管理、便利店、活动场地、生活垃圾收集点、停车场（库）等设施。

8. 会所

它是指在居住区中为人们提供较全面的娱乐休闲活动的场所。随着城市建设的发展和人民生活水平的提高，小区建设由分散、功能单一的传统方式向一站式生活服务、活力开放的交往空间、安全舒适的慢行空间复合社区发展，在一定程度和意义上，会所将是"客厅"的扩大、"延展"为小区的公共空间。依照惯例，高层建筑和公寓的会所往往被安排在一、二层或者地下室；而较矮的楼群林立的小区里，会所一般是一座独立的建筑，是置业者除了家以外最近的"另一个空间"。

四、居住区建筑术语

1. 建筑面积

它是指建筑物外墙外围所围成空间的水平面积，如果计算多层、高层建筑面积，则是各层建筑面积之和。建筑面积包含了房屋居住的可用面积、墙体、柱体占地面积、楼梯走道面积、其他公摊面积等。

2. 使用面积

它是指各层平面中直接供用户生活使用的净面积之和。计算使用面积，可以比较直观地反映建筑物面积的使用状况，但在住宅买卖中一般不采用使用面积来计算价格。计算使用面积时有一些特殊规定：跃层式住宅中的户内楼梯按自然层数的面积总和计入使用面积；不包含在结构面积内的烟囱、通风道、管道井均计入使用面积；内墙面装修厚度计入使用面积。计算住宅租金，都是按使用面积计算。

3. 套内面积

又称"地砖面积"。它是在实用面积的基础上扣除了柱体、墙体等占用空间的建筑物后的一个内容空间的概念。

4. 辅助面积

它是指建筑各层中不直接供住户生活的室内净面积，包括过道、厨房、卫生间、厕所、储藏室等。

5. 结构面积

它是指墙体、柱子等承重构件所占的面积。

6. 建筑高度

它是指屋面面层到室外地坪的高度。平顶房屋按室外地坪至建筑女儿墙高度计算。坡顶房屋按室外地坪至建筑屋檐或屋脊的平均高度计算。屋顶上的附属物，如电梯间、楼梯间、水箱、烟囱等。其总面积不超过屋顶面积的25%、高度不超过4米的不计入高度之内。

7. 房间的层高和净高

层高是指该层楼地面到上一层楼地面之间的距离；净高是指楼地面到结构层（梁、板）底面或顶棚下表面之间的距离。

8. 房屋开间和进深

开间是指相邻两个横墙的定位轴线间的距离，通常开间就是房间的宽度；进深是指一间独立的房屋或一幢居住建筑从前墙壁到后墙壁之间的实际长度，进深与开间垂直。通常进深就是房间的长度。进深大的房屋可以有效地节约用地，但为了保证建成的建筑物有良好的自然采光和通风条件，优化开间与进深比例。

9. 设备层

它是指建筑物的自然层内，用作水电、暖通卫生等设备集中布置的局部层次。

10. 全地下室

它是指房屋全部或部分在室外地坪以下的部分（包括层高在2.2米以下的半地下室），房间地面低于室外地平面的高度超过该房间净高的1/2者。

11. 半地下室

它是指其地面低于室外地平面的高度超过该房间净高的1/3，且不超过1/2。

12. 夹层

它是房屋内部空间的局部层次。

13. 门厅

它是公共建筑物的首层大门至内部房间或通道的连接公共空间。根据建筑功能需求，可兼作其他用途，如酒店门厅兼作大堂、医院门厅兼作挂号。

14. 过厅

它是室内空间走道与楼梯交接的公共空间，或是走道与使用人数较多的大房间连接的公共空间，实际是过道的扩大空间，主要起交通缓冲作用。

15. 女儿墙

它是指房屋外墙高出屋面的矮墙。它是屋面与外墙交接处理的一种方式，也是作为屋面构造或房屋造型处理的一种措施。

16. 建筑总平面图

它是在绘有等高线或加上坐标方格网的地形图上，画原有的和拟建的建筑物及构筑物的外轮廓的水平投影。它表明工程的总体布局，主要包括原有和拟建建筑物及构筑物的位置、标高、层数、平面形状、朝向、相互关系以及道路布置、地形、地貌，地上地下管网等，是建筑物及构筑物定位放线、土石方工程施工以及施工总平面布置的依据。

第四章 房地产项目营销

第一节 概述

一、市场营销简介

市场营销渗透现代市场经济各个领域和部门，无论是商品市场还是要素市场，无论是有形产品市场还是服务产品市场，都存在一个营销问题，即使是非营利性的社会事业活动和公共产品经营，也要重视营销问题。现代市场经济条件下市场营销应以消费者为中心，以市场为导向的包括生产、流通、服务在内的营销活动全过程。市场营销又称市场学、市场行销学，市场营销是一门科学，也是一门艺术。

1. 市场营销观念产生与发展

市场营销观念产生于 20 世纪初期的美国，1985 年美国市场营销学会提出"市场营销是关于构思、货物和服务的设计、定价、促销和分销的规划与实施过程，目的是创造实行个人和组织目标的交换"。这一定义把产品和货物的设计构思纳入营销活动，并把创造能实现个人和组织目标的交换作为营销的目的，从而使市场营销的概念有了极大的丰富和发展，特别阐明了营销活动是一种策划性的活动，是一种创造性的活动。市场营销是企业进行市场营销活动时的指导思想和行为准则的总和。企业的市场营销观念决定了企业如何看待顾客和社会利益，如何处理企业、社会和顾客三方的利益协调。企业的市场营销观念经历了从最初的生产观念、产品观念、推销观念到市场营销观念和社会市场营销观念的发展和演变过程（表4-1）。真正的营销观念形成于第四个阶段的市场营销观念，这是市场营销观念演变进程中的一次重大飞跃，市场营销观念是一种新型的企业经营哲学。这种观念是以满足顾客需求为出发点的，即"顾客需要什么，就生产什么"。市场营销观念的出现，使企业经营观念发生了根本性变化，也使市场营销学发生了一次革命。

表 4-1　市场营销观念的发展

内容	出发点	中心	手段	结果
生产观念	生产	企业	生产物美价廉的产品	取得有限的短期利润
产品观念	产品	企业	生产优质的产品	取得有限的短期利润
推销观念	产品	企业	加强推销	取得有限的短期利润
市场营销观念	顾客需求	顾客	满足顾客需要	取得长期稳定的利润
社会市场营销观念	顾客需求	顾客和社会	满足顾客和社会需要	取得长期稳定的利润

2. 市场营销理论

从 20 世纪 60 年代至今，市场营销学在原有理论的基础上广泛吸纳行为科学、管理科学、社会心理学等最新研究成果，随着营销实践的发展理论不断丰富和深化，市场营销理论历经 4P、4C 和 4R 三个营销理论阶段。4P 是将产品（Product）、价格（Price）、渠道（Place）和促销（Promotion）作为营销体系的四大要素。为企业的营销策划提供了一个实用的框架，但随着时代的发展和环境的变化，4P 理论的缺陷日益凸显。主要体现在产品的市场定价是由成本加利润构成，没有以消费者为导向，忽略了顾客与市场与的需求；在企业追求"顾客满意"营销策略过程中，美国营销专家罗伯特·劳朋特提出了以"顾客"为中心的 4C 营销理论。4C 理论重新设定了市场营销组合的四个基本要素，即消费者（Consumer）、成本（Cost）、便利（Convenience）和沟通（Communication）。以消费者需求为导向的 4C 理论将企业同消费者进行整合，在追求消费者满意方面获得了很大进步，在定价上以消费者愿意付出的成本为基础，在进行产品销售时，企业应与顾客进行有效互动沟通，并尽可能提供便捷服务。美国整合营销传播理论的鼻祖唐·舒尔茨在 4C 营销理论的基础上提出了 4R 营销理论。4R 是指关联（Relativity）、反应（Reaction）、关系（Relationship）和回报（Retribution）。4R 营销理论以竞争为导向，在新的层次上提出了营销新思路。在运用关系营销的思想理论基础上，设计出了怎样确立关系、保有持久的客户、达到长远利益的详细具体的操作方法（表 4-2）。

表 4-2　三阶段营销理论

内容	4P 理论	4C 理论	4R 理论
营销导向	生产者导向	消费者导向	竞争导向
满足需求	满足相同或相近的需求	满足个性化需求	适应需求变化并创造需求
营销方式	规模化营销	差异化营销	整合营销
沟通方式	"一对多"单向沟通	"一对一"双向沟通	"一对一"双向或多向沟通
营销工具	产品、价格、渠道、促销	消费者、成本、便利、沟通	关联、反应、关系、回报
营销目标	满足现实的、具有相同或相近的顾客需求，以获得利润最大化	满足现实和潜在的个性化需求，培养顾客忠诚度	适应需求变化并创造需求，追求各方互惠关系最大化

二、产品市场寿命周期

产品市场寿命周期是指一个产品从开始投入市场到被市场淘汰为止的整个时期,它是消费者从接受、认同到拒绝产品的全过程。典型的产品寿命周期历经投入、成长、成熟和衰退四个阶段,产品寿命周期反映了企业产品在市场上的变化规律。企业应该根据产品寿命周期各个阶段的不同特征采取相应的市场策略,力争缩短投入期,尽快进入成长期,保持和延长产品成长期,在市场饱和时期及早转产并果断地退出该产品市场(表4-3)。

表 4-3 产品市场寿命周期各阶段的特征与营销策略

阶段	投入阶段	成长阶段	成熟阶段	衰退阶段
产品特征	产品初问世,还不完善,尚未被消费者和经销商所了解和接受,销售量增长缓慢,销售增长率不稳定,生产成本高,促销费用大,利润低,甚至亏损。此时市场上有少量竞品出现	产品关键功能固定,产品形态基本稳定,销售增长快,市场占有率较高,单位成本较低,利润增加;竞争者纷纷介入,竞争较为激烈。此时市场会出现大量竞品	产品基本定型,开始开拓新的延伸产品。销售增长平缓,市场占有率高,达到顶峰。产品成熟,知名度高;盈利能力强,市场趋于饱和,市场竞争激烈	用户活跃度下降,销售增长为负,市场占有率低,市场剧烈萎缩,产品积压严重;利润急剧下降,甚至亏损;替代品开始上市,老产品纷纷大量退出市场
营销策略	提供基本产品,注重广告示范,多方案推广产品,努力开发市场;不断改进产品,适度控制产量;促销引导消费,获取种子用户;做好数据分析,不断改进和提升产品体验	提升产品整体,采用普遍分销,此时运营可以通过补贴、活动等策略不断拉新,提高产品品质与知名度,塑造企业形象,努力创出名牌。不断提高市场占有率	大量用户使用,拉新困难,此时运营应该重点提升用户活跃度。开发新产品,广告突出特色、优势,采用更加密集分销策略,努力提高产销量,调整营销组合,延长成熟阶段	削减衰退产品,采用降价促销。调整企业资源,有选择地退出无利润的销售网点,采用集中营销。通过营业推广处理积压品,准备新品上市。进行市场调研,或者更新产品线

三、房地产项目定位

根据项目管理原理,"项目"是为了创造某个唯一的产品或服务的时限性工作,是在时间、地理、资金等一定资源的约束条件下,对一个既定目标要求的一次性努力的过程。房地产项目指的是一次房地产开发过程,也可指一个房地产产品。房地产项目定位是指从多角度去界定开发商将要在土地上"生产"一种何样的产品,提供何样的服务。房地产项目定位是房地产前期策划的主要内容,在整个项目的开发建设中占有重要的地位,项目定位不科学将会导致销售受阻。准确的定位对项目的规划设计、宣传推广、形象设计等方面都会有一个明确的指导方向。房地产项目定位包含项目业态定位、项目形象定位、产品品类定位、产品目标客户群定位、价格定位等。

1. 项目业态定位

项目业态定位是住宅地产还是商业地产?是纯住宅还是住宅加沿街底商住宅(图4-1)?是住宅加产权式酒店再加沿街商铺?是旅游休闲项目(图4-2)还是城市综合体?如定位为商业地产项目,如要人气就得选择低租金的餐饮娱乐业态,要保租金就得去思考引进何种零售业态，而希望保出租率就得考虑到底哪种业态更容易为消费者接受、存活得更久。表 4-4 是某商业地产项目业态功能。

如城市综合体某 A 座商业形态定位为家电超市，计划整体引进一家家电品牌大户；B 座与 A 座相连，可互补经营定位，建议规划成小家电批发市场，主要引进散户经营；C、D 座位于广场中心，人气带动效应明显，建议规划成数码通信广场，带动整个商业街人气；E 座自成一体，建议规划成黄金珠宝店，引进一家大户经营；F 座建议规划成化妆品、休闲配饰精品街，主要引进散户经营。又如贵州省规模最大、配套最齐全的城市综合体"花果园项目"，位于省会贵阳市，完善配套设施下高性价比居住物业，开盘后连续 34 个月获全省楼市销售冠军。项目总占地面积 2700 余亩，规划面积 6000 余亩，总建筑面积 1830 万平方米；规划设置了 60 万平方米办公区、60 万平方米商业区、30 万平方米环球商业广场、16 万平方米花果园湿地公园、27 万平方米城市广场、260m 高 60 层双塔国际甲级办公大楼、五星级疗养院，308m 高 IMAX 3D 巨幕影院等。配套设施涵盖"五横六纵五立交"的市政道路、环保有轨电车、商务、商业集群、星级酒店集群、城市公园集群、中央学区、三甲综合医院等城市优质资源，以产品多元化建造城市新中心。

图 4-1 沿街底商住宅

图 4-2 某旅游休闲项目

表 4-4 某商业地产项目业态功能

业态功能	描述
餐饮	中西快餐、中餐、西餐、咖啡店、小吃店、酒吧、茶艺、特色店等
娱乐	影视厅、卡拉 OK 厅、歌舞厅、游戏厅等
休闲	书店、文化廊、水族馆、音乐厅等
服务	美容美发、桑拿、洗衣店、健身房等
修理	各种家电维修
批发	批零兼营，并具有一定规模来辐射适当社区范围
商务	复印、打印、传真、互联网等内容的商务服务中心

2. 项目形象定位

项目形象定位是项目本身典型特质和亮点，是在职业者心中留下的印象，当提及本项目时，目标客户群会联想到相关形容词。对于住宅物业，形象定位关注的不仅仅是房子，而是居住环境、配套设施，向往的是更有价值的生活方式。项目形象定位并不是建筑实体简单的说明。它实际上是继建筑设计之后的继续创造，能增加楼盘的附加值和无形资产，能发掘和引导一种市场需求、一种消费观念、一种社会文化。项目形象定位是一个系统工程，是贯穿整个推广过程的主题。

房地产项目整体形象设计，是指企业按照项目的形象定位，有意识、有计划地将房地产项目的各种特征向社会公众主动地展示与传播，使公众在市场环境中对该特定的房地产项目有一个标准化、差别化的印象和认识，以便更好地识别并留下良好的印象。对房地产项目整体形象设计，一般是通过CIS（企业形象识别系统）来完成的，重点是其中的VIS（企业视觉形象识别）设计，它是指在企业经营理念的指导下，利用平面设计等手法将房地产项目的内在气质和市场定位视觉化、形象化的结果，是房地产项目与其周围的市场环境相互区别、联系和沟通的最直接和常用的信息平台。在品牌营销的今天，没有VIS对于一个房地产项目来说，就意味着它的形象将淹没于商海之中，它的产品与服务毫无个性，消费者对它毫无印象。VIS设计内容、原则、标准见表4-5。

表4-5 房地产项目VIS形象设计

内容	描述	
设计内容	基础设计系统	楼盘名称、楼盘标识（LOGO）、主流色、标准字等
	应用基础设计系统	场所内外环境、员工工作服、事物用品、交通工具等
设计原则	以项目开发理念为中心原则；同一性原则；美学原则；差异化原则	
设计标准	可记忆性，容易识别和回忆；具有描述性、说明性和连续性；适应性、灵活性可更新	

3. 产品品类定位

房地产产品品类定位应与当地的消费水平和客户群的消费需求相适应。住宅产品定位是高档、中档还是低档？建筑面积是90平方米以下的经济适用型？或是120平方米的舒适型？或是150平方米以上的大平层？项目前期做决策时，应对该定位进行分析，说明为什么这样定位，给定位足够的支撑点。

例如，万科地产典型的金色家园、城市花园、四季花园、高档稀缺四大产品系列，八个产品品类（表4-6），对应细分客户（表4-7）定位，住宅市场接受程度较高。

表4-6 万科住宅四大产品系列、八个产品品类

产品系列		核心理念	土地属性			项目价值	品类细分	
			位置	交通	配套		字母代码	中文名称
城市住宅	金色家园系列（Golden）	都市、时尚生活	市区或新城区	发达	生活配套	便捷的城市生活	G1	商务住宅
							G2	城市改善
							G3	城市栖居

续表

产品系列	核心理念	土地属性			项目价值	品类细分	
		位置	交通	配套		字母代码	中文名称
城郊住宅	城市花园系列（City）	山水、悠然生活	市区近郊	便利	规划有完整的生活配套	舒适居所（第1居所）	C	城郊改善
郊区住宅	四季花园系列（Town）	大城、丰盛生活	郊区或卫星城	不便利	不完善	低价格	T1	郊区栖居
						舒适居所（第2居所）	T2	郊区享受
高档住宅	高档稀缺系列（Top）	墅庭、高尚生活	市区或郊区	便捷	对配套无要求	占有稀缺资源	Top1	城市豪宅
							Top2	郊区豪宅

表 4-7　万科四大产品系列对应的细分客户

产品系列	品类	客户描述	购买原因
金色家园	商务住宅，周边写字楼密集，商业价值高	商务人士	投资
		顶级商务人士	投资
	改善居住，配套齐全	三代（孩子）	改善
		后小太阳	改善
		小太阳	改善
		中年之家	空巢
	首次置业，低总价	青年之家	首次
		青年持家	首次
城市花园	城郊改善居住环境	三代（孩子）	改善
		后小太阳	改善
		小太阳	改善
		小小太阳	改善
		中年之家	空巢
		青年持家	改善
四季花园	首次置业，低总价	青年之家	首次
		小小太阳	首次
		青年持家	首次
		三代（孩子）	首次
		老年一代	空巢
	郊区享受型，改善居住为主	三代（孩子）	改善
		后小太阳	改善
高档稀缺	城市郊区，资源稀缺		
	城市稀缺地段，占有稀缺资源		

4. 产品目标客户群定位

房地产项目营销的目标是促使产品租售,只有确定好有效目标客户群,项目的营销推广才能有源头之水。某大型项目房屋品质优良,配套设施齐备,但小区内既有 $60m^2$ 的小户型,又有近 $300m^2$ 的复式住宅,房屋单价合理,但大户型总价不菲。项目开盘后销售不佳的原因之一是目标客户群定位不精准。目标客户群就是依据项目自身的特征、品质为载体而进行的对目标接收人群以及购买对象的界定,是策划、销售关系中的重要环节,在确定项目的目标客户群时,开发商需要注意职业、年龄、收入;是首次置业的年轻一代适婚或将新婚人士,还是希望转换居住环境、中高收入的工薪族人士?如建筑面积 $200m^2$ 左右的大平层建筑目标客户以二次置业、改善居住环境的购买者居多。表 4-8 是不同家庭对居住物业的要求。表 4-9 是客户社会阶层定位。

表 4-8 目标客户群与居住物业

类别	描述
安居型需求	普通住宅、配套设施较完善
康居型需求	低密度住宅或大平层、配套设施完善
享受型需求	联排别墅、独立别墅、配套设施完善

表 4-9 客户社会阶层定位

社会阶层	特征与置业偏好
富豪阶层	它是指拥有雄厚的身家,并且是地位显赫的超级富贾。他们通常拥有一个以上的宅第,置业时买的不仅是房子,更是一个有品位、有追求的高端圈层。对居住物业的房屋建筑品质、配套设施、居住环境等均是高要求,高度关注物业的品牌
富裕阶层	它是指职业和业务方面能力非凡,因而拥有高薪和大量财产的群体,他们置业时比较看重产品优良性能,偏好于购买能显示其身份地位的物业,并希望借此得到上层社会的认同和接纳
中产阶层	它是指经济收入稳定,主要包括小企业主、公司高级白领阶层。他们注重教育,置业时比较注重生活环境和社区文化之外,更为关注房屋的间隔布局、建筑质量、周边配套,更偏重于追求时尚的建筑
工薪阶层	它是指一般的白领、技术工或半技术工的蓝领阶层,置业时追求间隔实用、价格合理,他们具有认真工作的习惯,并恪守社会文化所赋予的规范标准,对房屋的售价较为敏感。购置物业以自住为主

四、房地产项目营销策划

房地产营销策划是综合运用市场营销学及相关理论为基础,以市场调研为前提,以科学地配置企业可运用的资源为手段,从市场的竞争需要出发,制定切实可行的营销方案并组织实施,以实现预定的营销目标。由于房地产市场化的程度越来越高,个人消费已成为主流。增量大于存量的现今市场,早期房地产营销策划"概念模式与卖点群模式","策划大师"依靠"点子"制胜的时代已经过去,各种专业人员运用先进的信息系统,通过对房地产项目各种资源的整合,合理运作,立体作战,科学、严谨、规范成为房地产全程策划的运作原则,在策划过程中,创意是灵魂。随着行业竞争日趋激烈,房地产营销逐渐由后期被动营销向全过程主动营销过渡。

1. 概念模式

概念模式是策划者选择楼盘的一个或多个显著特征，向消费者加以强调和宣传，使消费者对楼盘建立起概念认识，引导消费者在众多楼盘的选择过程中，比较容易选择自己偏好的楼盘，从而达到促销目的的一种策划方式。房开商楼盘销售时，宣传上有的强调区域文化人文理念，有的突出社区安全，有的推荐智能化，有的宣传物业管理，有的楼盘更注重环境，有的讲究材料上乘、装备精良，有的鼓吹风格，有的宣传价廉……这些特别推荐的优点，使人建立起概念认识，对销售起到重要的引导作用，使购买者在众多楼盘选择过程中，比较容易地按需求选择。概念模式显然是开发商建设观念的呈现，更多地体现了开发商的一厢情愿，是忽视市场需求的产物。希望依靠突出的某个特征而实现销售，在目前空置率居高不下、买方市场的情况下，这种策划模式只是解决了消费者的识别选择。开发商仅靠楼盘的某项优点实现销售意图，很难圆满实现。

2. 卖点群模式

卖点群模式是策划者为适应卖方市场和消费者理性选择，采用罗列众楼盘优点并将其集于一身，向消费者做出承诺：能满足消费者诸多要求，从而达到促销目的的一种策划方式。房地产市场供应量的增加，导致需求相对减弱及消费者理性购买，发展商以建设观念、楼盘观念建造的楼盘，为了迅速适应市场需求的变化，采取"人有我有、人无我有"的销售策略。并将众楼盘之长集于一身，极尽所能地向市场罗列无尽的卖点，其结果，每一个卖点的后面都是成本的增加，楼盘的整体素质虽然得到了或多或少的增加，实际可能会出现成本高于售价的问题，尽管卖点策划模式对提高项目的品质起到了非常积极的作用，但同时也产生了许多高不成、低不就的楼盘，如造价是小康型，环境却是生存型，户型又是温饱型。

3. 等值模式

等值模式是指以更低的价格向消费者提供与竞争者相同的显性价值。策划者为避免楼盘成本攀升而并未获得同比的售价，或因售价提高造成楼盘空置率攀升的恶性循环，在众多的楼盘优势卖点中进行权衡取舍，或找到楼盘未发现的价值点，使楼盘成本与销售价格相适应，从而达到促销目的的一种策划方式。由于存在着开发商和策划机构对项目价值的发现与价值兑现能力的差异，等值策划要求对该项目的价值因素具有充分认识能力，并能在众多楼盘优势卖点中进行选择，而且需具有驾驭和实现经营意图的综合能力。

4. 全程策划模式

全程策划模式是指应用整合营销概念，从理念、设计、区位、环境、房型、价格、品牌、包装推广上对建设项目进行整合，合理确定房地产目标市场的实际需求，以开发商、消费者、社会三方共同利益为中心，通过市场调查、项目定位、推广策划、销售执行等营销过程的分析、计划、组织和控制，在精准了解潜在消费者深层次及未来需求的基础上，为开发商规划出合理的建设内容与方向，使得产品和服务与消费者的需求匹配而形成产品的自我销售,并通过消费者的满意使开发商获得利益的过程。房地产开发商聘请专业公司通常在项目已经进入实质阶段,即规划设计要点已经审批,设计单位已经委托,甚至部分项目已完成基础工程进入主体工程施工,专业营销代理公司接盘,能够做的工作是对项目进行诊断并提出包装推广商业计划,这对项目内在品质的提升极其有限。全程策划模式更重视对市场、产品、功能、环境、配套、开发策略等的研究,通常起到事半功倍的效果。在前期策划过程中,建立在消费者满意基础上的核心是产品及其形态,全程策划模式是以营销为主轴。房地产全程营销策划也称增值策划模式,简称DSTP模式(表4-10)。全程营销的前置工作是全程策划,房地产全程策划就是对房地产项目进行"全过程"的策划,即从项目前期的市场调研开始到项目后期的物业服务等各个方面都进行全方位策划,为投资者提供标本兼治的全过程策划服务,每个环节都以提升项目的价值为重点,使项目以最佳的状态走向市场。主要内容见表4-11。

表4-10 全程营销策划模式

特征	描述
需求(Demand)	它是指消费者有能力购买且愿意购买的某个具体产品的欲望
细分(Segmentation)	它是指市场细分,根据住户对产品的需要差异,把整个房地产市场分割为若干个子市场的分类过程
目标(Targeting)	它是指开发商对市场细分后,确定自己的产品所要进入的领域
定位(Positing)	它是指策划机构为目标项目设计出自己的产品和形象,从而在目标用户中确定与众不同的有价值的地位

表4-11 全程策划主要内容

内容	描述
市场研究	对项目所处的经济环境、市场状况、同类楼盘进行调研分析
土地研究	对土地的优势、劣势、机会和威胁进行分析研究,挖掘土地的潜在价值
项目分析	分析项目自身条件及市场竞争情况,确定项目定位策略
项目规划	提出建议性项目经济指标、市场要求、规划设计、建筑风格、户型设计及综合设施配套等
概念设计	包括规划概念设计、建筑概念设计、环境概念设计和艺术概念设计
形象设计	开发商与项目的形象整合,项目形象、概念及品牌前期推广
营销策略	找准项目市场营销机会点及障碍点,整合项目资源,挖掘并向公众告知楼盘自身所具有的特色卖点
物业服务	与项目定位相适应的常规性公共服务、针对性专项服务、委托性特约服务
品牌培植	企业的优势和核心竞争力培养品牌,延伸产品的价值。房地产企业的竞争最终归集到品牌竞争

第二节 房地产项目营销策略

传统的"坐销、渠道销售、差异化销售"等营销策略,主要还是通过广告宣传在售楼处坐等客户上门购买,随着我国房地产市场由卖方市场向买方市场转变,市场竞争日趋激烈,房地产营销策略越来越注重挖掘内涵,倡导更有效的营销模式。整合营销、全程营销、体验式营销、互联网思维营销等应运而生的营销策略逐步成为主流。

一、整合营销

整合营销是一种对各种营销工具和手段的系统化结合,根据环境进行即时性的动态修正,以使交换双方在交互中实现价值增值的营销理念与方法。我国房地产市场营销起始于1986年的住房改革,1987年土地使用权有偿出让第一次在深圳经济特区实行,随后,上海、厦门、广州、福州和海口等城市相继开始试行,房地产业市场开始快速成长,随着购房者置业行为和心理的不断成熟,产品的营销不仅仅停留于表面,而是注重挖掘内涵,倡导一种更深层次、更有力量的营销模式,单一营销策略逐渐被整合营销代替。整合营销理论是由美国市场营销学教授唐·舒尔茨20世纪90年代提出,其核心思想是通过企业与消费者的沟通,以满足消费者的需要为价值取向,重组企业行为和市场行为,综合协调各种形式的传播方式,发挥各种传播方式的优势,以统一的目标与统一的传播形象,传播一致的产品信息,实现与消费者的双向沟通,建立产品品牌及与消费者保持长期密切联系,从而降低双方的信息不对称。就整合营销的方式而言,可以是横向的整合,也可以是纵向的整合。横向的整合通常是为了达到最有效的传播效果而运用各种有效的宣传载体,纵向的整合也叫作深层次整合,是指利用所有可以利用的资源对企业的商品进行区隔,进而实现不同的定位。2007年之后,整合营销进入快速推广应用阶段。

随着整合营销传播思想的逐步深入,品牌成为许多企业关注的焦点,万科等房地产龙头企业在公关推广、广告策略、渠道扩展和促销活动等多种营销组合上进行了成功的探索。深圳万科营销组织构架从2008年起将销售经营部更名为营销管理中心,部门职责逐渐由销售转向整合营销;2009年实施片区制,适应跨区域发展;2010年推进大平台小项目,进行公司资源的整合,后台介入业务和专业工作;2011年片区制升级,人员集约化。在这期间,逐步形成了由综合管理部、市场研究部、市场策划部三大职能部门搭建的专业后台,并按项目划分业务片区,有效、灵活地整合片区内营销活动,监控营销费用,实现资源有效共享。万科地产还在营销体系(表4-12)和营销模式整合(表4-13)上做了成功的探索。营销模式由"推"向"拉"转变,同时加强合作方管理和专业研究,实现了关联价值的深度挖掘。

表 4-12 万科地产营销体系的整合

体系内容	描述
建立客户数据库	完善客户分类管理,精细化渠道投放,建立有效的数据统计机制和维护方法

续表

体系内容	描述
评估渠道价值	建立各类营销渠道的性价比，单个营销渠道中不同合作方的性价比，统一的评判标准，囊括各类合作方、渠道效率、客户需求满足程度等动态评估机制
持续保持创新	聚焦精准营销，多维度建立精准体系，应对市场、客户、竞争情况的时刻变化
产品定位的优化落地	强化营销部门在产品定位中的前置职能，在客户需求与产品打造之间搭建沟通桥梁，将营销语言转换为定位语言，最终实现产品优化

表 4-13　万科地产营销模式的整合

模式内容	描述
品牌建设	系统规划企业未来 3~4 年统一品牌；率先进行客户会品牌化分级分类管理；充分调动客户会网络和会刊
合作方管理	通过战略招投标、系列培训、高额团队激励基金、星级销售员认证、月度考核评比等机制遴选考评代理公司；通过战略招投标、优秀作品和团队季度评选、弹性付款制度、服务品质评分等机制遴选考评广告公司
核心营销战略	通过系统、连续、创新性的"万团大战"等大活动营销；通过网络团购阶梯优惠的方式进行阶段性整合活动，精准渠道管理
专业研究	体现在客户分类管理模型、市场资格客户研究、户型发展趋势研究、配套体系化、高层度假产品价值体系、混合社区养老需求体系、运营分析模型推广

二、全程营销

全程营销是应用整合营销概念，从理念、设计、区位、环境、房型、价格、品牌、包装推广上对建设项目进行整合，科学确定房地产目标市场的实际需求，平衡开发商、消费者、社会三方共同利益，通过市场调查、项目定位、推广策划、销售执行等营销过程的分析、计划、组织和控制，在全面了解潜在消费者深层次及未来需求的基础上，设定目标、规划设计、建筑功能布局、工程控制、营销推广、售后服务等营销策略。全程营销为房地产开发商设计出合理的发展方向，从而使其推出的产品和服务努力满足消费者的需求而最终形成产品的自我销售，并利用消费者的高度满意使房地产开发商最后获得利益的过程。广义的房地产全程营销是指营销从项目决策阶段介入。通常包含项目的前期定位策划、项目的推广整合策划、项目的销售招商策划。一般房地产开发商聘请专业公司是在规划设计文件已经审批，设计单位已经委托，甚至部分项目已完成基础工程进入主体工程施工，专业营销代理公司接盘，能够做的工作是对项目进行诊断并提出新包装、推广计划，这对项目内在品质的提升极其有限。事实上，前期策划是项目的纲领性文件，含项目的类型、规模、客户群、主题、功能、业态与价格等整体精确定位。

全程营销是一项工作量大，涉及环节多且变化因素很大的工作，随着行业竞争进入"红海市场"，房地产营销逐渐由后期被动营销向全过程主动营销过渡。房地产龙头企业之一恒大地产，在项目选址阶段即开展营销工作，在全程营销策略上做了成功的探索（图 4-3），其营销工作贯穿在规划设计、项目建设、产品销售、物业服务全过程。

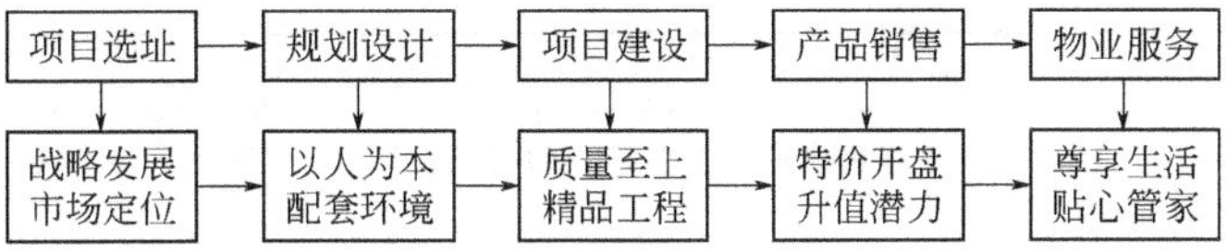

```
项目选址 → 规划设计 → 项目建设 → 产品销售 → 物业服务
   ↓         ↓          ↓         ↓          ↓
战略发展   以人为本    质量至上   特价开盘   尊享生活
市场定位   配套环境    精品工程   升值潜力   贴心管家
```

图 4-3　恒大地产全程营销

三、体验式营销

"体验式营销"是通过观摩、感觉、感受、聆听、尝试、试用等方式,让目标客户实际感知产品或服务的品质或性能,提供一种"无法遗忘的感受",最终赢得客户的信赖和忠诚,从而促进产品的销售。在体验经济中,企业主要提供的不仅仅是商品或服务,而是提供一种让客户置身其中的场景体验,给顾客留下难忘的愉悦记忆。以期房销售为主的时期正逐渐褪去,整个房地产领域正在慢慢进入准现房阶段,"体验式营销"通过对项目销售体验环境包装、销售接待动线设计,让购房者能立体的、全方位地感受产品的"鲜活",最终促进楼盘的销售。体验式营销的出发点是产品创新,即"造房子向造家"的转变,从销售商品到"客户体验"过渡,将从单纯地卖地段、卖质量、卖景观、卖周边配套的传统模式向卖安全、卖个性化、卖服务、卖生活方式的新模式转变,通过实地零距离接触体验"房屋产品"及附加值,目标客户全景体验了居住的场所环境、配套设施、硬件标准、工程质量、房屋结构、物业服务;真切的心理感受使房产营销更加人性化。通过让顾客体验产品、确认价值、促成信赖后自动贴近该产品,成为忠诚的客户。以客户最佳体验为导向的体验式营销是一种潮流所趋,其策略的运用对楼盘销售起到推波助澜的作用,其主要内容见表 4-14。房地产产品生产周期长,项目一次性投入大,房地产项目前期的产品功能定位、目标客户定位、规划设计等隐形工作是决定成败的关键要素,后期营销只是锦上添花。

表 4-14　房地产体验营销内容

内容		描述
关键点		洞悉客户心理需求,确定产品定位,打造体验式产品,设定体验主题情景,触点设计与管理,客户情感化体验与参与
情景体验区选址	设计	售楼处、样板房的建筑设计、装修设计和景观设计
	显性特征	规划设计、建筑设计、装修设计、景观设计、导示系统设计、灯光设计
	隐性特征	消费者的感官、情感、思考、行动和关联
情景体验区设计风格	景观	创造客户理想生活方式的情境,使客户对产品产生情感认同
	空间流线	注重空间序列、空间节奏变化、客户的游线感受
	整体氛围	情景体验区形态、色彩、声音齐备;四季常绿观赏区植物搭配;展示中心有鲜花、水果、咖啡等饮料;喷泉流水,现场主题音乐与楼盘定位匹配

续表

内容		描述
物业服务设计	物业概念	展示节点体现物业的细节管理,客户体验过程中受物业人员的专业服务,以此留下鲜活的印象
	空间流线	注重客户在流线中产生的疑问,通过设置细节和场景让客户自行得到有说服力的答案
	客户触点	它是指销售过程中开发商与消费者发生信息交换的点,也是客户评价发展商的信息来源。在资源有限的前提下,抓住关键接触点,形成比较优势,是赢得市场竞争的捷径

情景体验区是狭义的体验式营销,是显性体验式营销的最主要部分,每个项目需要针对情景体验区的规划、细节设计、开放制定单独的方案。龙湖、万科等房地产龙头企业在体验营销上均有自身特色。龙湖地产为了更好地做好体验式营销,特意在营销部增加了"体验中心",与原部门的策划中心、销售中心、客户中心并列。项目首次开盘一般提前三个月开始起势宣传,以品牌导入为先,接着项目产品形态、项目信息与项目价值推广为主,积累客户让客户充满期待,以示范区的惊艳开放达到全城轰动、获得客户的高度认可,达到推广宣传的一大高潮,紧跟着开盘,以水到渠成地取得首次开盘的良好业绩。由于体验区打造需花费较多的时间,实际上开始宣传启动的时间是以体验区的开放节点倒推,开盘时间再根据开放时间顺推半个月,旨在为客户创造"全景体验"过程。对于情景体验区的打造,万科地产首创了"形象路、小区入口、组团入口、大堂、外廊户门装置、天台、前中后院、泛会所、洋房宅间路、儿童活动、商业配套、销售厅、泳池区等""10+3关键生活场景"(图4-4)。13个关键生活场景即情景体验区硬件方面非常重要的13个关键触点,涵盖了社区、组团、楼栋、套内四大方面的整体展示,能够很好地让客户感受到项目的高端形象与品质。

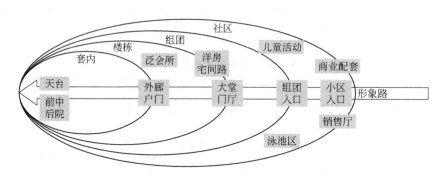

图 4-4 万科 10+3 关键生活场景

四、互联网营销

互联网营销是以国际互联网络为基础,利用数字化的信息和网络媒体的交互性来实现营销目标的一种新型的市场营销方式。开发商依托电脑 PC 端、手机端作为入口,利用微信、微博、网站等多种模式进行营销。传统单一网站已被淘汰,"PC 端网站+手机端网站+微信公众号"三站一体模式逐渐成为营销主流模式。互联网新经济形态消除时空差距正以极快的速度影响着社会经济形态与人们的生活，21世纪，人类迅速进入数字化时代，电子商务改变着工业化社会传统的、物化的营销模式。互联网对于传统的市场营销最具有革命性的影响就在于缩短了生产与消费之间的距离，减少了商品在流通中经历的诸多环节，消费者可以直接操纵鼠标在网上完成购买行为。房地产营销正在走入智能网络时代。目前我国房地产已进入存量时代，传统的"售楼处坐销"模式如今对开发商的支持渐显疲弱。互联网营销具有降低营销费用、全天营销服务、精准确定有效目标客户群、多维展示房地产产品的优势。

1. O2O营销模式

O2O（Online To Offline）营销模式是将线下商务与互联网结合，让互联网成为线下交易的前台。线下服务就可以用线上来揽客，消费者可以用线上来筛选服务。O2O营销模式的关键是在网上寻找消费者，然后将他们带到现实的中介店铺中即门店中介经纪人线上导客，这种模式也被越来越多的房地产经纪公司所学习和应用。O2O营销模式通过互联网技术将房源信息迅速及时地释放到购房者手中，提高客户在线购房体验与购房服务效率，对于中介而言，这一模式则让房源凭借用户行为与意向目标，更精准地找到目标客户，从而大大提高成交效率。借助"O2O"营销模式，看房、买房、付款、装修等各个环节可以同时进行，大大提高购房效率与便捷性。但是由于房地产产品的非标准化及价值量大的特点，不同环境的房子对于在具体的用户居住体验上区别很大，非标准化产品、非标准化价格，决定了要实现线上卖房子必须得有经纪人更专业的配套服务。

2. 大数据营销模式

近年来，电子商务的蓬勃发展使传统商业地产受到严重冲击，销量严重萎缩，一、二线城市商业地产出现了严重饱和。商业地产开始探索"互联网＋"模式以取得突破。大数据营销模式是在商业地产建立大数据平台后，通过大数据分析深度挖掘客户需求，从而定向推行营销策略、提供增值服务、改善商家经营行为等活动。一是基于网民搜索行为、浏览行为、累积行为等进行人物画像、人群分类等，指导广告投放策略，最后以地域、时间、兴趣、关键词、回头客定向等因素定向广告投放，实现更科学、高效、精准的营销策略，将线上产品及线下活动定向推送给客户。二是为客户提供室内导航、车位预订、提前点菜、商品配送等服务。三是自动持续生成客户新数据，以协助商家改善经营。通过这些活动，使消费者的购物行为实现了线上、线下无缝对接，使精准营销成为可能。大数据营销模式借助人手都有的微信作为卖房的平台，发动全民卖房，将房源信息分享给身边的意向客户，借此获得一定佣金。大数据营销模式适用于所有房地产物业。

3. 房天下

房天下（Fang.com）是1999年创立的房地产家居专业网络平台，专注于新房、二手房、租房、家居、房地产研究等领域的互联网创新，目前已覆盖全球20余个国家。2010年9月，房天下成功在美国纽交所上市。2015年中国互联网协会、工业和信息化部信息中心发布了中国互联网企业排行榜，房天下跻身中国互联网企业十强。2018年初开创性地推出了"经纪云、开发云、家居云、商办云"四大云平台，分别服务于经纪行业、房地产开发行业、家居行业、商业办公四大商业用户群，旨在运用大数据分析打通上下游客户需求，提供体验更友好、效率更高效、管理更智能的全生态服务体系，利用新技术帮助合作伙伴抢占市场先机。房天下门户网站拥有海量新房楼盘房源数据库、齐全的房源基础信息、健全的楼盘点评系统、便捷安全的线上交易平台，为客户提供全面及时的房地产资讯和权威的购房指导服务；房天下践行互联网金融理念，引入 P2P、众筹等新兴模式，为新房、二手房、家居三大交易平台提供金融支持，倾力打造的互联网房地产金融服务网站，已实现 App、WAP、iPad 多屏覆盖，设有买房、卖房、租房、装修、商用等板块（表 4-15）。拥有丰富的精品家装案例库、高清装修效果图，可以一键轻松联络相关设计师。拥有地图精准定位式找房、手机看房实景扫出房价、高清组图楼盘构造清晰、购房者楼盘点评、移动业主圈等核心功能。

表 4-15　房天下板块设置

板块	描述
买房	新房、二手房、海外房产、业主论坛
卖房	我要卖房、查房价
租房	我要出租、品牌公寓、个人房源
装修	装修报价、装修美图、免费设计、装修店铺
商用	商铺出售、商铺出租、写字楼出售、写字楼出租

4. 安居客

安居客是 2007 年创立的房地产信息服务平台，业务全面覆盖新房、二手房、租房、商业地产、海外地产、装修等领域，在为用户提供安心、可靠、便捷找房服务的同时，满足开发商与经纪人高效网络推广的需求。用户通过安居客网站、手机 App、手机网页版、iPad 网页版等，可享受一站式房产租售专业服务。2015 年安居客被 58 同城收购，2016 年 58 同城品牌升级，安居客成为 58 同城子品牌。2016 年安居客联手 58 同城、赶集网力图打造国内最大房产经纪人集群。2019 年安居客在现场发布"N＋，全开放服务平台"房产发展战略，同时最新推出的房产销售方案解决系统——带客通，正式启动 58 同城、安居客的二手房、新房业务的一二手联动服务，帮助加入平台的开发商、经纪人、用户之间实现资源互通，其企业愿景是未来在"全信息、全连接、全服务"升级版房产服务体系下，充分连接多维合作方，为二手房经纪、新房营销等各类商家提供多样化的增值服务，在真正开放的服务平台上共建运营规则，实现平台全链条企业的共生、共赢。安居客产品特色见表 4-16。

表 4-16　安居客产品特色

产品优势	描述
精准楼盘推广	"云聚客"着眼于解决不同客户，不同销售阶段的营销需求；从普通住宅到商业地产，从 PC 端到移动端，通过大数据分析和智能匹配，为客户解决各类营销困局，实现多元化智能服务营销。带客通在开发商项目公司端提供多渠道展示空间和营销工具，持续优化渠道策划、建立作业标准、无缝连接内外场、提升客户体验

续表

产品优势	描述
专业高效的营销工具	微聊客是企业推出的置业顾问移动智能营销平台,赋能新房开发商群体,由置业顾问讲解楼盘短视频内容,改变行业营销模式,让新房置业顾问从"在售楼处坐等客户到访"改为"在线主动发布信息,自主营销获客",提升用户信息体验,深化"内容产生连接"。安居客还针对房产经纪人特别研发了一系列工作平台。
真实房源找房全链信息化	构建了收录全国房源真实信息的数据库"房源全息字典",实现房源售前"中介+平台"双核验,售后"全流程+全品牌"全保障的房产服务平台真房源产品。实现了找小区、找房源到找经纪人的全链信息化,打通内网真实房源系统,以共建标准、共享资源为内核,与各家经纪公司联手各展所长
深度挖掘数据反映市场真实走势	房产研究院以海量用户数据为基础,推出房产数据、住房租赁、时事热点等方向的研究报告,为购房者提供找房指导,为开发商提供决策参考。自成立以来,58安居客房产研究院已陆续推出《理想居住生活报告》《中国住房租赁报告》等系列报告,及《返乡置业报告》《女性置业报告》等针对特定人群的置业报告等
深化海外地产服务布局	海外地产业务覆盖了70余个国家,近500个城市,海外房源近300多万套,向置业者提供了多国及城市的房价和租金数据,安居客已和全球多个在线房地产公司达成战略合作,置业者能通过安居客平台看到多国房源和房价数据等实时更新的数据

5. 居理买房网

居理买房网前身分别为侃家网、居理新房网。2014年成立的侃家网是国内首家数据驱动的新房交易服务平台,核心业务是向买房人提供全流程免费的高品质新房咨询服务;2017年品牌全面升级更名为居理买房网,进一步明确将大数据、云计算等技术与房产交易深度融合的公司发展路线。致力于为买房人提供全面、专业、可靠的购房决策支持。居理买房网拥有专业的买房咨询师团队,可提供从大数据找房、全城专车看房到低价买房的全流程定制服务;建立了科学、严谨的咨询师服务流程标准,重视购房者的服务体验,零门店、100%线上获客;尽可能实现服务方差最小化;通过自主研发、构建的大数据销售赋能中台及智能决策运营系统,实现投放、订单分配、交易服务、质检等环节全流程在线化、智能化、标准化运营。2020年居理买房网陆续上线在线自主选房、三方视频看房、在线签约等功能,率先在行业打通线上交易完整闭环,让用户足不出户即可完成在线找房、看房、选房、订房一站式购房服务。2020年居理买房网率先推出线上售楼处,并联合全国300多家品牌房企打造房产行业的"任性挑房节"。居理买房网提出了"一站式服务流程、专业买房咨询师、四大购房保障"三大特色(表4-17),提出"专为买房人服务"的品牌主张。

表 4-17 居理买房网特色

内容		描述
一站式服务流程	线上预约	在线预约,1小时内回复
	大数据找房	客服匹配系统,找房更精确
	全城看房	免费专车、全城好房一趟看完
	低价买房	低价保障,买贵赔差价

续表

内容		描述
专业买房咨询师	高素质	公司职员100%全部本科毕业,20%以上"211"与"985"毕业
	严要求	入职前30天岗前培训,严格服务考核
	更专业	实地勘察百个楼盘,提供全城楼盘咨询
四大购房保障	低价保障	全力为用户争取优惠价格,保障每一笔交易都公开透明
	信息真实	保障房源真实存在,保障信息真实准确
	五证齐全	签约楼盘五证齐全、合规销售、交易无风险
	维权协助	交易过程如发生交易纠纷、维权、必要时提供法律咨询协助

第三节　房地产产品营销

房地产市场营销的终极目标是引导消费者购买房地产产品。

一、房地产产品营销特征

房地产市场营销是指房地产开发商或经销代理商为了实现经营目标，对房地产产品的构思、定价、促销和分销的计划和执行过程。为此，可以把房地产市场营销视为房地产开发企业开展的创造性的、适应动态变化的房地产市场的活动，从房地产开发企业流向房地产购买者的社会管理过程。其实质是以消费者对各类房地产商品的需求为出发点，房地产开发企业通过有效地提供住宅、写字楼、商业用房以及厂房、仓库等房地产商品和与此相关的服务来满足消费者的生产或生活、物质或精神的各种需求，并获取利润。房地产营销的目的就是满足消费者对房地产商品的现实需求和潜在需求。房地产产品营销特征有：投入金额大，风险性高；产品差异性极强，几乎没有相同的产品；营销中应科学挖掘潜在市场，提升产品价值（表4-18）。

表4-18　房地产产品市场营销的特征

特征	描述
复杂性	房地产产品市场交易的是房地产的产权，包括房屋所有权、土地使用权、房屋使用权等；根据交易的产权不同而形成不同的房地产市场，如买卖市场、租赁市场等
风险性	房地产开发投入资金量大，生产周期长，受金融业及土地政策的影响，对信贷的依赖性也很强，连续的资金投入在未来几年后才能开始得到回报，面临较大的风险
差异性	房地产产品市场的区域性主要是由房地产的位置固定性和性能差异性所决定的。因区位、建筑设计等因素，不同区域的房地产产品价格水平、供求状况、交易数量存在差异
协作性	销售房地产产品需要多行业的企业协同作战，房地产营销是一门综合的学问和艺术，企业很难高效地单独完成一个营销过程

二、房地产产品营销工具

房地产产品是一种特殊的商品，具有设计施工专业化、资金投入大、建设周期长等特点，普通消费者不易掌握其产品性能，尤其是对于预售商品房，专业人士才能通过识读图纸了解产品的户型、朝向、层高、门窗洞口尺寸、采光通风情况等信息，更多的置业者是通过案名、楼书、样板房了解购买的产品，案名、楼书、样板房作为营销工具，拉近了冰冷的钢筋混凝土建筑与舒适温馨家园的距离。

（一）案名

案名是指整个楼盘或单个组团或单栋楼宇的名称。主题定位是案名定位的基础，案名是房地产项目广告之一，应能体现项目的主题和特征，符合目标客户群的心理需求，有的案名用副标题诠释建筑风格、市场定位（表4-19），案名不宜过长，让消费者容易记住。

表 4-19 房地产产品形象诠释

案名	描述
在水一方	源源不断的生活享受
山水黔城	都市上游生活
广大城	700 万平方米生态宜居大城
金龙城市花园	让人们住得更好
碧水云天·颐园	行政级水岸名宅
京贸国际公寓	CBD 理性生活观
中原新城	希望与梦想的地方
北京紫玉山庄	让大自然住进你的心坎里
禾风·相府	北京人回到北京城
正阳天下	代代相传的家

（二）楼书

楼盘是一种商品，是商品就离不开包装，开发商在对外预售商品房时通常要制作楼书，楼书几乎是每一个房地产项目所必备的宣传资料，是宣传房子的传播媒介之一，涵盖了房地产楼盘的主要信息，更是开发商与目标受众之间的沟通桥梁，是服务于地产项目的文化产物。楼书产生于房地产项目开发前期，贯穿于整个楼盘推广及销售的全过程，是项目线上、线下传播最实效的广告形式之一；是一个楼盘项目品牌形象的集成，是对房地产产品的多维深度诠释；是楼盘销售信息的集合，是开发商对客户的承诺。一份好的商业楼书既是对产品的诠释，买点的宣传，也是对投资概念的倡导。楼书的商业价值应更多地体现在准确把握客户的品质内涵需求，有针对性引导客户了解并认识物业，在理性消费的同时，感性做出购买决策。房地产物业购买者的主体客户是非专家型，大都缺乏专业与市场知识。楼书的设计应通俗、直观、形象，紧紧把握消费者物质功能的基本需求，精神文化的高层次追求，真实客观地阐释项目的定位、设计理念与品质，明确产品的买点，引导消费者全方位快速了解楼盘特质与优势。楼书内容包括文案与图形两部分，包括纸质楼书、电子楼书。

1. 楼书文案

互联网、人工智能改变了人类的生活与消费方式，部分消费者在购房时透过楼书识楼盘。通过 AR（Augmented Reality）视频展示、AR 沙盘展示、AR 户型展示、AR 样板间实景；VR 全景（Virtual Reality），鸟瞰图、全景图先了解楼盘。随着房地产市场日趋激烈的竞争，楼书作为房地产商实现商业价值的重要媒介，物业楼盘的地理位置、楼盘建筑的结构、建筑平面图、户型平面图、装修标准、车位与车库配置、楼盘各种设备与小区配套设施、小区景观等均应有真实的介绍。切忌楼书文案辞藻华丽，但客户阅后对产品的认知仍然模糊不清。建设一个小区就是为客户设计一种生活，打造一种社区文化。作为成功的开发商，不仅要为客户建造优质的硬件环境，更要在项目之初就策划好为客户提供怎样的软件环境，为入住业主提供什么样的服务，以及服务的内容与标准、物业公司的信誉与业绩、社区文化的内涵与特色。

（1）楼盘的地理位置

客户高度关心楼盘的地理位置，应在楼书的显要处予以标明。位置图应尽量准确，标识清楚交通条件、周边商业、教育、银行、文化生活圈、饮食生活圈、购物生活圈、健康生活圈、休闲生活圈等。

（2）建筑的结构

应阐明楼盘建筑的结构体系（混合结构、框架结构、剪力墙、框架剪力墙），高层建筑是板房还是塔楼，结构抗震特点、建筑层高、结构层高、楼层净高等都是客户高度关注点。

（3）楼盘的装修标准

精准给出建筑的室内外装修标准。如户内门窗的材质、品牌；外窗玻璃的层数、隔声性能、洁具品牌、上水管线材质、厨房设备等；电梯的品牌、外墙材质、饰面材料、入口门厅、公共走廊、电梯前室、楼梯的装修标准等。如某项目在楼书中明确交房标准见表4-20、表4-21。

表 4-20　公共部分与室内部分交房标准

公共部分	描述	室内部分	描述
外墙	干挂天然花岗岩	入户门	豪华金属铜门，配高档指纹锁
单元入户大堂	顶棚：满吊顶，豪华灯具 墙面：高档进口石材 地面：高档进口石材，拼花处理 配套：别墅级豪华铜门、高档皮质沙发	外窗	高级断桥隔热铝合金型材，双层中空Low－E防辐射玻璃
底层电梯厅	顶棚：满吊顶，豪华灯具 墙面：高档进口石材 地面：高档进口石材，拼花处理 配套：液晶电视	景观阳台栏杆	喷涂铝合金栏杆
标准层电梯厅	顶棚：满吊顶，配筒灯与射灯 墙面与地面：高档玻化砖 配套：液晶电视	客厅与卧室	顶棚与墙面：水泥砂浆抹平，刮白 地面：水泥砂浆找平
车库候梯厅	墙面与地面：高档玻化砖 配套：液晶电视	卫生间	顶棚：水泥砂浆抹平 墙面与地面：水泥砂浆抹平 防水：防水高度1.5m
电梯	国际通用商标品牌电梯，豪华轿厢饰		
公共过道	顶棚：满吊顶，筒灯与射灯 墙面与地面：高档玻化砖		
消防楼梯间	顶棚：瓷粉罩面 墙面：瓷粉罩面墙裙乳胶漆、钢管扶手 地面：防滑地砖		
地下车库	墙面：高级乳胶漆，标准警示标志 地面：高档环氧树脂地坪		

表 4-21　电气与智能部分交房标准

电气与智能部分	描述
信息与网络	有线电视：有线电视入户。 电话：电话线入户。 信息网络：宽带网络入户
水电与燃气	供电：双路供电，一户一表，防雷及安全接地。 供水：市政自来水管网，自动变频节能供水。 供气：城市管道煤气
安防系统	可视对讲门禁系统：彩色可视对讲门禁。 一卡通智能管理系统：门禁、电梯、车库等采用一卡通管理模式。 安防系统：电子巡更，室内紧急求救按钮。 电视监控系统：入户大堂、电梯轿厢、公共空间安装闭路电视监控。 车库智能管理系统：车辆出入自动识别管理，停车引导

（4）车位与车库情况

项目所配置车库是室内还是室外，车库配置是否充足，车库出入口位置、车库形式等都是客户关心的问题。如某项目除确保每一户配置至少一席车位外，还有 2 倍车位供临时停车之需。配备业主专属停车楼层，业主专用候梯厅；业主可从车库电梯直接入户；停车场引入微波信号智能识别系统，无需停车出卡，1s 自动识别；摄像监控、照明无死角。高标准别墅外通常配置至少 2 个室内或室外有顶棚车位，双车位高配，解决爱车无处停放的烦恼。

（5）设备和配套设施

精准给出楼盘小区的采暖、通风、空调、电梯、给水、安防、智能化、供电、通信、热水、燃气等配套设备的标准；明确小区的配套内容。如：小区会所、购物条件、健身设施（游泳馆、网球场、健身房等）、教育设施（幼儿园、中小学校等）、娱乐设施。某小区电梯配置与智能化系统标准见表 4-22、表 4-23。

表 4-22　电梯配置

标准种类	描述
配置标准	E 组团 3 梯 6 户(1350kg，载客人数 18 人)；F 组团 3 梯 4 户(1050kg，载客人数 14 人)
品质标准	采用国际通用商标电梯；永磁同步曳引机，超速机械保护，首层蚀刻钛金豪华电梯门
电智能化标准	"一卡通"刷卡认证乘梯；业主在入户大堂门禁刷卡后，自动召唤电梯至底层；客人来访通过业主身份确认后，只能到达业主所住楼层；深夜业主回家，电梯自动进入 VIP 功能，直接到达业主所住楼层；小孩乘电梯回家，系统自动发送手机短信提醒家长

表 4-23　5A 智能化系统标准

种类	描述
楼宇自动化系统(BAS)	霍尼韦尔(美国)、江森(美国)品牌的楼宇控制系统
通信传输智能化系统(CAS)	综合布线、宽频网络、有线电视、移动电话楼内覆盖系统等
消防智能化系统(FAS)	自动火灾报警、自动喷淋系统

续表

种类	描述
安保智能化系统(SAS)	松下(日本)、霍尼韦尔(美国)、LANDWELL(美国)、NICE(意大利)品牌的电视监控系统、报警系统、门禁系统、停车场管理系统
办公智能化系统(OAS)	OAS办公自动化系统,门厅多媒体系统、电子布告、公共广播、物业管理系统、商务会议系统

(6) 主要技术指标

随着城镇化进程的快速推进,居住物业的主体已是小区;社区和城市综合体的数量近年来呈现上升趋势。10年前,20万平方米居住物业在贵阳市等三线城市属于大盘,而现在的大盘的物业既包括住宅,也包括商务、商业和城市综合体。100万平方米的大盘全国的三线城市已普及。楼书应客观真实地体现物业的占地面积、场地的建筑密度、容积率、绿地率、绿化覆盖率、房屋楼间距等消费者关心的技术指标,而不是用华丽辞藻进行描述。

(7) 物业管理

一流的物业管理,让每一个业主减少后顾之忧,"名盘加名管家"是把物业当成提升楼盘价值的卖点的做法,物业的保值与增值,三分在建造,七分在管理。部分项目引入"金牌管家服务",为业主提供酒店式服务、社区便民服务、家庭特约服务、健康关爱服务几大服务体系,内容涵盖业主生活的方方面面,为业主提供专业化的贴心服务。

2. 楼书图形

对于非专家型的主体客户,形象直观的图形是客户认知产品的重要工具。项目鸟瞰图、小区总平面图、规划配套、房型、楼层平面图、户型平面图是楼书必备图形。鸟瞰图(图4-5)能反映项目的造型、整体风格、道路、公建设施、配套设施、绿化的构成;楼层平面图使客

图4-5 某项目鸟瞰图

户了解建筑各楼层套型种类与公共空间布局,楼梯、电梯的位置,并比较同一楼层内各套型特点,选择心仪的户型;如图4-6分别有A、B、C、D四种户型,销售时一户一价,一单元、四单元设计为一梯三户,二单元、三单元设计为一梯二户,从示意图可看出,A、B、C三种户型均为双朝向通风,D户型为单朝向通风,采光通风效果较差,显然,同一楼层D户型单价比A、B、C低。有些楼书中只提供单独的户型图,没有整个楼层的平面图,客户无法比较和了解同一平面内各户型的相互关系、楼梯的位置、采光通风情况。因此,在楼书

中应标明各个户型的楼盘平面图。户型平面图使得有购买意向的客户详细了解房间的具体尺寸，展示房间的功能组合。居住物业客户购买需求是多元化的。小户型满足居住基本生活需求，大户型满足舒适需求，高品质社区满足客户文化和身价等高层次需求。购房群体在明确自己购买面积的同时，还关注房屋公摊面积、朝向、通风，房间是直接还是间接采光。

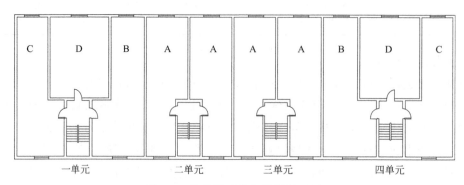

图 4-6　某梯间式住宅楼层平面图

3. 楼书的种类

万物互联时代，楼书也从传统的折页、文本纸质楼书到电子楼书。

(1) 纸质楼书

纸质楼书的设计要精美、考究、有个性、有特色，才能吸引客户。楼书的质量应与楼盘档次匹配，试想一个高端楼盘采用质量普通的楼书，会降低置业者对产品认可度。成功的楼书文字优雅、照片精炼、图形准确，切忌广告色彩浓厚；楼书的开本要大小适中，便于携带；字体清晰，与纸张底色的反差大。楼书可采用现场发放或直邮（Direct mail, DM）的方式，一些高端项目如别墅豪宅类的商品中，精装楼书成本较高，只有针对精准客户群或渠道行销等大型活动时才会发放楼书。在普通住宅、公寓乃至写字间的地产产品中，楼书则大多采取折页或宣传册的形式进行传播，这样既可以用于活动现场发放，又可以在平时 DM 直投时派送，一举多得，传播效果较好，最大限度上体现了楼书的传播作用。

(2) 电子楼书

电子楼书是指将三维动画技术、互动多媒体技术与网络技术巧妙结合起来的一种房地产广告宣传模式。通常采用 3D+VR 技术，用科技手段将楼盘立体呈现，将楼盘的卖点变成可视化展示。并且运用智能看房系统、选房系统等帮助销售快速售楼。电子楼书一般可以分为网页楼书、手机楼书、媒体楼书。置业者买房子注重升值空间的同时，更关注房子本身的功能、区位、环境、楼层、朝向、户型等等，传统售楼方式已经不能很好地满足用户的体验和消费心理，电子楼书运用新技术、新方法提供客户全方位体验式购房。

①交互式三维沙盘展示　交互式三维沙盘展示系统根据设计图纸和材质数据，将拟建楼盘仿真于计算机平台上，通过电脑、大屏、手机上的触控操作，可以全局或局部地了解楼盘及其周边信息。包括全景鸟瞰、周边环境展示等功能。通过简单的操作即可了解更为详细的

楼盘信息，营造最为直观，人性化的服务。

②三维可视化选房　三维可视化选房系统集成了可随意观赏的虚拟样板间，购房者通过电脑手机操控，可实现虚拟样板房多维度漫游参观，体验身临现场的感觉，让购房者在交互操作中感受"期待中的家"。景观房是房屋价值的重要组成部分，三维可视化选房系统通过对窗外景观进行真实模拟，购房者可站在虚拟样板房的大露台、屋顶花园，欣赏优美逼真的物业景观，体验星空望月的大露台，四季花开的室外景观。

③景观与周围环境展示　将小区景观与周围环境数字建模，通过鸟瞰或电子地图，让将来才能看到小区景观即刻展现在购房者的眼前，购房者可以在该小区内，通过人机互动的体验方式将小区的景观环境、周边商业、教育、医疗配套，交通情况等展示出来，让购房者提前满足对将来家的完美体验。

④VR样板房功能　代替传统实体样板房，每种户型可以设计定制多种风格造型的VR样板房。满足不同年龄、不同需求的用户。不但降低了实体样板房的建造费用，更是大大提高了客户体验度和传播度。最终帮助开发商快速卖房。

⑤交互式三维户型鉴赏系统　三维户型鉴赏系统把精美装修后的不同户型模型以最逼真的三维样式漫游展示出来，包括：户型详细尺寸信息显示、阳光朝向、承重墙显示、360°旋转观看、放大缩小、方向显示等功能，购房者可以轻松、直观地了解不同面积户型功能布局，身临其境地体验未来家居生活，预判未来房屋装修后的图景。

（三）样板房

相对于纸媒电媒等宣传媒介，样板房以其看得见、摸得着的品质，具有更强的说服力，样板房作为产品代言，发挥着不可替代的作用，很多项目都是"基础未动、样板先行"。按照多种风格装修而成的精致样板房成为户型产品最直观表达，弥补毛坯建筑诸多不足的同时，引导消费者提前感受未来家居，向消费者推介一种生活方式或生活态度的方法来推介产品。开发商通常将自己的设计理念、产品定位等信息体现在样板房中，使消费者认知产品并建立认同感，针对地段、配套等外部条件没有明显优势的产品而言，产品设计是否科学、设计理念是否人性化、开发商是否具有先进的开发理念以及责任心，在样板房中均得以体现，样板房是楼盘的示范单位，好的示范可成为楼盘销售的亮点，为楼盘赢得良好的口碑，促使消费者尽快做出购买房屋的决策。

1. 样板房的形式

样板房通常有四种形式。一是在售楼处等室内用轻质材料按施工图纸进行空间分隔。这种形式适合多层或高层的单元式住宅，空间变化不复杂，没有高度变化或高度变化较小的住宅。二是选取已建成的建筑通过精装修成为样板房。这种方式适合在项目开发的中后期，建筑已封顶或接近封顶的项目或项目用地紧张、无样板房建设用地的项目。三是在室外空地上用实际工程中使用的建材建造。这种形式较适合连排别墅或独立别墅。四是利用电脑三维制图虚拟场景。这种方式比较适合提供菜单式。

2. 样板房装修风格

装修风格即客户心仪的生活方式，以此引导置业者对产品的认同。在样板房的设计方面，凸显生活化、个性化特点，需要根据潜在客户的属性与需求，打造主流风格体系，并在细节道具摆设上展现"主人"的性格、爱好与追求。这些都是贴近客户的体现，前期关于客户层级的分析一定要到位。常见的装修风格有中式风格、欧式风格、美式风格、日式风格、轻奢风格与混搭风格等。中式风格通常利用庭院组织空间，用装修构件分合空间，注重环境与建筑的协调，善于用环境创造气氛。色彩选择以黑、白、灰、棕和木材基色为主色调，家具款式厚实、质朴，布局严谨，讲究对称和平衡。由于传统家具的尺寸都较现代家具大，且中式构图比较讲究张弛疏落，气质中正、内敛，较能吸引书卷气息重和尊儒重教的成功人士，其装修风格比较适合空间较大的户型；欧式风格强调以华丽的装饰、浓烈的色彩、精美的造型达到雍容华贵的装饰效果，力图表现出现一种高贵、奢华、大气的感觉。欧式风格多引用在别墅和大户型住宅，美式风格代表了一种自在、随意不羁的生活方式，没有太多造作的修饰与约束，不经意中也能成就一种休闲式的浪漫。而这些元素也正好体现了一种对生活方式的需求，装修完成的效果显得房子有文化感和高贵感的同时还不缺乏自在感与情调，美式风格较为简约，注重实用、讲究氛围。日式设计风格直接受日本和式建筑影响，讲究空间的流动与分隔，流动则为一室，分隔则分几个功能空间，空间中总能让人静静地思考，禅意无穷。日式风格特别能与大自然融为一体，借用外在自然景色，为室内带来无限生机，选用材料上也特别注重自然质感，以便与大自然亲密接触。

3. 样板房材料

任何一种装修风格都是硬装修和软装修材料来实现的。硬装修是指地面、墙面、顶棚、门窗等室内装潢中固定的和无法移动的材料与饰物。随着人们生活水平的提高，硬装修材料在满足生活需求基本功能的同时，还需要考虑房屋整体设计上的美观。软装修是指沙发、窗帘、饰品配饰等家具与配饰。软装在样板房中起到烘托气氛、画龙点睛的作用。有的样板房风格是炫酷的，有的则是沉静的，如以宜家家具和饰品为主打造的北欧风情样板间，清新简洁，时尚精美，没有太多复杂的装饰。不同性格的样板房需要不同性格的饰品来映衬，但饰品要贵精不贵多，否则会有眼花缭乱的感觉。样板房客厅注重展示性、厨房卫生间注重功能性、卧房注重私密性。无论何种风格的样板房，置业者参观时都会有产生居住其中的联想。因此，在卧房、厨房和卫生间营造出居家的气氛会给人留下美好的印象。在橱柜中摆满漂亮的厨具，卫生间里挂上毛巾、摆一些化妆品，在衣柜中挂上各类服装，都会使人产生温馨的感觉。

事实上"软装修"和"硬装修"不能完全割离，人们习惯性地将"硬装修"和"软装修"设计硬性分开，很大程度上是因为两者在施工上有前后的区别，但实际上落实到具体的应用方面，两者其实都是为了丰富房屋概念化的空间，以满足家居的个性需求。"软装修"和"硬装修"其实可以是相互渗透的。比如，在现代的装饰设计中，玻璃、水泥、瓷砖、地板等建筑材料和丝麻等纺织品之间是相互渗透的，有时甚至是相互替代的。装修材料对于墙地楼板来讲好比骨架和皮肤的关系。除了根据装饰风格选择适合的装修材料之外，还可以根据装修材料带来的视觉冲击力选择。样板房虽然可以提供真实的空间感觉，让参观者快速建立产品形象，但毕竟参观者在样板房中不能长时间的停留，因此，要在短时间内给参观者留下深刻印象，就要选择视觉冲击力强、日常使用率低的装修材料。例如，一块以豹纹壁纸装饰的墙面，绝对会给人以耳目一新的感觉。此外，比墙地砖，使用非常规尺寸的效果会比使用常规尺寸的要好；天花板吊顶，用非常规的饰面，如不锈钢板或镀膜反射玻璃，也会给人留下深刻印象。

4. 样板房专业解说

样板房打造得再好也是静态无活力的，潜在的目标客户群需要专业人员的讲解和服务方能深入地了解产品。专业解说员应形象气质好，沟通表达力强，有物业或服务工作经验。悠扬的背景音乐、适当的灯光和适合的温度、专业的讲解和适度的引导，都会使参观者能够对快速、准确地了解房地产这个特殊产品，从而产生购买的意愿。样板房深受业界的重视，已成为销售的得力助手和工具。

三、房地产产品营销渠道

房地产产品如何以最快的速度、最佳的经济效益、最低的费用支出流通转移到顾客手中，营销渠道的选择和控制相当重要。通常有自主营销、中间代理商营销、联合一体营销三种营销渠道，多种营销三种渠道并存的前提下，中间代理商营销的作用日益受到重视。

（一）自主营销渠道

它是指房地产开发商自主销售房屋，自己承担全部流通职能，直接将房地产商品销售给顾客。在现行的我国房地产营销渠道中，直接营销渠道仍是主导的营销渠道。自主营销的优势是房地产开发商控制了开发经营的全过程，规避了某些素质不高的代理商介入的风险。产销直接见面，便于房地产开发商直接了解顾客的需求、购买特点及变化趋势，由此可以较快地调整楼盘户型销售、价格策略等。当产品供不应求时，直接营销可采用"坐销"模式，通过传统的广告宣传在售楼处坐等客户上门购买，交易较快。但市场竞争激烈时，开发商精力受限，直接销售会分散企业人力、物力、财力，分散企业决策层精力，协调不好会使企业顾此失彼，生产和销售两头都受影响。中小型开发商难以汇聚在营销领域专业人才，难以形成营销专业优势，在相当程度上影响营销业绩的提升。

（二）中间代理商营销渠道

它是指处在房地产生产者和消费者之间，参与房地产商品流通业务，促进买卖行为发生和实现的企业或个人。开发商自身营销力量不足时可选择中间代理商作为直接营销渠道的分销、补充或策划，中间商对于间接营销渠道的建立、对于营销渠道的扩展优化起到了重要的作用。

1. 中间代理商的种类

（1）房地产包销商

它是指一次性或分期付款买断整栋、整片房地产产品，随后再分单元出售给顾客。房地产包销商以赚取买入价和卖出价的差额为利润，经营风险大，销售利润回报高。

(2) 房地产代理商

它是指代理全案楼盘的房地产经纪机构，是房地产间接营销渠道的主要通路形式，以获取楼盘销售单元佣金为利润。通常要和开发商共同承担营销风险，包括对广告费的垫支。房地产代理商应该具备整盘策划能力、现场销售能力。

(3) 房地产中间商

它是指针对销售零散楼盘（个别幢、单元楼盘）。房地产中间商获取利润方法和代理商相同。销售主要是采用店铺式营销，或上门推销。房地产中间商对楼盘只有基本的信息介绍和简单的包装，成交很大程度上依靠于销售人员的个人突破。

(4) 房地产策划公司

它是指为楼盘销售提供市场调研、营销广告策划、销售人员培养、顾问服务等服务的机构。一些房地产策划公司可以承担包括建筑策划的房地产营销全程策划。房地产策划公司可以是代理商的一种类型，房地产策划公司一部分以工作室形式出现。

2. 中间代理商的选择

企业的实力、以往业绩与工作态度是中间代理商选择的主要标准。其成功策划、代理、分销的楼盘越多，尔后从事的楼盘销售成功的可能性就越大。在选择代理公司时，可从以下四个方面考察代理公司的专业能力，可参考表4-24的内容从多维角度进行评测。

①考察公司的历史业绩和已代理过项目的反馈评价；

②考察对项目提出的广告理念及初步整合推广策略，对项目运作的方向正确与否，营销策略是否具有可行性和创新性；

③考察委派负责项目专案人员的资历、专业设计能力、文案撰稿能力以及与开发公司、代理公司对接的模式和团体沟通能力；

④考察代理公司服务报价，佣金如何与销售业绩严格挂钩等细节，广告发布报价，物料制作报价等。

表 4-24 中间代理商业务能力评测

序号	考核内容
1	根据您的经验,您认为本楼盘开盘时,作为开发商,须具备哪些条件？何时开盘最佳？
2	根据您的方案,如本楼盘聘请您担任销售总代理,或营销策划,或分销,您的最大优势在哪里？如何来体现？
3	根据您的计划,本楼盘销售人员以多少人合适？现场售楼处需要多大面积并如何布置？
4	根据您的判断,本楼盘的开盘价是多少？至结构封顶整个楼盘的阶段销售均价可以达到多少？
5	根据您的估计,本楼盘广告投入总费用预估多少？这些广告费用大致上如何安排？
6	根据您的测算,本楼盘至结构封顶销售率达到多少？至楼盘竣工验收销售率达到多少？
7	根据您的推断,本楼盘的销售会有哪些大的障碍和困难,是否有措施可加以弥补？
8	根据您的计算,在具备分期付款的前提下,本楼盘至结构封顶可累计回收资金总量是多少？实际又可到位多少资金？

3. 开发商和中间代理商的协调

开发商和中间代理商彼此应保持良好的合作关系，开发商应提供基础数据和条件，保障中间代理商开展营销策划和有效的销售产品；双方要共同研究营销方案，在实施过程中共同协商进行调整。中间代理商要力戒销售的短期行为；开发商应经常及时地向中间代理商介绍工程进度、质量和配套、物业管理等情况，以使中间代理商能根据楼盘实际情况从事工作；中间代理商应经常及时向开发商介绍顾客对工程、配套、物业管理等要求，以使开发商能根据顾客实际需要调整完善楼盘；开发商应客观评定中间代理商的工作，根据合同规定及时支付中间商各种费用；中间代理商应努力配合发展商的工作，对各种开支特别是广告费用合理使用，节约开支。中间代理商通常集中了市场调研、广告文案创意、现场销售接待等各方面的营销人才，优势是可充分发挥专业机构营销特长，便于从专业上保证开发商的产品销售成功。劣势是中间代理商良莠不齐，专业素养和职业道德水准差异很大，如果开发商不慎选择了专业素养和职业道德不高的中间商，会影响商品营销的业绩。

（三）联合一体营销渠道

由于房地产直接营销和间接营销渠道优缺点并存，实际操作中房地产商和中间代理商的配合也存在着种种问题，所以业内人士探索第三种渠道，如联合一体销售。开发商对销售也有较大的关注和投入，中间代理商则发挥自己的特长作全程深度策划，优化营销渠道。联合一体营销渠道的建立旨在集中开发商和中间代理商的优势，避免单纯直接营销和间接营销的不足，其成功的操作关键在于发展商和中间代理商真诚相待，利益共享，并且依赖于中间代理商高超的专业素养和优良的职业道德。联合一体销售渠道的优势是掌握客户需求，维护开发商的品牌；随时对销售节奏和价格走向进行有效控制；劣势是成本高，不符合社会分工的特点和要求，直销渠道一般较窄。联合一体销售渠道越来越被发展商所重视并积极尝试。

四、房地产产品营销节点

它是指房地产项目销售控制过程中的各个时间点，销售节点还可以根据季节、节日、消费习惯等区分。根据项目不同，注重点也会有所区别。一般情况下，房地产营销节点通常划分为筹备期、预热期、认筹期、公开发售期、强销持续期、维持期与清盘期（图 4-7）。

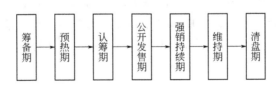

图 4-7 房地产产品营销节点

（一）筹备期

建筑方案已基本确定，目前正在进入项目各项报建和工程动工的筹备中，虽然项目未进入实质营销工作，但为了项目今后的营销能有计划地运行，营销工作应本着"运筹帷幄，全程把控"的运作理念，积极做好前期各项营销准备工作，以备项目营销的各环节是能有计划地运行。筹备期主要工作是组建销售队伍、制订价格体系、项目形象树立、广告内容确定、售楼部选定、产品建议、推盘计划确定。

1. 组建销售队伍

组建一支总量达标、结构优良的营销队伍。大型楼盘设置销售总监、销售经理、销售人员。如采用营销代理，营销代理公司的选定，很大程度上决定项目的最后营销的成败。部分开发商将广告业务一并交代理公司完成。除考察代理公司的实力和专业能力之外，重点关注对本项目的理解程度和提出的针对性措施。

2. 制订价格体系

该阶段通过公司现有资源，调研项目周边市场的楼盘价格，结合项目的软硬件情况进行分析，初步确定出项目的销售均价、最高均价和最低均价；再根据项目的楼层、朝向、户型、景观、私密性等因素制订出项目平面价格差距，最后完成项目各套房型初步的价格表以及优惠策略、提价策略与节奏，升值营造策略等，为项目的未来销售做好价格的基础准备。

（二）预热期

预热期是指房地产项目为求迅速地进入市场，积累有效客户，唤醒潜在客户，由最初导入期的大张旗鼓转变为活动的形式。如采取签约具有一定知名度的形象代言人，或采用面谈会、参观团、展览会、客户会等方式来预热楼盘。以代理公司制定的《项目全程营销策划大纲》和《整合推广策划大纲》为总指导，开始以循序渐进的方式有计划地实施项目的市场预热，逐步积累客户，并根据市场的初步反映情况调整营销策略、广告策略以及执行手段。

1. 销售策略

房地产进入存量市场，置业者在购房时都会多方比较，理性挑选，寻求性价比较高的物业，多注重眼见为实；对比于现楼，置业者对期房的信心相对不足；入市的时机一方面取决于当时市场的竞争状况，更重要的是取决于入市时的工程质量和形象展示是否到位。项目在正式进入市场前都要有一个预热及提前亮相的阶段。

①不具备销售条件，但需要提前发布将要销售的信息以及吸引客户等待；
②提前预销，面对市场竞争激烈，分流竞争对手的部分客户；
③先行在市场中建立一定的客户基础和知名度，力争在开盘时能达到"开门红"；
④对目标客户及市场进行测试，为正式开盘时的销售策略提供准确依据。

2. 广告策略

通过广告让客户群体知晓项目的主题和倡导的生活方式，实施全方位不间断形象宣传，注重项目的形象包装，同时也要根据项目自身的情况来制定这个阶段的广告策略，如果一个项目的周期较长，要适当地炒作企业理念，如果一个项目是高档项目要适当炒作企业实力和客户身份。

3. 蓄水操作要点

在预热期内重要的任务是认筹蓄水。蓄水阶段主要管控好蓄水时间、蓄水方法、蓄水阶段。

(1) 蓄水时间

通常设定为两个月，此间段需要进行团体客户的挖掘，以及产品信息的推介宣传，蓄筹、洗筹、认筹等销售动作的连续性完成。

(2) 蓄水方法

渠道拓展与数据库营销。其中包括线上VR沙盘、VR样板间、2D或3D房型图，线下宣传推广的执行，销售道具的充分准备，以及异地推广计划的实施。

(3) 蓄水阶段

蓄水初期通常不对外直接报优惠点位，主要根据一次性团购客户数量以及购买总数来衡量点位出让；依靠论坛、楼市杂志、网络媒体等方式；外围报名团购人数与优惠点位成正比，其主要目的是提高客户对项目优惠点位的心理预期，同时吸引大量有需求客户群的关注；蓄水中期宜充分释放产品信息，充分导入团购客户，拟定现场报价方式，同时释放团购优惠信息，进行意向客户精确排摸和需求落位。实施时一批团购客户一个优惠报价，精确疏导；蓄水后期宜加大团购力度。通常团购之前应按客户落点确定优惠房源的位置、套数和销售价格，同时以在优惠点位基础上通过大奖派送的方式来刺激需求和进行房源销控。

（三）认筹期

认筹期是指房地产开发商在没有取得"预售许可证"之前，通过一定的优惠方式，吸引有购买意向的消费者，为掌握客户的购买诚意、为正式开盘作铺垫而进行的一种活动。通过认筹，一是甄别意向客户，通过认筹锁定有效客户进行开盘聚焦销售；二是通过认筹房源情况做出房源落位，对于有效客户对房源选择做合理疏导，提高转化率。

(1) 认筹资格

购房者填写个人资料，在交纳诚意金后，将领取到一张叫作VIP卡、VIP护照、VIP消费卡或认筹卡等名称五花八门的"证书"。拿到这些"证书"之后，消费者即获得了"认筹"资格。诚意金在客户选房成功签署认购书后自动转为购房订金，未参加选房或选房不成功者，此诚意金可退还。但往往有"认筹"资格的消费者的数量会远远超过楼盘实际推出的房屋数量。

(2) 认筹时间

认筹时间一般定在正式开盘前的一个月。如果认筹时间距离开盘时间过长，会使前期预热效果降温，降低项目在客户心目中的形象，不利于品牌宣传。但如果认筹时间距离开盘时间过短，将导致客户积累不足，不利形成开盘的火爆场面。

(3) 认筹金额

根据项目实际情况，选择市场主流，客户易接受的形式，且是项目常用方式。一般而言，高端项目认筹门槛设置相对要高，中低端项目门槛不要设太高，符合市场主流水平且能初步鉴别客户诚意度即可。

(4) 认筹形式

认筹的手法多种多样，不同项目要结合实际情况选择最能促进销售的认筹手法。一般情况，认筹主要为以下几种形式。

①申请"软装基金"　在认筹时交纳一定数量的软装基金，即可获得优先购房权，不确定选房顺序，不确定房源；但是认筹客户可以享受优先选购公开发售的房源及购房优惠。

②与银行联合开存折或银行卡　一般规模比较大的开发商才会采取这种方式，尤其适合与银行有战略合作的房地产企业。首先，在项目开盘前举办一次客户入会活动，入会条件为"在企业指定的银行开户，且该账户的资金必须办理定期三个月以上"，账户存款在购房时会自动转为合同房款，并可享受一定折扣优惠。

③限量发售 VIP 卡　指从项目蓄客期开始，即对外限量发售 VIP 会员卡。办卡的客户不但可享受开盘当天优先选房权，还可凭 VIP 卡享受不同额度的购房优惠。此种方式可对来访客源进行二次筛选，在开盘前能准确估算蓄客量。

④直接出售 VIP 认购卡　这种方式属于蓄客期间自然蓄客，可避免冲动客户的流失。在项目认购开始后，即发售 VIP 认购卡，如 5000~20000 元/张，凭此卡，除可参与开盘期内的优惠活动外，购房时还可冲抵一定的房款。

⑤多变 VIP 卡　通过发售不同价位的可变 VIP 卡，为客户提供更多选择，也可以通过差异性进行客户分流。如凭 VIP 卡购房时可由 1000 元变 5000 元，1000 元变 10000 元等。与此同时，还可享有优先选房权，如选房按照卡号排序，同时也享受购房优惠。如果开盘未选到合适的房源，可以自动轮序到下一期产品或者退款。

⑥虚拟储值卡　这种卡不收费，但客户需要持卡定期前往售楼部盖章（如一天或三天或一周），而每盖一个章都可获得几百元甚至几千元的优惠。因此，客户来得越频繁，所获得的优惠越大。这样，真正认可产品的客户自然会经常来盖章，从而达到了提纯客户的目的。

⑦策划特定活动　通过策划创意活动，形成项目口碑效应，增加开盘氛围。这种方式适合广告推广密度大、关注客户数量远大于推盘量的项目，尤其是首次开盘的项目。认筹活动一定要符合项目定位。如成都中海国际社区就曾以三张珍藏卡分期发放的形式进行客户储备，集齐三张珍藏卡的客户，可在开盘当日购房可优惠 2.5%。随着三张珍藏卡的陆续发放，相关推广活动密集跟进，客户情绪被推向高潮，同时成功储客。

⑧内部认购　以开盘前开发商关系户认购的名义，有部分名额，组织客户提前选房。"内部认购"不签正式合同，签前期选房协议。内部认购直接交纳房款 50%，只开收据，不开发票，正式购房后换取发票。其优点是对意向客户直接锁定，缺点是风险较大。

⑨与商家联盟　这种方式主要由房企主导，通过和各种商家建立品牌战略联盟，为客户提供多种服务与优惠。首先，房企成立企业集团会，并邀请客户入会，入会费几千元或万元不均。客户入会后，除了可获得联盟商家的购物打折卡，购房还可以享受不同程度优惠，而会费可抵扣购房款。

(四) 公开发售期

公开发售期是指房地产项目开盘。开盘是项目营销的关键节点，是对市场定位和营销推广的集中检验。"金九银十"是楼市的传统旺季，不少项目选择在国庆节开盘。成功开盘有赖于对市场的准确判断和把握、项目价值传递的效果、有效的客户积累。开盘目标、开盘范围、开盘价格、开盘时间和开盘选房方式是项目开盘决策的五大关键要素。

1. 开盘目标

它是指开盘当日的成交套数、成交比例，制订开盘目标需考虑以下因素：

①公司年度销售指标；
②客户储备情况；
③首次开盘要达到的市场效应；
④项目发展规模及周期；
⑤项目在不同时间可供应的产品总量。

2. 开盘范围

它是指项目开盘时首批向市场推出的可售单位集合。需重视客户认筹时就初步框定拟推范围，以便准确把握客户的购买意向。确定开盘范围需考虑以下因素：

①确定推盘量，最大化实现开盘目标；
②初选推盘范围，最大化消化有效储备客户；
③模拟销控，分析客户需求，统计拟推范围内可能成交量；
④最有利于维持价格体系。

3. 开盘价格

开盘定价包括开盘均价及各单位具体价格的制定。通常情况下是先定开盘均价，再根据价格系数制定各单位的具体价格。运用市场比较法初定均价，在初定均价的基础上，确定不同阶段对外放价的范围。对外放价要遵循聚焦原则，即"逐步缩小放价范围，逼近客户心理价位上限"。对于新开楼盘，开盘前至少要经过三次放价过程。

(1) 前期推广阶段

在初定均价的基础上，视情况上、下各浮动一定量作为对外放价范围。一般情况下，此阶段的价格范围较大，且上限应高于实际开盘均价。

(2) 认筹储客阶段

在前期推广阶段放价范围的基础上，根据认筹情况和客户对价格的反应，认筹期逐步缩小放价范围；认筹期末对外公布"竖向"均价范围并根据客户反应进行调整。

(3) 开盘前

在竖向均价范围的基础上，对外公布各单位单价范围，并根据客户反应进行调整。

4. 开盘时间

开盘时间的确定还需考虑以下因素：

①项目卖场条件具备时间；
②策略性避开主要竞争者或国家宏观调控政策；
③便于客户到场；
④天气因素。

5. 开盘选房方式

开盘选房方式的基本原则：
①成交客户最大化；
②营造热烈有序氛围以利于成交；
③有效客户数量的要求；
④关注客户感受。

（五）强销持续期

开盘一段时间后，除非房子绝对热销或推出货量不多，不然肯定会有一些剩余房子未售完。开盘后的剩余单位或是另推单位，就属于强销持续期的销售范围。项目进入成熟阶段，销量已经趋于平稳，成交量比较平均，客户消费行为明显理性化，推广参与者主要是广告商、代理商和开发商。由于大多数较好户型、位置的单位基本上都在前期销售完毕，在持续期就应结合剩余产品户型、位置和市场的实际情况制订新一轮的价格方案。作为向尾盘过渡的时期，产品在户型方位的优势已不能和前期相提并论，因此在促销上建议以优惠价出售，以将近成本的让利作为底线支撑。

（1）巩固强销期成果

主要针对的是了解项目较晚在过往销售阶段未买到合适户型的客户。持续期一般无须投入太多广告和促销活动，以消化这部分客户为主，需耐心静待追踪，以达成交。

（2）重点跟踪客户

经过开盘热销和强销期的推广，目标客户对项目应该已经有了一定的认识，而销售人员在接待来访客户时，也可以对客户进行等级划分，如根据客户的购买诚意，划分为高购买意向客户和一般意向客户。重点跟进高购买意向客户。

（3）以老客户带动新客户

通过老客户的"口碑营销"带动新客户购买；或给老客户减免物业费、赠送购物卡等激励措施，鼓励老客户介绍新客户。

（4）积极把握回头客，满足不同客户需求

回头客即第二次或多次来销售现场看房的客户。这类客户在购买房产时比较谨慎，往往要货比三家、深思熟虑后才能下定决心购买。这类客户再次来到现场，说明他们对楼房品质是基本满意的，解决他们犹豫的问题，消除他们心中的疑问，尽量满足不同类型客户的购房需求。

（5）销量相对平稳，媒体投放力度逐渐减小

销控稳步放量，在对前面阶段进行总结修正的基础上调整销售策略，针对项目的工程进

度方面、项目的整体形象以及客户的购买心理方面及时调整广告及销售战略。广告宣传在这个阶段基本保持收缩状态，除了对行销人员的一对一行销和网络宣传推广之外，可以暂时不采取其他广告形式。

（六）维持期与清盘期

维持期与清盘期是指房地产尾盘的销售。尾盘一般指楼盘的销售率达到70%～80%时，对所剩单位的称谓。虽然尾盘数量不多，但沉淀了开发商的目标利润，尾盘的滞销难题一直困惑房地产开发商和代理商。

1. 尾盘阶段特点

营销诊断表明由于没有了广告支持，可推售数量减少、客户来访量减少；剩余户型的楼层、朝向、景观选择受限等原因，尾盘销售出现的问题始终围绕市场、产品、推广与销售团队的线索，几乎囊括了整个的推售流程。解决的有效措施就是做好项目的前期定位、控制销售结构平衡，根据产品结构适时推广，同时进行短平快的操作手法。项目营销诸多环节中，可能是一次或两次的决策失误都会导致出现尾盘滞销的难题。

2. 尾盘产品改造升级

尾盘销售的主导思想是"利用现有条件，最大限度地实现资源的有效整合"。基于老客户跟踪、访谈、调查的结果及市场的研究，尾盘产品存在的不足缺陷等问题，针对性地进行解决，如户型采光差可将窗洞尺寸加大；将大户型的跃层改为平层，通过产品改造，找到销售产品的支撑点，实现产品与客户的重新沟通。一般的手法包括产品改造、体验式营销、新的主导客户群的文化营销、精装修等。

3. 尾盘价格定位

降价、平价、升价均是尾盘销售价格策略。降价需考虑以下问题：是否可以吸引足够的客流量以消化产品？是否仅仅依靠降价吸引新客户？升价的市场接受程度如何？项目前期所形成的市场形象如何？尾盘销售中的价格策略的运用，须结合其项目的市场形象、产品的品质、预计的市场影响、预计的客户流量、预计的这种销售工具所能消化客户情况作出综合评价。

4. 尾盘营销策略

销售后期房源与推广费用的减少使得营销的主要模式转向了精确主导型推广策略。精确的客户群细分，有的放矢成为最有效的选择。一般的方式有直邮、专门的推介及其他客户的信息的直接对接方式。由于目前媒体渠道种类繁多，楼盘可以根据需要选择投放。尾盘的市场、产品、客户群所形成的关系链可能要调整项目的营销策略。

第四节　房地产项目物业管理

物业管理是专业化的机构受业主和承租人委托，依照合同和契约，以经营的方式统一管理物业及其附属设施和场地，为业主和承租人提供全方位服务。狭义的物业管理是指业主委托物业服务企业依据委托合同进行的房屋建筑及其设备、市政公用设施、绿化、卫生、交通、生活秩序和环境容貌等管理项目进行维护，修缮活动。物业可大可小，一个单元住宅可以是物业，一座大厦也可以作为一项物业，同一建筑物还可按权属的不同分割为若干物业。物业含有办公楼宇、商业大厦、别墅、工业园区、酒店、厂房仓库等多种业态。随着福利分房制度的逐渐取消，人民生活水平的不断提高，置业者希冀购置的是舒适安全、环境宜居、生活便利的空间场所。品质环境与物业管理是一个优质楼盘社区的基本标准，高品质的房产及居住条件增加了产品的附加值。

一、物业管理发展历程

国外的物业管理已经有一百多年的历史，近代意义的物业管理起源于19世纪60年代的英国。19世纪中叶，上海、天津、武汉、广州、哈尔滨等城市建造了许多八、九层高的建筑，在上海、天津等城市出现了代理租赁、清洁卫生、保安服务等专业性的经营公司，这些专业公司的管理方式正是我国物业管理的早期形式。物业管理由香港传入沿海、内地，我国首家物业管理机构于1981年成立，已走过四十年发展历程，大致分为改革萌芽时期、专业化发展时期、规范化经营时期三个阶段。

1. 改革萌芽时期

1981年3月，我国首家物业管理机构——深圳市物业管理公司成立，这标志着物业管理在国内开始萌芽成长，1981—1994年期间，我国物业处于起步阶段，物业管理的理念在人们的头脑中正在形成，物业管理逐步走进人们生活，沿海地区和城市开始引进境外的一些专业化物业管理模式，并根据自己的实际情况加以改造，专业化的物业管理尚处在尝试探索阶段。

2. 专业化发展时期

1994年4月住房和城乡建设部颁布了《城市新建住宅小区管理办法》，文件中首次提出了物业管理专业化、社会化的概念，明确了物业管理企业化、经营型的特点，确定了我国物业管理的新体制，为房屋管理体制改革指明了方向和提供了法规依据。文件颁布后物业管理公司如雨后春笋般涌现，同时，物业管理的立法工作、从业人员的培训和行业管理等方面都取得了长足的发展。1994—1999年期间以福利分房为基础的房管模式开始大量转型为以商品房买卖为基础的物管模式，松散粗放型的物业管理向社会化、专业化和经营型过渡，一些开展工作较早的物业管理企业已经在规范化和市场化方面做出有益的探索。

3. 规范化经营时期

1999年5月，住房和城乡建设部在深圳召开了全国物业管理工作会议，主要解决规范和培育物业管理市场，推动物业管理工作健康发展问题，并提出近两年内主要任务是建立业主委员会，推行物业管理招投标制，引导扶持规模化经营，大力推进物业管理市场化进程。这一阶段主要巩固和提高物业管理的普及率，培育物业管理市场，建立竞争机制，初步形成以政府宏观调控为主导，业主与企业双向选择，以公平竞争为核心，以社会、经济、环境效益的统一为目的，以规范化、高标准服务为内容，以创品牌、上规模为方向的物业管理体系。会议召开后物业管理步入规范化经营时期。

二、物业管理模式

物业管理模式是指物业管理的运行机制和组织模式。物权法规定，业主可以自行管理物业，也可以委托物业服务企业或者其他管理者进行管理。居住小区物业管理的基本模式通常有独立的物业公司模式、企业下辖物业公司管理模式、业主自主管理模式。

1. 独立的物业公司管理模式

独立的物业公司不隶属于任何组织，有多种产权组织形式，通过投标或协议的方式从社会上承揽物业管理项目，具有社会化、专业化、企业化、经营型的特征，代表着物业管理经营主流。物业管理公司在办理物业承接验收手续时，建设单位应当移交建筑竣工图、设备竣工图、地下管网工程竣工图等全套竣工验收资料。

2. 企业下辖物业公司管理模式

企业下辖物业公司是指由房地产开发建设单位投资成立的法人或非法人物业管理企业。另外，也有部分房地产企业在其内部设立专门部门（不属于企业），承担售后物业的管理工作。房地产建设单位与物业管理单位之间属上下级关系。这类物业管理公司过去的主要管理对象为上级建设单位开发的房地产项目，但近年来随着市场化进程不断推进，除了管理上级建设单位开发项目以外，也通过市场获取物业管理项目。碧桂园等大型房地产开发商设有企业下辖物业公司。《物业管理法》明确提出：国家提倡建设单位按照房地产开发与物业管理相分离的原则，通过招投标的方式选聘具有相应资质的物业服务企业。住宅物业的建设单位，应当通过招投标的方式选聘具有相应资质的物业服务企业。

3. 业主自主管理模式

业主自主管理是指小区业主成立业委会，通过业主自己来管理的模式。自管的前提是召开业主大会，选举业主委员会，授权业主委员会自管小区。业主委员会定期或不定期开会，对物业服务中的一些问题和广大业主交流意见。这样，业委会代替物业公司的角色，提供物业服务，对小区进行管理。相对于物业公司的管理制度，通过业主自治可以更好地解决业主需求，维护业主合法权益。这种业主自治的做法在民法典中得到保护。

三、物业管理内容

物业管理行业的本质是以物业为基础，以业主需求为导向，以管理为手段，以准公共性服务为核心产品的商业活动。物业管理属于第三产业的范畴，具有经营、管理与服务的综合职能，同时具有社会化、专业化、市场化、经营化等特点。物业管理基本内容按服务的性质和提供的方式分为常规性的公共服务、针对性的专项服务和委托性的特约服务三大类。

（一）常规性的公共服务

它是物业管理企业面向所有住户提供的最基本的管理与服务，目的是确保物业的完好与正常使用，保证正常的工作、生活秩序和净化、美化环境。具体内容和要求在物业管理委托合同中明确规定。物业管理企业有义务高效提供常规性的公共服务，通常有以下八项内容。

1. 房屋建筑主体的管理

为保持房屋完好率、确保房屋使用功能而进行的管理与服务。房屋装修的管理；房屋使用状况及修缮管理；房屋的数量、种类与完好程度管理等各项工作。

2. 房屋设备与设施的管理

为保持房屋及其配套附属的各类设备与设施的完好及正常使用而进行的管理工作。各类设备、设施的日常运营、保养、维修与更换的管理。

3. 环境卫生的管理

楼宇内外物业环境的日常清扫保洁、垃圾清除外运等工作。

4. 安全与消防管理

楼宇内外的安全、保卫、警戒，对各种突发事件的预防与处理以及排除各种干扰，确保物业区域的安全；火灾的预防及发生火灾时的救护与处理。

5. 车辆道路管理

车辆的进出与停放管理；道路的管理、交通秩序的维护等。

6. 绿化管理

园林绿地的营造与保养、物业整体环境的美化等。

（二）针对性的专项服务

它是指物业管理企业为改善和提高住户的工作、生活质量，满足住户的一定需要而提供的各项服务工作。专项服务实质上是一种代理业务，为住户提供工作、生活的方便。

通常有以下六项内容：

1. 日常生活服务类

为住户收洗衣物、代购代收食品与果蔬、室内卫生保洁、代购代订车船飞机票、接送小孩上学与入托等工作。

2. 商业服务类

为开展多种经营而提供的各种商业经营服务项目。如开办小型商场、饮食店、美发厅、修理店等，安装、维护和修理各种家用电器和生活用品等工作。

3. 文教与卫生体育活动服务类

开办幼儿园与学前班、开办图书室、举办展览与文化知识讲座等；开设游泳池、健身房、台球厅、网球场各种健身场所，举办小型体育活动和比赛等工作。设立卫生站，提供出诊、打针、小孩疫苗接种、家庭病房服务等。

4. 金融服务类

代办各种财产保障、人寿保险等业务，开办信用社等工作。

5. 经纪代理中介服务

物业管理企业拓展的经纪、代理与中介服务，物业市场营销与租赁等工作。

6. 社会福利类

物业管理企业可提供带有社会福利性质的各项服务工作，如照顾孤寡老人，拥军优属等工作。这类服务一般是以低价或无偿的方式提供。

（三）委托性的特约服务

它是指根据业主和住户需要，提供各类有偿的特约服务。物业管理应包括管理、服务与经营三个侧面，通常物业公司较多关注管理与服务界面，对项目的经营业务开展不够。委托性特约服务是一种经营服务，通常有以下两项内容。

1. 商务服务

代订报纸杂志、代订出租车、订票送票、送奶送报、看护老人与儿童、代为购物、送货上门。随着滴滴车、顺风车走进人们生活，天猫、京东等购物方式渗透千家万户，商务服务的内涵也在不断更新。

2. 维修服务

维修、更换马桶和水龙头，疏通下水道；维修电视、更换电灯等其他设施，更换相关配件等。特约服务费按市场指导价或客户协商定价，服务项目内容的详细规定以服务合同或协议为准。如无协议的，以物业服务中心派工单、特约服务受理单中的约定为准。

四、典型案例分享

2018年11月，《住宅与房地产》杂志社发起全国首次物业服务幸福社区评选活动，得到了政府、企业、业主等各方的热情响应，社区参与的积极性很高，感受到了业主对所在社区美好家园建设的期待和急切，共颁出"2018年首届中国幸福社区范例奖——多元共治范例奖、物业服务范例奖、特殊贡献范例奖"40个获奖社区。这些获奖社区来自香港、北京、上海、广州、深圳、武汉、杭州、西安等多个地区。获奖的社区类型既有高档住宅区、别墅类物业社区，又有普通商品房社区。获奖社区名称与特征见表 4-25、表 4-26。

表 4-25　多元共治范例奖社区名称与特征

序号	社区名称	描述
1	北京国奥村上海虹祺花苑	业主社群实现邻里良好关系
2	上海虹祺花苑	治理改革之路
3	深圳景州大厦	中国城市小区治理的探索者
4	深圳南天一花园	多元共治标杆
5	盐城浦江名苑	业主自治管理典范
6	长沙金色比华利小区	业主的幸福，业主做主
7	南京融侨中央花园	以业委会为纽带，实现小区多元共治
8	上海明佳苑小区	规范业委会运作，保障小区和谐建设
9	北京金地国际花园	服务创造价值，品质铸就品牌

表 4-26　物业服务范例奖社区名称与特征

序号	社区名称	描述
1	香港南区左岸	五星级屋苑
2	深圳东湖丽苑	满意的服务＋诚意的链接
3	深圳莲花二村	历久弥新，彰显物业服务价值
4	上海招商海湾别墅	管家式服务构建和谐稳定幸福社区
5	北京凯德锦绣	特色文化提升居民幸福指数
6	杭州翡翠城	以物业管理诠释幸福社区内涵
7	遵义美的城	"绿色氧吧"社区
8	佛山君兰江山	智享生活
9	深圳碧岭华庭	精细化服务，打造幸福社区
10	南昌南部美的城	领略田园社区悠然意境
11	邯郸美的城	打造人文社区
12	深圳赛格广场大厦	"五化"管理
13	海南港城地质家园	"特色"家园文化

五、物业管理未来趋势

开发商提供了功能齐全、质量合格的硬环境，以供置业者选择，然而"六分建、四分管"，通过物业管理的维修、保养等服务，不仅能维持物业正常的使用功能、延长使用年限，而且能促使物业保值增值。经济进入盘整期的新常态后，楼市由高歌猛进的"黄金时代"迈入"白银时代"。同时，随着住宅市场的不断发展与成熟，购房者在服务方面也提出了更高的要求，社区不是属于物业的，但做社区是离不开物业的。传统物业公司的服务主要是以清洁、安保为主的基础业务服务。未来物业管理将向品质生活提供商过渡，以"基础业务＋创新业务"驱动，整合各类需求，依托多元化布局及资源整合在能力，不断应用智能设备和物联网、大数据等技术；不断完善"社区＋""服务＋"构建跨业态的智慧生活服务体系。专业化、智能化、品牌化是物业管理发展的方向。

1. 专业化

物业管理是高综合性、高集成性的行业。设施设备维护、保安保洁、绿化养护等都是独立的行业，把这些独立的行业集中在一个物业项目上，就构成了物业管理。物业管理与众多行业具有密切的关联性，在物业管理处于低水平的起步阶段，采用一体化格局的管理方式也许是可以维持的。但精细化物业管理要求管理工作走向标准化，如果物业公司追求大而全，过分添置各种专业设备与相关专业人员，必将增加管理成本和负担，而这些专业设备无法充分发挥其潜在的使用价值，造成大量的资源浪费，这不符合资源共享、集约经营的原则。

随着物业服务的专业化程度加强，物业管理企业不再直接向业主提供有形服务，而是通过管理能力整合专业公司，为业主提供高水平的专业化服务。可以预测，在未来，一个成功的物业企业更趋向虚拟化，物业公司的理想状态就如同一个网络控制平台，汇聚资源和服务形成和谐共同体，优质地为客户服务，未来物业管理公司将向管理集成商转型，物业公司要想在激烈的竞争中形成自己的核心竞争能力，需要有专业化的经营作为坚强后盾。房地产行业市场容量巨大，物业管理在未来任重道远又充满了新的活力。

2. 智能化

传统的物业管理，由于技术含量不高，只能是一个劳动密集型的行业。面对现代科技的迅猛发展，以楼宇智能化、宽带社区网络为代表的高新技术在现代建筑中的普及运用，物业管理行业赖以生存和发展的各种物业"硬件"发生了前所未有的变化。如何适应这一时代潮流，并实现物业管理行业的科技转型，是摆在所有业内人士面前的一道"难题"，有效破译这一"难题"的"密码"便是建立"网络大平台"。住宅是一个产品群，它包含了环境、配套和的多元日常生活。网络化社区突破了所有的门槛，可以实现与每一位住户的"零距离"沟通。物业公司通过网上发布通知，组织社区的投诉、报修、费用账单速递与催缴等，深入地面向每个家庭提供更具个性化的服务。物业公司将常规性的公共服务、针对性的专项服务、委托性的特约服务构建O2O生态链，为物业企业接纳外部企业提供了接口。物业企业与外部企业合作有侧重地、低成本地向客户投放广告实现引流，既可以链接上平台引入服务，也可以输出平台，让其他公司以分享收入作为条件共享客户信息和服务接口，最终反过来提高服务品质、客户满意度。科技赋能现代物业管理。随着物业全业务的数字化，行业数据沉淀成为可能。随着沉淀数据量的增加，数据的价值必然会通过大数据和人工智能技术在行业的应用，推动行业的自我完善。

3. 品牌化

物业管理品牌化的发展是物业管理行业发展的必然趋势。物业管理是从住房福利化管理转向专业化、规模化、智能化的现代物业管理。实行物业管理市场化，必定要引入市场竞争机制，通过激烈的市场竞争，企业优胜劣汰，逐步形成品牌化企业，促使物业管理企业走品牌化发展道路。物业管理是微利产业，其规模效益对物业管理企业品牌化非常重要，没有一定管理规模的物业管理企业是很难生存和发展的，而物业管理的规模效益只能从企业利用品牌效应参与市场竞争中而来。衡量物业管理产品"无形服务"最佳标准就是客户认知的品牌。开发商或业主委员会通过物业管理招投标方式选择物业管理企业，实施物业管理品牌化发展战略，走品牌化发展道路，不仅是物业管理企业发展的需要，也是物业管理行业必然的选择和最终的结果。

参 考 文 献

[1] 中华人民共和国住房和城乡建设部. 城市居住区规划设计规范（GB 50180—2018）. 北京：中国建筑工业出版社，2018.
[2] 中华人民共和国住房和城乡建设部. 民用建筑设计统一标准（GB 50352—2019）. 北京：中国建筑工业出版社，2019.
[3] 本书编委会. 建筑设计资料集. 北京：中国建筑工业出版社，2017.
[4] 陈燕菲. 房屋建筑学. 北京：化学工业出版社，2011.
[5] 2018首届中国幸福社区范例奖榜单. 住宅与房地产（物业管理版），2019.
[6] 刘丽鹃. 万科30年产品与营销. 北京：中国建筑工业出版社，2016.
[7] 徽湖，等. 商业地产策划一本通. 北京：机械工业出版社，2014.
[8] 余源鹏. 房地产基础知识. 北京：机械工业出版社，2018.
[9] 朱昌廉，魏宏杨，龙灏. 住宅建筑设计原理. 北京：中国建筑工业出版社，2017.
[10] 叶剑平. 房地产市场营销. 北京：中国人民大学出版社，2000.
[11] 同济大学等四校. 房屋建筑学. 北京：中国建筑工业出版社，2016.
[12] 王炜. 居住区规划设计. 北京：中国建筑工业出版社，2016.